# Menschheit im Umbruch

1. Auflage August 2016

Copyright © 2016 bei
Leonardo Verlagshaus GmbH, Hamburg
Geschäftsführung:
80337 München, Lindwurmstraße 147
Telefon:  0 89/27 37 19 54
Telefax:  0 89/27 37 18 39
E-Mail: office@leonardo-verlagshaus.de
Internet: www.leonardo-verlagshaus.de

Umschlagbild: Copyright © bei Eugen Esergeev
Druck und Bindung: CPI – Clausen & Bosse, Leck

ISBN: 978-3-9817542-1-6

MILORAD KRSTIĆ

# Menschheit im Umbruch

## Perspektive durch Intuition

# Inhaltsverzeichnis

# Vorwort

Der Augenblick, wenn ein Mensch geboren wird, ist voller Geheimnisse, denn seine Zukunft ist gänzlich ungewiss. Nur eines steht bereits fest: sein irdischer Tod. Wann der Zeitpunkt dafür kommen wird, wissen wir allerdings ebenso wenig, wie uns die Wege, die wir einst gehen und das, was wir tun werden, zu Beginn unseres Lebens bekannt sein können. An welchen Orten werden wir uns aufhalten, in welche Länder reisen? Niemand kann es vorhersagen.

Wir werden in eine Zeit hineingeboren, von der wir glauben, dass sie unaufhaltsam vorwärtsschreitet. Doch ist das wirklich so? Ist die Zeit nicht ständig anwesend, während wir Menschen kommen und wieder gehen müssen? Und: Verläuft die Zeit heute schneller? Oder sind wir es selbst, die eiliger gehen, die auch die wachsende Vielzahl der Eindrücke, die auf uns einprasseln, rascher verarbeiten müssen? Zeit und Raum: Existieren diese auch im riesigen Meer des Universums, oder sind nur wir Menschen hier auf Erden daran gebunden? Eines können wir an dieser Stelle getrost feststellen: Die Menschheit ist heutzutage so schnell unterwegs wie nie zuvor. Mit dem ungeduldigen Griff nach dem Morgen, nach der Zukunft, stürzen wir voreilig in jene Richtung, die das Ende unserer Zeit bringt.

Aus heutiger Sicht, am Anfang des 3. Jahrtausends, ist es schwer vorstellbar, wie mittelalterlich die Lebensumstände vor knapp 100 Jahren in weiten Teilen Europas noch waren. Im Großteil des südlichen Kontinents gab es kaum befestigte Straßen, selbst Fernstraßen glichen damals lediglich unzulänglichen

Schotterpisten. Die meisten Autobahntrassen in Deutschland wurden unter der Herrschaft der Nationalsozialisten vor dem Zweiten Weltkrieg gebaut. In Ex-Jugoslawien gehörte der Bau von 400 Kilometern Schnellstraße von Zagreb bis Belgrad zu den größten Errungenschaften der Kommunisten unter Tito. Auf der Welt lebten zu dieser Zeit kaum mehr als zwei Milliarden Menschen.

Immer noch gibt es einige Menschen unter uns, die diese Zeit persönlich durchlebt haben. Die meist über 90-Jährigen erzählen uns ergriffen aus diesen Jahren, einige leisten sich dabei den Luxus, anzunehmen, dass diese Ereignisse eine kleine Ewigkeit zurücklägen. Doch weltgeschichtlich betrachtet ist das alles erst gestern gewesen.

Meine Mutter war Zeugin dieser längst zurückliegenden Epoche. Sie starb 2013 im Alter von 93 Jahren. Da lebten auf der Erde bereits über sieben Milliarden Menschen, mehr als dreimal so viele wie zu ihrer Geburt. In jenen Tagen, als Mutter nach kurzer Leidenszeit von uns ging, starben auf der Welt etwa 1 500 Kinder täglich an Hunger – alle fünf Sekunden ein Kind. Fast eine Milliarde Menschen litt an Hunger. Das wären etwa 50 Prozent der gesamten Menschheit gewesen in jenen Tagen, als Mutter geboren wurde.

Die Nachricht über den Tod meiner Mutter erhielt ich in einem Hotel in München; es war kurz nach Mitternacht, ich hatte einen vergnüglichen Abend hinter mir. Man teilte mir mit, ihr Herz sei einfach altersschwach gewesen, und sie habe nicht mehr leben wollen. Die Notärztin habe alles versucht, ohne Erfolg. Meine Mutter starb an jenem Ort, an dem sie über 70 Jahre gelebt, und an dem sie mich als ihr fünftes Kind mit fast 40 Jahren zur Welt gebracht hatte. Sie starb auf den Tag genau 20 Jahre nach dem Tod ihres Ehemanns, meines Vaters, ganz so, als hätte sie in ihrer wohltuenden Einfachheit gewollt, dass wir uns nur an einen Todestag erinnern müssen. Den Tod nannte sie selten beim Namen, vielmehr hatte sie meist von dem Weg zur Wahrheitsprüfung durch Gott, zu Gottes Wahrheit, gesprochen. Angst vor dem Tod kannte sie nicht, Mutter betete lediglich um einen leichten Tod, wenn es so weit wäre. So kam es auch.

Der Weg von München nach Nordbosnien war für mich am nächsten Morgen kurz: Als der Helikopter den Boden des Anwesens berührte, wusste ich, dass mir für den Rest meines Lebens nur die Erinnerungen bleiben würden, wie meine Mutter neben dem Eingangstor gestanden und stets auf mich gewartet hatte. Mutter hatte diese Welt mit jeder Faser ihres Seins gespürt, hatte erlebt, wie jeder Morgen die Nacht vertrieb und jeder Abend den Tag verdrängte. Gegen Ende ihres Lebens hatte sie das alles so oft gesehen, sie war zum Hinüberwechseln bereit.

Nach dem Tod meiner Mutter wurden mir ihre einfachen, prägnanten Lebensweisheiten zusehends bewusster. Heute weiß ich, dass sie hochgebildet war, obwohl sie praktisch über keine Schulbildung verfügte. War sie eventuell gerade deswegen so lebensklug geworden? Von meinem Vater, der ebenso über keine nennenswerte Schulbildung verfügte, erbte ich zahlreiche glasklare, für mich damals jedoch oft unbequeme Botschaften, weil sie nur der Logik zugewandt waren. Typisch männlich eben. Jeder Verunsachlichung, Verfälschung oder Verdrehung von Tatsachen begegnete mein Vater mit Abneigung. Selbst die meisten Geistlichen nannte er Lügner und Schmarotzer, welche die Menschen belügen, um sie leichter für den eigenen Vorteil auszunutzen.

Solche Aussagen machte er jedoch nur im engen Familienkreis. Er war für mich die Quelle, aus welcher ich schon früh erfuhr, dass nichts außerhalb eines logischen Werdeganges in unserer Schöpfung liegt und folglich, wie ich später lernte, alles Vollkommene keiner Logik widersprechen kann.

Was auch immer ich von meinen Eltern lernte, es war ihr geistiges Wissen und durchaus auch das, was sie von ihren Vorfahren wussten. Allem Anschein nach war ihr Verstand kaum durch die sogenannte Bildung, die man in der Schule erfährt, beeinflusst. Das scheint mir zunehmend wichtiger, je älter ich werde. Denn was ist es, was die Schule heutzutage schon lehrt? Lebensklugheit? Verantwortung? Freiwillige Leistungsbereitschaft? Oft sagte meine Mutter zu mir: »Hör zu, was man dir sagt, aber glaube nicht alles, und überlege genau, was davon du weitererzählst.« Eine weitere ihrer häufigen Aussagen hat sich mir tief eingeprägt: »In Gott ist die Wahrheit, zwischen den Menschen ist die Lüge.«

Einige Zeit nach ihrem Tod wurde mir auch klar, dass das meiste, was ich von Mutter gelernt hatte, auf der Basis der Zehn Gebote ruhte. Gleichwohl erwähnte sie diese so gut wie nie wörtlich – sie lebte sie uns einfach vor.

Meine Kindheit verlief in bitterer Armut. Für Erzählungen und liebevolle Zuwendungen blieb der Mutter kaum Zeit. Trotzdem erinnere ich mich deutlich, wie sie uns Kindern die Geschichten von Jesus erzählte, so, wie sie sie von ihren Vorfahren gehört hatte. Auf die Frage, ob und wann er wiederkehren würde, soll Jesus seinen Jüngern vor seinem Aufstieg in den Himmel geantwortet haben: »Der Gottessohn kommt wieder.« Keiner von uns hatte genau verstanden, was damit gemeint sein sollte, auch als Mutter noch etwas von einer Wiederkehr um das Jahr 2000 herum gesagt hatte. Wenn der Sohn Gottes käme, so würde die Menschheit kurz vor ihrem Untergang stehen, soll er noch hinzugefügt haben, ohne zu sagen, ob die Menschheit tatsächlich untergehen würde.

Priester und Theologen konnten mir diese Geschichte so nicht bestätigen. Heute bin ich jedoch fest davon überzeugt, dass meine Mutter recht hatte mit ihrer Überzeugung, dass der Sohn des Höchsten wiederkäme. Der Sohn Gottes ist unter uns. Nach dieser Erkenntnis fühlte ich, dieses Buch schreiben zu müssen.

Milorad Krstić

# Einleitung

Seit jener Zeit, als Jesus elendig am Kreuz verblutete, sind etwa 2000 Jahre vergangen. So lange ist es her, dass der Wahrheitsbringer, ausgestattet mit ganz besonderen Fähigkeiten, die Gebote und Gesetze verkündete für alle Menschen, die auf dieser Welt leben dürfen. Von falschen Freunden, die sich unter anderem auch als seine Gefolgsleute bezeichnet hatten, wurde er verraten, von den Machtbesessenen, die ihn seiner klaren, logischen Worte wegen fürchteten, wurde er angeklagt, verurteilt und hingerichtet.

Seither ist viel Unheil angerichtet worden »im Namen des Herrn«: Kirchen urteilten willkürlich über zahllose Menschen, Sekten und Glaubensgemeinschaften wuchsen wie Pilze aus dem Boden. Sie haben heute fast zehn Mal so viele Anhänger, wie es zu jener Zeit, als Christus sein kurzes Erdenleben wirkte, Menschen auf der Erde gab. Der Wahrheitsbringer ist, würde man ihn mit aktuellem Vokabular beschreiben wollen, der größte »Superstar« dieses Planeten. Unsere Zeitrechnung basiert bis heute auf dem Geburtsdatum des Gottessohnes. Über ihn wurde in den vergangenen zwei Jahrtausenden unendlich viel in Menschenhirnen erdacht und erdichtet, von Menschenhand aufgeschrieben und gedruckt. Die ersten Überlieferungen waren nachweislich erst knapp 100 Jahre nach dem Erdentode Jesu notiert worden. Vieles wurde hinzugedichtet, weggelassen, herausgestrichen, das von Christus gesprochene Wort wurde durch sogenannte Kirchenlehren, Dogmen, Erlasse etc. mehr und mehr verbogen.

Es ist ein bombastischer Kult entstanden in Bezug auf den Gottessohn, weltweit. So müssen wir täglich lesen und hören, was

Jesus alles gesagt haben soll. Vieles davon klingt weder schlüssig noch logisch. Für keine Person, die je den Erdenball betrat, wurden so viele Häuser errichtet, wie für Christus und seinen Vater. Bislang kann man keiner einzigen Überlieferung entnehmen, dass der Gottessohn jemals die Forderung an die Menschen erhoben hätte, all diese Häuser »in seinem Namen« zu bauen. Er und sein Vater hatten im Laufe der Jahrtausende mehr Botschafter und Stellvertreter auf dieser Welt, als es je einem global agierenden Multikonzern möglich wäre. Doch hatte Jesus niemals einen irdischen Stellvertreter seines Vaters gefordert.

Das Leidenskreuz mit der Darstellung des gekreuzigten Heilands ist ohne Zweifel das bekannteste Symbol der Christenheit. Es ist zur »Marke« der Kirchen geworden, die den größten Bekanntheitsgrad erlangt hat, den es je auf Erden gab. Diese »Marke« dient nicht nur edlen Zwecken. Jesus kam, um uns seine Botschaften zu überbringen, Botschaften, an denen wir uns orientieren sollen. Doch viele Kirchen brachten uns stattdessen bei, das Leidenskreuz, eine todbringende Konstruktion, auf alle Ewigkeit verehren zu sollen. So behaupten die Vertreter der christlichen Kirchen seit Jahrhunderten, dass Jesus für die Sünden der Menschen am Kreuz gestorben sei. Und dies sei der Wille Gottes gewesen, so die gängige Kirchenlehre. Diese als Sühneopferlehre bekannte These ist zum Dogma geworden mit der Erklärung, dass der Gottessohn uns Menschen alle Sünden am Kreuz abnehme. Die allermeisten Christen haben diese widersinnige Erklärung als »Christus-Lehre« übernommen und wiegen sich damit in Sicherheit. Kaum jemand hinterfragt diese Darstellung, die doch, würde sie tatsächlich so vom Himmel gewollt gewesen sein, einer ganzen Reihe von Geboten widerspricht, wie *Du sollst nicht töten, Du sollst nicht falsch Zeugnis reden, Ich bin der Herr, dein Gott, Du sollst den Namen Gottes heiligen* usw. Nein, Gott kann niemals gewollt haben, dass sein Sohn durch Menschenhand gekreuzigt und ermordet wird. Welch eine Anmaßung! Ansonsten hätte er sich die Sendung des Gottessohnes, der den Menschen die Wahrheit bringen wollte, sparen können. Die Kreuzigung Jesu war ein kaltblütiger Mord, der bis heute schöngeredet wird. Freilich ist es bequem, die Christen mit diesem Unsinn ins Boot zu holen, indem man sie ihrer eigenen Verwerfungen und Verantwortung entledigt und ihnen jeglichen wirklichen Fortschritt durch persönliche Reue und Buße verwehrt. Wer vor dem Leidenskreuz steht, sollte sich nicht freuen, weil er wieder einmal seine Sünden loswird, sondern in Demut verharren und diesen Beweis für menschliche Grausamkeit als Mahnung für alle Verfehlungen der Menschheit betrachten. Die Kreuzigung Jesu war ein brutaler und durchkalkulierter Mord – eine der größten Sünden der Menschheit, welche noch lange nicht abgetragen ist.

Es ist einfach traurig, dass zwischenzeitlich über zwei Milliarden Christen – Andersgläubige ohnehin – das Kreuz meist nur als Leidenskreuz wahrnehmen. Damit dies auch so bleibt, werden in den Kirchen dieser Welt die Fantastereien über die sogenannte Sühneopferlehre gebetsmühlenartig wiederholt. Wer sich aus den Reihen der Kirchenoberen dagegen ausspricht, bekommt in aller Regel eine Menge Ärger. Meist muss er seinen Hut nehmen. Ein Dogma wird so lange ein Dogma bleiben, bis endlich gesunde Geistesluft über die Menschheit wehen und alles Alte und Falsche hinwegfegen wird.

Ich erinnere mich: Wenn ich als Jugendlicher früher ab und zu zwischen den versprengten Dörfern meiner Heimat zu Fuß unterwegs war, machten mir die Kreuze am Wegesrand Angst. Ich empfand sogar so etwas wie Scham, was mich gehörig irritierte. Wie konnte es sein, dass ich Furcht empfand beim Anblick des Symbols unseres Glaubens? Es vergingen viele Jahre, bis ich verstand, dass Unbehagen und Bangigkeit beim Anblick eines Leidenskreuzes nichts Abnormales sind. Das tiefe Empfinden des Menschen zeigt uns schon den richtigen Weg, wir müssten nur viel öfter auf unsere innere Stimme hören.

Das Leidenskreuz symbolisiert das Leiden und den Tod. Es zeigt uns ebenfalls auf, dass wir Menschen stets gefehlt haben und heute längst nicht mehr nach dem Willen des Schöpfers leben und handeln. Der Schöpfer, Gottvater, welche Rolle spielt er überhaupt noch bei den Menschen? Man möchte diese Frage am liebsten nicht laut stellen, denn sonst würde man nur allzu schnell erkennen müssen, wie sehr sich die Menschheit inzwischen von ihm abgewandt hat. Es ist sogar noch schlimmer: Viele ernennen sich heute selbst zu einem Gott, oder sie umtanzen massenhaft die vielen Goldenen Kälber, die sich der Mensch selbst erschuf.

Da ist es auch nicht verwunderlich, dass zwischenzeitlich einige wenige, doch mächtige Bewohner dieses Planeten rücksichtslos ihren eigenen Plan verfolgen, sich selbst erheben auf den Thron des Höchsten und, machtbesessen und geldgierig wie sie sind, ihre üblen Spiele auf dem Erdenball treiben. Sie tun es, obwohl sie längst allen Wohlstand besitzen, den dieser Planet zu bieten hat. Für ihr Handeln bemühen sie auch okkulte Gründe, indem sie unter anderem behaupten, dem Schöpfer mit ihren Plänen zu dienen. So lügen sie, morden und manipulieren, ohne der Masse je in ihren üblen Funktionen sichtbar zu werden. Ein geheimnisvolles Strippenziehen ist es, ein Kontrolldrang über die Menschheit, übelster Machtwahn in ausgeprägter Natur. In Wirklichkeit gehören sie zu jenen geistigen Todesschwadronen, die man als dem Teufel zugehörig beschreibt. Sie lieben nicht die Menschen, sie lieben sich selbst. Ihre Macht nutzen sie, um die Menschen zu versklaven. Ihre Werkzeuge sind das Geld, die Medien, manipulierte Regierungen und sogenannte demokratische Strukturen, die ihnen als Plattformen dienen, auf welchen sie einfach alle ihre Ziele erreichen können.

So wurde in die wahre Gotteslehre im Laufe der langen Zeit durch das frevelhafte Eingreifen des Menschen unendliche Verwirrung gebracht. Wie sollte das jemals gut gehen? Nach dem Schöpfungsgesetz der Wechselwirkung zeigen sich heute die Auswirkungen in voller Deutlichkeit, die unsere schöne Erde heimsuchen: Gewalt, Korruption, Kriminalität, Machtwahn. Kaum ein Thema, kaum eine Sache beruht noch auf den richtigen Grundlagen; die Fundamente unseres Seins sind hohl und spröde, unsere Welt steht kurz vor dem Zusammenbruch.

Ist es nicht merkwürdig? Wir stehen vor den Trümmern unseres Planeten, den wir selbst zerstört haben. Dabei sehnen wir uns jedoch gleichzeitig nach Frieden und Wahrheit. Und folgen dabei dennoch den erfolgreichen Kriegstreibern. Das alles wissen wir, zumindest ist die Ahnung über diese bedeutsamen, gleichzeitig schwer zu verstehenden Vorgänge vorhanden. Doch was geschieht? Wir folgen weiter den Kriegstreibern, spielen ihr Spiel mit. Weshalb? Vielleicht aus Furcht? Wovor fürchten wir uns eigentlich? Gewiss, die Machtbesessenen perfektionierten die Leidenslehre, und die Angst vor dem Leiden wurde zu ihrem ausgeklügelten Steuerungssystem. Wir wissen zum Beispiel, dass es nur eines Knopfdruckes bedarf, um ein Kernkraftwerk in die Luft zu jagen, und ganze Landstriche für Tausende Jahre und mehr unbewohnbar zu machen. Wir erleben derzeit auch, wie schnell etliche Menschenleben ausgelöscht werden können durch Terroranschläge; die globale Auswechslung der Völker aufgrund angeblich demografischer Nöte nimmt ihren Lauf: Der Terror erhält plötzlich eine merkwürdige »Berechtigung«, die unsere alte Welt förmlich zersprengt. Mit wachsendem Unbehagen schaut der Mensch des Abendlandes den anschwellenden Völkerwanderungen zu, Tradition und Kultur, Identität und Heimat werden derweil auf den Kopf gestellt, vernichtet. Und während diese unfassbaren Vorgänge vor unseren Augen ablaufen, wissen wir, dass die Machthaber weitere Stufen zünden könnten, sie könnten, so sie es nur beschließen würden, zwischen nuklearer und biologischer Option, aber auch zwischen elektronischen und psychologischen Möglichkeiten der Zerstörung wählen. Und sie werden es wohl eines Tages tun.

Verrückt, oder? Wir sind die einzige Spezies, die fieberhaft an der eigenen Vernichtung arbeitet. In zwei großen Weltkriegen und unzähligen kleineren wurde stets auf makabre Weise die Vernichtung der Menschheit geübt, die dies durch sich selbst tat. In unserer jüngeren Geschichte treiben wirtschaftliche Interessen fast ausnahmslos alle Kriegshandlungen an. Die zwei großen Weltkriege waren grauenhafte Beispiele, wie Menschen vernichtet oder versklavt werden können. Sollte es nun, beim dritten Mal, doch gänzlich klappen? Mir gehen die Worte meiner Mutter immer wieder durch den Sinn: »Der Untergang kommt um »zweitausendund… herum.«

Anfang Juni 2015 mahnte Papst Franziskus in Sarajevo: »Es ist eine Art Dritter Weltkrieg, der stückweise geführt wird, und im

Bereich der globalen Kommunikation nimmt man ein Klima des Krieges wahr.« Gottes Plan für den Frieden auf der Welt kollidiere mit dem Bösen, so der Mann vom Petristuhl. Klare Worte. Darüber schweigen sich die gekauften Massenmedien vorwiegend aus. Wenn es keine Augenzeugen und kein Internet gegeben hätte, würden diese Botschaften in den Schluchten Sarajevos verstummt sein. Das Oberhaupt der katholischen Kirche nannte Sarajevo das »Jerusalem Europas«. In seinen Worten und Botschaften war viel Gutes zu vernehmen, und doch irritiert mich, dass er sich damit an die politischen Verantwortungsträger wendete. Das sind doch genau diejenigen, die an der unheilvollen Entwicklung fortwährend gearbeitet haben. »Eine Krähe hackt der anderen kein Auge aus«: Glaubt Papst Franziskus hier an Wunder? Ich höre ihm zu, diesem doch bemerkenswerten Mann, voller Weisheit und Güte scheint er. Ich sehe aber auch, wie seine Botschaften in den Seitenkanälen unserer durchmanipulierten Medien versickern. Sieht er das nicht? Oder möchte er es nicht sehen?

Der Papst, weltlicher Vertreter des Höchsten bei den Katholiken, unterliegt aufgrund seines hohen Amtes zahlreichen Sachzwängen. Zuweilen lehnt er sich ganz schön weit aus dem Fenster, um seine Mahnungen an die Machthaber weiterzugeben. Wir wissen jedoch nicht, wie viel davon echt oder manipuliert ist, welche Pläne dahinterstecken könnten und welchen Zielen sämtliche Beteiligte in Wahrheit dienen.

Der Unterschied zwischen dem Papst und mir ist glücklicherweise der, dass ich mich frei äußern kann zu den Entwicklungen, die sich auf dieser Erde hier täglich neu entrollen. Genau das werde ich in dem vorliegenden Buch tun. Nach allem, was ich zu wissen glaube, ist es kein Zufall, dass mein vorausgegangenes Buch unter dem Titel *Verkaufte Demokratie* erschienen ist. Tatsache ist, dass ich zunehmend leide unter der derzeitigen, global gelenkten Situation, weswegen ich versuchen will, meinen Gedanken hier Ausdruck zu verleihen.

Doch der Reihe nach: Meine geliebte Mutter, wie war das noch mal mit den Zehn Geboten?

# Die Zehn Gebote

Wie im Vorwort schon erwähnt, lebte meine Mutter uns die Zehn Gebote stets vor, ohne dass sie sie je hätte erklären müssen. Sie sprach so gut wie nie darüber, die Gebote waren für Mutter eine verinnerlichte Selbstverständlichkeit. Dem Sozialismus in Jugoslawien ist es zuzuschreiben, dass ich in der Grundschule so gut wie nichts über die Zehn Gebote erfuhr. Die Vertretung des »Göttlichen« hatte in jener Zeit die kommunistische Partei Jugoslawiens übernommen, die geistigen Vertreter aller Religionen hielten sich damals dezent zurück.

## Das Erste Gebot

**ICH BIN DER HERR, DEIN GOTT! DU SOLLST NICHT ANDERE GÖTTER HABEN NEBEN MIR!**

Dieses Gebot scheinen die Kommunisten Jugoslawiens damals tatsächlich nicht gekannt zu haben. Es wurde unter ihrer Herrschaft mit Füßen getreten. Auch vor und nach dieser Diktatur war es niemals anders. Und ehrlich: Nicht nur in Jugoslawien oder den heute aufgeteilten Gebieten verhält es sich so – wer sich auf der Welt umschaut, der wird lange suchen müssen, bis er die nötige Demut der Menschen findet, die zum Verständnis dieses Gebotes erforderlich ist.

Merkwürdigerweise entstehen im Umfeld des Menschen meist nur dann schwache Schatten einer möglichen Gottesdemut, wenn er in eine Notlage gerät. Dann entsinnt er sich der höheren Kraft und wünscht sich die entsprechende Stärkebeleihung. Durch ein Gebet versucht er dann, sich dem Schöpfer zu nähern, in Verzweiflung, Angst oder im Angesicht von Krankheit oder Tod. Fast automatisch faltet selbst jener Mensch dann die Hände, der Gott immer abgelehnt, sich als Atheist ausgegeben hatte. Dies könnte ein Zeichen dafür sein, dass das Gewissen eines jeden Menschen, seine innere Stimme, von der höheren Kraft weiß. Weswegen dramatische Lebenswendungen, Krankheit oder Tod eines geliebten Menschen auch die Chance dafür sein können, den Weg in sein Inneres – beziehungsweise den Weg nach oben – wiederzufinden.

ICH BIN DER HERR, DEIN GOTT! DU SOLLST NICHT ANDERE GÖTTER HABEN NEBEN MIR!

Welch ein machtvoller, kraftvoller Satz. Er steht nicht ohne Grund am Anfang der Zehn Gebote. Somit dürfte er von höchster Relevanz sein. Aber nur für den, der diese Worte ernst nimmt. Jeder andere wird unbesorgt über die Aussage hinweggehen, ohne sich damit auch nur einen Moment intensiver zu beschäftigen. Weiß er um die Folgen seiner unbekümmerten Ignoranz?

Du sollst nicht andere Götter haben neben mir. Hierbei muss es sich keinesfalls um eine andere Religion mit anderen »Göttern« und Götzen handeln, sondern hier sind natürlich vor allem jene Götter gemeint, die da heißen: Geld, Gold, Machtanspruch, Eitelkeit und so vieles mehr, nach dem die Menschheit sich in ihrem materialistischen Streben richtet.

Und was ist mit jenen Leuten, die im Namen Gottes schon so viel Unheil auf dieser Erde anrichteten und die es auch heute noch tun? Nennen wir ruhig die Institutionen der Kirchen, die über Jahrtausende hinweg den Namen des Höchsten nutzten, um sich Erdenmacht und Einfluss zu sichern. Die auf den Kontinenten betriebene Christianisierung – egal, ob diese im Mittelalter in Europa und angrenzenden Regionen geschah, oder im Zuge der Entdeckung neuer Welten in Nord- und Südamerika, Asien, Afrika oder Australiens vorgenommen wurde – brachte unbeschreibliches Leid über die Menschheit. Es wurden weltweit Hunderte Millionen Menschen durch den Einsatz von Feuer und Schwert umgetauft, es wurde gebrandschatzt, vertrieben, gemordet. Alles im Namen des Herrn. Es ist auch stets die christliche Kirche gewesen, die über Jahrhunderte hinweg – gegen materielle Zuwendungen, versteht sich – lächerlichsten Sündenablass betrieb. Man benötigt nicht einmal ein juristisches Studium, um hier die Unlauterkeit zu erkennen.

Die Frage, die sich in diesem Zusammenhang stellt, ist die: Wer setzt sich dabei eigentlich der größeren Lächerlichkeit aus, der Sünder oder jener, der ihm seine Sünden zu erlassen meint? Eindeutiger Fakt hingegen ist, dass die Kirche auf diesem Weg zu unvorstellbaren Reichtümern gelangte. Wo auch immer die Sünder eines Tages gelandet sein mögen, die Reichtümer der Kirche sind geblieben – bis dato. Bis heute ist es auch nicht ungewöhnlich, dass Menschen alles, was sie besitzen, der Kirche vererben; wohl im Glauben an eine bevorzugte Behandlung im Himmel. Ein heuchlerisches »Vergelt's Gott« sowie ein paar lobende Erwähnungen bei der Beerdigung durch einen Kirchenvertreter schließen diesen Vorgang dann ab. Doch bislang haben wir noch niemanden interviewen können, der unter dem Lobgesang der Kirchenbrüder einst gen Himmel gefahren ist und auf Wolken gebettet wurde, oder?

Was der Mensch sät, das wird er ernten. Dieses von Jesus Christus verkündete Wort sollte uns stets mahnen. Was immer wir vorgeben zu sein, was immer wir zu vertuschen suchen, was immer wir tun: Gottes Mühlen mahlen langsam, aber gerecht. Wer sein Gewissen hört, wer sich durch seine innere Stimme lenken lernt, der wird auch wissen, was richtig und was falsch ist, er wird seine gerechte Ernte eines Tages einfahren; ebenso jener, der wissentlich sündigte, um sich eigene Vorteile zu verschaffen. Tragisch, wer das nicht zu seinen Lebzeiten bedenkt und beherzigt.

## Das Zweite Gebot

DU SOLLST DEN NAMEN DES HERRN, DEINES GOTTES, NICHT MISSBRAUCHEN!

Das Zweite Gebot kann kaum zu Ende gesprochen werden, ohne dass klar wird, wie umfassend es täglich missachtet und missbraucht wird. Viele harmlos wirkende Menschen stoßen häufig die schon längst zur Gewohnheit gewordene Formulierung »In Gottes Namen« aus, oder, wenn sie der Verzweiflung nahekommen, dann jammern sie schnell: »Mein Gott, mein Gott«. Sie sagen es dahin, ohne groß darüber nachzudenken, dass sie damit bereits handfest gegen das Zweite Gebot verstoßen. Wer macht sich schon Gedanken über sein eigenes Verhalten in dieser Angelegenheit?

Und doch ist es genau das, was unsere Aufgabe ist, denn wir tragen die Verantwortung für jedes Wort, das wir aussprechen, wie auch für jeden Gedanken und jede Tat. Wer sich das Zweite Gebot recht zu Herzen nimmt, der ahnt, was allein hierin schon gesündigt wurde im Laufe der zurückliegenden Jahrtausende. Nehmen wir die Kreuzritter oder die Handlanger und Verantwortlichen der kirchlichen Christianisierung: Alles wurde getan »im Namen Gottes«. Doch niemand schien sich die Mühe zu machen, darüber nachzudenken, ob der Schöpfer dies wirklich je gewollt hatte. Wir können es drehen und wenden, wie wir wollen – gegen das Zweite Gebot wird auch heute millionenfach verstoßen. Wie so oft, hoffen wir auch hierbei, dass Er nicht nachtragend ist, ebenso wie wir an der Idee festhalten, Er liebe uns alle, gleichgültig, wie häufig wir auch gegen seine Gebote verstoßen.

Besonders deutlich tritt der Missbrauch des Zweiten Gebots zutage, wenn Urteile und Befehle von Gerichten, Behörden, Politikinstitutionen oder Machthabern in »seinem Namen« erlassen werden, an deren Ende ohnehin meist Unrecht, Tod, Elend, Verwüstung usw. stehen. Genau das geschieht jeden Tag auf diesem Planeten. Oft genug beginnt es mit dem Ablegen eines Amtseides, wobei Politiker und andere, die es betrifft, eine Hand auf die Bibel, die andere auf das Herz legen und erklären: »So wahr mir Gott helfe.« Direkt danach schon und häufig, bevor die Fotografen ihre Kameras wieder eingepackt haben, folgen gottlose Entscheidungen und Anordnungen, die kaum schlimmer sein könnten. Mussten früher solche Führer und Feldherren mit ihren Soldaten ziehen, um mindestens in Hörweite des unheilvollen, selbst befohlenen Geschehens zu verweilen, können die mächtigen Gotteslästerer heute bei ihren Familien und im gewohnten Luxus verbleiben. Protz und Prunk umgeben sie auf Schritt und Tritt.

Die Weltpresse interessiert sich für noch so banale Einzelheiten der Mächtigen, selbst ihre Hunde oder Katzen schaffen es auf die Titelseite der großen Zeitungen. Der feine Herr – oder auch die feine Dame – ordnet unterdessen gefährliche Militärinterventionen an, bei denen zahllose Menschenleben ausgelöscht, ganze Völker enteignet und zerstört werden. Für all jene, die ohne Beteiligung durch diese grausamen Vorgänge sterben müssen, wurde inzwischen der Begriff »Kollateralschaden« erfunden. Und das alles soll »In Gottes Namen« geschehen? Nein, ganz sicher nicht. Gott vergibt ihnen nicht, denn sie wissen, was sie tun.

Der Name des Herrn wird auch gar nicht so selten zum Zweck der Unterhaltung missbraucht.

Zahlreiche Hollywood-Filmproduzenten versuchten auf diesem Wege schon, viel Geld zu machen. Einem der Filmstreifen nach zu urteilen, soll Gott angeblich schwarz sein, vorzugsweise weiße Kleidung tragen und die Welt mit einer Fernbedienung steuern.

Doch natürlich heißt es nicht umsonst im Alten Testament: *Du sollst dir kein Bildnis noch irgendein Gleichnis machen, weder des, das oben im Himmel, noch des, das unten auf Erden, oder des, das im Wasser unter der Erde ist.* (2. Buch Mose 20) Niemand anderer als Moses selbst empfing diese Botschaft, als er die Zehn Gebote in die Tafeln ritzte auf dem Berge Sinai, um die Worte, die aus höchsten Höhen kamen, der Nachwelt bis heute zu bewahren. Im 3. Buch Mose 26 heißt es außerdem: *Ihr sollt keine Götzen machen noch Bilder und sollt euch keine Säule aufrichten, auch keinen Malstein setzen in eurem Lande, dass ihr davor anbetet; denn ich bin der HERR, euer Gott.*

Wer sich in der katholischen Glaubenskultur auskennt, über den damit verbundenen Marienkult Bescheid weiß und auch über die Verehrung von Abbildern, Symbolen und Monstranzen informiert ist, der ahnt, dass auch hier kräftig gegen das Zweite Gebot verstoßen wird. Bei Wikipedia heißt es zum Beispiel: *Eine Monstranz (lat. monstrare »zeigen«) ist ein kostbares, mit Gold und oft auch mit Edelsteinen gestaltetes liturgisches Schaugerät mit einem Fensterbereich, in dem eine konkretisierte Hostie zur Verehrung und Anbetung feierlich gezeigt wird.*

Zur Verehrung und Anbetung … – hier wird immer deutlicher, auf welch unbedenkliche Weise heutzutage die Gläubigen bei ihren gängigen Kirchenritualen (hier wurde als Beispiel nur eines genannt, doch sind es unzählige) gegen die Gebote Gottes verstoßen. Betrachten wir auch die zahllosen Leidenskreuze mit dem gemarterten Christus-Leib, die an vielen Wegrändern aufgestellt sind: Anbetungen davor sind nicht selten. Sehen wir vor allem aber auch auf die sich an Pilgerstätten befindlichen Statuen und Kreuze, die nicht selten einige »Wunder« aufzuweisen haben. Geht es ums Geldverdienen, dann fließen aus den Augen der zuweilen fantasievoll geformten, farbenprächtigen Skulpturen auch schon mal Tränen oder Blut. Wo das geschieht, sind die Umsätze des Pilgertourismus auf Generationen hin gesichert. Souvenirhandel, Hotel-, Gastronomie- und Reisebranche, alle freuen sich über zahlungswillige Gläubige. Im Namen Gottes wagt man als Zahlender dann auch meist nicht mehr, groß um die Preise zu feilschen. Die Gnade des Höchsten ist das Ziel, den Weg dorthin denken sich die meisten leichter, als er ist. Der Glaube an Gott wird zu Geld – und an dieses glaubt man heutzutage doch am liebsten, oder?

Ein Beispiel aus jüngerer Zeit: Seltsam ist die Aufregung in Bezug auf den Islam immer dann, wenn seine Gläubigen sich zu

Recht darüber entrüsten, weil ihr Prophet von irgendwelchen durchgeknallten Deppen, die sich Künstler oder Journalisten nennen, in hässlichen Karikaturen dargestellt wird. Man kann diesen Ärger verstehen, wenn man das Zweite Gebot achtet und ernst nimmt und anderen Religionskulturen gleichen Anspruch zugesteht. Doch leider eskalieren die diesbezüglichen Diskussionen in Sekundenschnelle, eine sachliche Erörterung des Themas wird meist völlig unmöglich, denn extremistische Islam-Ableger fühlen sich berufen, diese Gottlosigkeit mit Kalaschnikow und Sprengstoff wieder geradezurücken. Am Ende sterben unschuldige Menschen wegen der Idioten auf beiden Seiten. Ein Blick auf das Zweite Gebot hätte dies verhindert. Doch wie besagt ein Sprichwort: »Zwei Blinde ergeben keinen Sehenden.« Zwei Idioten ergeben wohl erst recht keinen Klugen.

## Das Dritte Gebot

### DU SOLLST DEN FEIERTAG HEILIGEN!

Was heißt dieses Gebot eigentlich? Wenn wir uns das Gleichnis der Erschaffung der Erde ansehen, so erfahren wir, dass der Schöpfer die Erde samt Bergen und Meeren sowie die Pflanzen, Tiere und Menschen an sechs Tagen erschuf. Am siebten Tag ruhte er aus. Auch wir Menschen sollen diesen Feiertag heiligen. Wir sollen die Woche über unsere Arbeit tun, um am siebten Tag – nein, nicht auszuruhen: Wir sollen den Feiertag heiligen! Dies ist der Tag, an dem wir uns besinnen, zu uns kommen können, unsere Mitte finden sollen, um in der Stille auch über die wichtigen Sinnfragen des Lebens nachzudenken und zu reflektieren. Wenn wir uns gut entwickeln, so könnten wir uns auf diesem Wege einen Zugang nach oben erarbeiten, um die Verbindung zwischen Himmel und Erde zu halten. Das ist der Sinn des Lebens.

Doch es geht beim Dritten Gebot nicht allein um den Sonntag, der heutzutage natürlich längst nicht mehr geheiligt wird; stattdessen haben zahlreiche Geschäfte an diesem heiligen Tag geöffnet, Laptops und Personalcomputer rattern ohne Unterlass und über Mobiltelefone werden Geschäfte abgeschlossen. Mit innerer Einkehr hat der »geheiligte« Sonntag heutzutage nur noch wenig zu tun. Auch die hohen, christlichen Feste wie Ostern und Weihnachten sind längst sinnentstellt und zu reinen Kommerzveranstaltungen verkommen.

Satiriker machen sich zuweilen einen Spaß, indem sie Straßenumfragen vornehmen und die vorbeieilenden Passanten nach dem Sinn von Weihnachten oder Ostern fragen. Die Antworten sind meist beschämend und machen klar, dass die Bedeutung der christlichen Feiertage nahezu verloren gegangen scheint: Geschenke und Freizeit rangieren auf den vordersten Plätzen. Eine weitere verheerende Entwicklung: Die wenigen Menschen, die in Andacht und Demut diese Feste noch begehen, werden von ihren Mitmenschen, aber auch von den Mainstream-Medien nicht selten als christliche Fundamentalisten, als Extremisten hingestellt. Unsere Welt scheint nur noch aus Extremen zu bestehen, das zu früheren Zeiten noch selbstverständliche Insichgehen, die innere Einkehr, das Sichrückverbinden mit dem Himmel, scheint vollkommen vergessen zu sein.

Die Christen beziehungsweise jene Leute, die sich so nennen, treiben es heute wahrlich zu weit. Um der Geburt Jesus zu gedenken, überflutet sich die westlich geprägte Menschheit häufig mit sinnlosem Überfluss. Teure Energie in unvorstellbarem Ausmaß wird vernichtet, um Massen an Bäumen, Häusern und Gebäuden mit hell strahlendem Weihnachtsschmuck zu beleuchten. Wenn alles eingeschaltet ist und flimmert und funkelt, wenn wir allen dadurch zeigen, wie fromm wir sind, schließen wir oft unsere Häuser ab und fliegen ans andere Ende der Welt, um sorglos Sonne zu tanken oder blindlings von irgendwelchen schneebedeckten Berghängen auf Brettern hinunterzujagen ins Tal. Vergessen ist Weihnachten, vergessen schon gar der Sinn des Festes: die Geburt des Gottessohnes vor über 2000 Jahren, die der Menschheit unendlich hilfreich hätte werden können. Doch auch zu seinen Lebzeiten waren die Menschen nicht anders als heute: Leichtfertig verwarfen sie die Mahnungen und Warnungen Christi, und, noch schlimmer, sie verspotteten und mordeten ihn, schlugen ihn ans Kreuz.

An Jesus denken heutzutage nur noch die wenigsten Menschen, wenn das Weihnachtsfest kommt. Doch ein anderer hat Hochkonjunktur: der freundliche Herr mit weißem Bart und rotem Mantel. Die Weihnachtsmannfigur, die unter anderem die Werbung eines weltbekannten Softdrink-Herstellers seit langer Zeit prägt, soll den Menschen andere Werte vermitteln als der Gottessohn: Man soll nicht über den Sinn und Zweck des eigenen Daseins grübeln, sondern fröhlich *Jingle Bells* singen, während der übermütige Weihnachtsmann auf dem von Rentieren gezogenen Schlitten durch den Kosmos rauscht. So tiefschwarz, wie das mit dem Weihnachtsmann beworbene Soft-Getränk selbst ist, mit dem sich inzwischen Millionen von Menschen auf der ganzen Welt vergiften, ist wohl auch der aberwitzige Gedanke, dass all dieser Wahnsinn etwas mit der Geburt Jesus von Nazareth zu tun haben soll. Hauptsache allerorts heißt es »Fröhliche Weihnachten!« Darunter versteht dann jeder, was er will.

Wenige Monate nach Weihnachten wird es dann noch bunter im christlichen Abendland: Millionen von Ostereiern kennzeichnen den Weg – im Fernsehen, in der Zeitung, im Internet, im Supermarkt. Überall Ostereier! Und Osterhasen! Und Osternester! Auch wenn dem Brauch einige unbedeutende, rituelle Überlieferungen zugrunde liegen mögen, so stellt sich in diesem Zusammenhang doch die Frage: Was hat ein Hase, was haben hart gekochte oder aus Schokolade geformte, bunt bemalte Eier mit der Wiederauferstehung des Gottessohnes vor fast 2000 Jahren zu tun? Nichts!

Somit ist auch das Dritte Gebot der Moderne, dem sogenannten Fortschritt, geopfert worden. Doch wovon schreiten wir fort? Richtig: von Werten, Moral, Ethik, von den Geboten. Die Menschheit tut heute genau das, wovor nicht nur Christus, sondern lange Zeit schon vor dem Gottessohne Moses warnte: Sie tanzt um das Goldene Kalb. Gedankenlos huldigt die westliche »Wertegemeinschaft« heute ihrem »Gott«: der Macht des Geldes, dem Wahn von Unabhängigkeit und angeblicher Individualität, dem Größenwahn auch, sein Leben ohne die Achtung vor den Zehn Geboten bestreiten zu können. Zudem wird, es sei noch einmal hervorgehoben, jene immer kleiner werdende Gruppe, die an den Schöpfungsgesetzen festhalten möchte, als Extremisten diffamiert.

Einen Feiertag zu begehen, ohne dabei innezuhalten und über dessen Sinn nachzudenken, ist eine gefährliche Entfremdung des größenwahnsinnigen Menschen von allem, was wirklich heilig ist. Wir nehmen, ohne etwas zurückzugeben. Das Faulenzen, das Feiern und die Geschenke sind die Hauptakteure der christlichen Feste geworden. Wundert es uns da eigentlich noch, dass unsere Welt gerade gänzlich vor die Hunde geht? Der Mensch hat keine Richtschnur mehr, ihm ist die Verbindung nach oben verloren gegangen.

## Das Vierte Gebot

DU SOLLST VATER UND MUTTER EHREN!

Selig sind all diejenigen, welche als Kinder die aufrichtige Liebe und Fürsorge ihrer Eltern erhalten. Dazu gehören vor allem genügend Zeit, Verständnis, Nachsicht, aber auch Erziehung, Disziplin und Konsequenz. Selig sind auch jene, deren Mutter und Vater die Verantwortung als Erziehende vollumfänglich und mit dem nötigen Ernst wahrnehmen, die auch als gutes Vorbild fungieren und ihren Kindern auf diese Weise Werte und Sittlichkeit wie selbstverständlich vermitteln. Aus diesem Brunnen lässt es sich bis zum Lebensende reich schöpfen. Wer als kleines Kind die Nähe und Zuwendung der Mutter und auch des Vaters erhielt, dessen Bindungsverhalten wird in den ersten prägenden Lebensjahren für immer manifestiert. Das bedeutet, dass er »Bindung erlernt« und diese auch später an andere Menschen, wie Partner, eigene Kinder sowie eines Tages an die alt gewordenen Eltern, mühelos weitergeben kann. Auch das allgemein den Mitmenschen gegenüber notwendige Verantwortungsgefühl gehört zum selbstverständlichen Handeln und Verständnis des »Bindungskundigen«, welches allgemein notwendig ist für jede funktionierende Menschengemeinschaft und für das persönliche Glück. Die genannten Vorgänge und Eigenschaften sind das Fundament für jede funktionierende Gesellschaft.

Das eben Erwähnte ist auch eine meiner wichtigsten Lebensquellen geworden, vor und nach dem Tod meiner Eltern. Die Tatsache, dass ich im Alter von 15 Jahren meine Heimat verließ, um woanders in der Welt mein Glück zu suchen, hat daran nichts geändert. Im Gegenteil. Zum Glück wurde ich erfolgreich genug, sodass ich nach dem Ende des Krieges in Jugoslawien für meine Mutter, die 20 Jahre lang nach dem Tod meines Vaters allein gelebt hatte, alles ermöglichen konnte, was sie sich wünschte.

Doch meine Mutter, diese durch und durch bescheidene Frau, sprach so gut wie nie irgendwelche Wünsche aus. Mein ganzes Leben lang durfte ich sie als einen Menschen wahrnehmen, der morgens und abends betete, für alle Menschen auf der Welt. Sie bat dabei, wie sie es immer formulierte, stets den Allmächtigen, er möge auch ihre Kinder nicht vergessen. Kurz bevor sie 80 Jahre alt wurde, besuchte sie mich zweimal im Westen. Stolz wie ein Kind zeigte ich ihr alles, was ich erreicht hatte durch meiner Hände Arbeit. Ebenso wie früher mein Vater, wenn er mich besucht hatte, saß auch sie stundenlang in meinem Büro und beobachtete mich bei meiner Arbeit. Weder verstand sie dabei meine neu erworbene Sprache, noch worum es in den endlosen Gesprächen und Telefonaten ging. Einmal fragte ich sie, ob es ihr nicht langweilig sei, Stunde um Stunde auf diese Weise zu verbringen. Sie antwortete so einfach, wie sie selbst stets war: »Ich wäre keine Mutter, wenn es mir beim Anblick meines Sohnes langweilig werden könnte!« Ich schämte mich, die Frage überhaupt gestellt zu haben. Gleichzeitig war ich das glücklichste über 40-jährige Kind auf Erden. Das bin ich bis heute geblieben.

Ich hoffe, dass Sie, liebe Leser, diesen kleinen persönlichen Exkurs nicht als zu langweilig empfinden. Bei der Erwähnung des Vierten Gebots schweifen die Gedanken automatisch in Richtung des eigenen Lebens ab. Allen Menschen wünsche ich, dass sie bei den Gedanken an ihre Eltern ebenso viel Glück empfinden, wie ich es jedes Mal tue, wenn meine Erinnerung an beide wach wird. Wer dieses Glück hat und es auch so empfindet, der besitzt damit eine gute Voraussetzung für ein werteorientiertes Lebensfundament. Er steht sicherer als das vieler anderer Menschen, denen dieses Glück nicht beschieden wurde.

Wie man sehen kann, hatte ich das große Glück, gute Eltern zu haben. Doch nicht allen Menschen ist dieser Vorzug beschieden, heute seltener denn je. Wie kann man als Kind seine Mutter wirklich lieben und ehren lernen, wenn ihr zum Beispiel die Karriere wichtiger ist als ihre Mutterschaft in den ersten wichtigen Lebensjahren ihres Kindes, in denen Nähe und Zuwendung durch sie doch von immenser Bedeutung für das Kleine sind, damit es sich naturgemäß und optimal entwickeln kann. Halt! Damit sind natürlich nicht jene Frauen gemeint, die aus finanziellen Gründen gar keine andere Wahl haben, als Geld verdienen zu gehen, um zu überleben. Unser derzeitiges System, das durch eine ungesunde Familien(zerstörungs)- und Sozialpolitik gekennzeichnet ist, zwingt mittlerweile Heerscharen von Frauen dazu, ihre kleinen Kinder in fremde Hände zu geben – mit demoralisierenden Folgen für die Bindungstauglichkeit unserer ganzen Gesellschaft: Diese wird dadurch mittelfristig atomisiert, sie fällt auseinander!

Von diesen geplagten Müttern soll hier nicht die Rede sein, sondern zum Beispiel von den nicht selten ehrgeizigen, sogenannten Karrierefrauen, denen Fremdlob und Anerkennung von außen sowie ein stattliche Zahlen ausweisender Gehalts- oder Lohnzettel wichtig sind, während das »Zusammenseinmüssen« mit dem eigenen Kleinkind wie eine Strafe, wie eine Schande, empfunden wird. Häufig lässt die Unzufriedenheit über diese missfällige Situation diese Frauen leider sogar ungerecht oder nachlässig gegen die ganz natürlichen Bedürfnisse ihrer wehrlosen und auf sie angewiesenen Kinder werden. Wie soll man eine solche Mutter dann ehren lernen? Oder den alkoholsüchtigen Vater, der seine Kinder oder die Frau schlägt? Der eventuell zu cholerischen Ausbrüchen neigt oder rechthaberisch seine Vorstellungen, notfalls eben züchtigend, durchsetzt? Wie soll man diesen Vater je ehren können?

Das Vierte Gebot zeigt uns, dass wir auch die Institution »Vater und Mutter« ehren müssen, indem wir uns als Eltern vorbildlich gegenüber den Kindern verhalten. Nur dann können wir auch von dem Nachwuchs erwarten, dass er uns, Vater und Mutter, aus ganzem Herzen ehren lernt.

Sie irren sich übrigens nicht, wenn Sie feststellen, dass in unserer modernen Welt einiges durcheinandergeraten ist, was das Familienleben und den natürlichen Umgang untereinander sowie die finanzielle Verantwortung füreinander angeht. Kleine Kinder werden in aller Regel morgens aus dem Haus gebracht und fremd betreut, damit die Mutter unter der meist falschen Flagge einer sogenannten Karriere – die in Wirklichkeit dem Ziel dient, dass sie ihre Steuern und Sozialabgaben selbst bezahlt – nicht etwa dem Staat zur Last fällt. Übrigens ist die Gesetzgebung auch in der weiteren Linie fantasiereich: So sollen die von den Eltern einst ohne wirklich stabile Bindung aufgewachsenen Kinder dereinst, wenn Vater und Mutter alt geworden sind, für die Schulden oder den sozialen Unterhalt ihrer Eltern haften. Gewiss gibt es einige Fälle, in denen die Beteiligten dies ganz freiwillig und ohne Pflichtvorgabe tun. Doch kann man sie wirklich dazu per Gesetz zwingen? Ist dies nicht eine höchst individuelle Angelegenheit, in die sich ein Staat nicht einzumischen hat?

Jeder Mensch ist ein eigenständiges Wesen. Materielle Ansprüche gegenüber anderen entstehen nicht durch den Geburtsvorgang. Die besondere Ehre, den eigenen Eltern gegenüber aufzukommen, ist eine innere Haltung, die jeder Mensch selbst zu entscheiden hat. Zwangsläufig dürfte diese Entscheidung immer eng mit der jeweiligen Kindheit des Sohnes oder der Tochter zu tun haben, denn hier gilt für alle Zeiten der Grundsatz: Wer Liebe gibt, wird Liebe ernten. Wer als Kind genügend Bindung zu seinen Eltern aufbauen darf, der kann auch später von dem Bindungsverhalten, welches er damit von Kind auf lernte, vieles weitergeben. Wer einen verantwortungsvollen Vater und eine hingebungsvolle Mutter hatte, der wird diese Tugenden für sein ganzes Leben selbst verinnerlichen und danach seine individuellen Entscheidungen treffen können. Es gilt hier aber ebenso auch umgekehrt der alte Grundsatz: Was Hänschen nicht lernt, lernt Hans nimmermehr! Wer als Kind »abgegeben« wird, der wird später ohne Bedenken seine pflegebedürftigen Eltern ebenfalls »abgeben«. Diese wichtigen Zusammenhänge, die auf den logischen Naturgesetzen aufbauen und bereits für jedes Kleinkind schon von Bedeutung sind, dürfen niemals außer Acht gelassen werden, sofern man bewusst eine gesunde und stabile Menschengemeinschaft aufbauen will. Wer dagegen verstößt, wird unwillkürlich mit den Konsequenzen klarkommen müssen, auch wenn diese erst viele Jahrzehnte später auftreten werden.

Alle, die uns dieser wichtigen Einheit entreißen wollen, berauben uns um das Wertvollste, was wir besitzen können – unser Lebensglück. Wenn Ihnen nun einiges in der Politik oder den Medien verwahrlost oder gar gottlos vorkommt, dann seien Sie versichert: Sie irren sich nicht! Wie man weiß, gibt es heute massenweise Gesetze, welche genau vorschreiben, wie die Kindererziehung zu erfolgen hat. Kinder- und Jugendämter können sich in die natürlichste Beziehung zwischen Eltern und Kindern einmischen oder sogar die Kinder ihren Eltern entreißen. Viel Leid wurde damit schon über so manche Familie gebracht, die nicht selten durch derartige Eingriffe für alle Zeiten auseinanderfiel.

Auch in anderer Hinsicht läuft viel falsch: In der Schule lernen die Kinder schnell, welche Rechte sie haben und was ihre Eltern alles nicht dürfen. Ein derartiges »Wissen« wird nicht selten schon in den Kindergärten verbreitet. Entfremdung und sukzessive Ausrottung von Respekt und Ehre gegenüber den Eltern breiten sich in diesen Zeiten überproportional aus. Wer das Vierte Gebot vorsätzlich missachtet, indem er derartige Möglichkeiten für Fremdeingriffe fördert, der treibt damit auch die seelische Vereinsamung und geistige Obdachlosigkeit eines ganzen Volkes voran. Die Wechselwirkung für ihn bleibt niemals aus, auch wenn sie manchmal erst Jahrzehnte später eintritt.

## Das Fünfte Gebot

DU SOLLST NICHT TÖTEN!

Ein heiliges Gebot, welches in seiner Klarheit unübertroffen ist – eine Botschaft, die für alle Menschen selbstverständlich sein sollte. Doch denken wir über den Ernst, den Sinn dieses Fünften Gebotes kaum nach. Zudem muss es nicht immer Leib und Leben sein, welches man tötet, um trotzdem gegen das Fünfte Gebot zu verstoßen. Der Mensch an sich tötet heutzutage nahezu täglich. Die Ehre, den guten Namen des anderen, seinen Ruf, die Glaubwürdigkeit: Bedenkenlos tötet er die geistige Unversehrtheit seines Nachbarn, Kollegen, seines Freundes oder Verwandten, unbedacht verstößt der Mensch, verstoßen auch Medien, Politiker, Finanzhaie etc. Tausende Male am Tag dagegen, sie rauben den Angegriffenen damit Stück um Stück die Lebensqualität, den Lebensatem.

Du sollst nicht töten. Es stimmt: Die meisten Menschen töten niemand anderen vorsätzlich. Zu eng sind die Gebote doch mit dem uns innewohnenden Gewissen verbunden: Wer etwas Falsches tut, wer gegen die Gebote vorsätzlich verstößt, der weiß es in diesem Moment ganz genau. Er weiß auch instinktiv, dass er sich damit auf dünnes Eis begibt, dass er dafür eines Tages wird wohl büßen müssen.

Doch wie steht es eigentlich mit dem bloßen Wissen um Mord, an welchem man persönlich jedoch unbeteiligt ist? Betrachten wir die »grandiosen« Kriege der vergangenen Jahrzehnte in Jugoslawien, Syrien, Libyen, im Irak und in afrikanischen Ländern: Wir wissen genau, dass es unsere Steuergelder sind, die unter anderem dazu benutzt werden, um derart grausame Auftragskriege zu finanzieren. Es sind auch unsere Soldaten, die über das westliche Verteidigungs- und Kriegsbündnis NATO in die genannten Länder einmarschiert sind und auf Menschen geschossen haben. Sie werden ebenfalls von unseren Steuergeldern bezahlt. Heutzutage sind es nicht selten auch Drohnen, die, aus einem kleinen Büro am anderen Ende der Welt per Knopfdruck ferngelenkt, die tötenden Raketen oder Projektile in Kriegsgebieten abfeuern mit dem Ergebnis eines möglicherweise erheblichen »Kollateralschadens« in Form von verletzten und toten Zivilisten. Während am Abend dann die entsprechenden Meldungen im Fernsehen verlesen werden, sitzen wir im gemütlichen Ohrensessel und schaudern ein wenig bei der Vorstellung, dass erneut etliche Menschen gestorben sind. Mehr aber passiert bei uns meist nicht, denn das Schlachtfeld ist weit, weit entfernt. Wie steht es da um unsere Verantwortung? Was wissen wir von einer möglichen Vergeltung des Universums, was von der immensen Verantwortung, die jedem einzelnen Menschen auf dieser Erde doch obliegt, jegliches Leben zu schützen? Gibt es so etwas wie eine Kollektivschuld der Völker, an der wir eventuell beteiligt sein könnten?

Tatsache ist: Wir Menschen töten täglich mit. Allein durch das Legitimieren dessen, was geschieht, womit unter anderem die Wahl der Politiker gemeint ist, aber auch durch das Wegsehen und, besonders dramatisch, durch die stillschweigende Zustimmung, ja sogar noch durch die Verehrung der Mörder und die Verleihung von Auszeichnungen an sie. Bei ihnen handelt es sich übrigens nicht nur um Befehlen unterstehende Militärs, sondern nicht selten auch um Politiker beziehungsweise Regierungsvertreter. Wir bestätigen diese Leute somit in dem, was sie tun. Möglicherweise liefern wir ihnen am Ende noch das Gefühl, dass sie es auch für uns getan haben. Sofern Auftraggeber und Beauftragter auch noch aus einem Stall kommen, so müssen wir uns doch fragen, ob wir nicht tatsächlich Mitschuld tragen an dem, was alles im Namen des Volkes gegen andere Völker geschieht und angerichtet wird.

Was dieses Thema betrifft, so könnten mehrere Bücher mit Beispielen hierzu gefüllt werden. Wenn ich aber nur einige wenige erwähne, werden sich auch die unerwähnten offenbaren. In Zeiten, als es noch keine ferngesteuerten Drohnen gab, die das Töten übernahmen, wurde das Publikum mit Gladiatorenkämpfen oder zahlreich praktizierten öffentlichen Hinrichtungen »unterhalten«. Heute ist Derartiges kaum noch vorstellbar, sollte man meinen. Oder?

Heute, in der angeblichen Blüte der Zivilisation angekommen, sind derartige Publikumsunterhaltungen tatsächlich kaum vorstellbar. Gladiatorenkämpfe? Scheiterhaufen? Fallbeil? Aber nein, doch nicht mit uns! Doch schon beim Thema der öffentlichen Hinrichtungen bin ich mir nicht mehr so sicher. Wir pflegen dabei freilich und für gewöhnlich an Bilder versammelter Menschen auf dunklen Marktplätzen des Mittelalters zu denken oder an den Wilden Westen Amerikas, wenn unschuldig Verurteilte gehängt wurden. Doch was wir allein in den vergangenen Jahren und Jahrzehnten an öffentlichen Hinrichtungen im Fernsehen und in den Medien mit ansehen mussten, Hinrichtungen an Andersdenkenden, die coram publico von der Meute der Mainstream-Medienmacher zur Strecke gebracht wurden, unterscheidet sich kaum von dem unzivilisierten Verhalten unserer

Vorfahren. Gewiss: Geköpft oder aufgehängt wird heute nur noch selten jemand, doch den Delinquenten wird dafür die Ehre genommen, sie werden unmöglich gemacht, sie sterben den öffentlichen Gesellschaftstod. Denken Sie an das Beispiel des mittlerweile berühmten Münchners Gustl Mollath, den man zahlreiche Jahre unschuldig in die Psychiatrie gesperrt hatte, um ihn, den unbequemen Querdenker, zu beseitigen, damit er nicht etwa noch mehr »Unheil« anrichte, das heißt: weitere Indizien fände und veröffentliche, die ein völlig korruptes deutsches Finanzsystem offenbaren. Wer meint, dass dieser Vorgang nicht unter die strenge Beobachtung des Fünften Gebotes gehört, irrt sich gewaltig!

An dieser Stelle wollen wir einmal einige Beispiele betrachten, bei denen das umfangreiche Töten von Menschen einfach ausgeblendet, völlig verharmlost und verdrängt wird, ja, wo die Ausführenden gar mit Lorbeer bekränzt und mit Ehrbezeugungen überschüttet worden sind: Haben die Briten nicht Sir Winston Churchill zu ihrem Nationalhelden gekürt? Gilt dieser Mann bis heute bei den meisten nicht als cleverer Staatsmann mit väterlicher Art und trockenem Humor? Churchill wurde sogar in den Adelsstand erhoben. Er konnte sich selbst bei den meisten Historikern als überwiegend positive Persönlichkeit hinüberretten, und zwar bis heute. Dabei ist er, rein rechtlich und auch moralisch betrachtet, als Massenmörder und Kriegsverbrecher einzustufen. Unbestritten hat dieser Mann die Tötung zahlloser wehrloser Menschen angeordnet. Churchill, der unter anderem die komplette Zerstörung Dresdens im Februar 1945 verantwortete, hatte sich schon viele Jahre zuvor klar positioniert gegen Deutschland. Einige seiner Zitate sollen hier wiedergegeben werden:

- 1934 sagte Churchill zum ehemaligen Reichskanzler Heinrich Brüning: »Wenn Deutschland zu stark wird, muss es zerschlagen werden, Deutschland muss wieder besiegt werden, und diesmal endgültig.«
- Churchill in seiner Antrittsrede nach Übernahme der Regierung am 10. Mai 1940: »Dieser Krieg ist ein englischer Krieg, und sein Ziel ist die Vernichtung Deutschlands.«
- 1945 gegenüber Marshall Sir Wilfried Freeman: »Ich will keine Vorschläge hören, wie wir kriegswichtige Ziele im Umland von Dresden zerstören können; ich will Vorschläge hören, wie wir 600 000 Flüchtlinge aus Breslau in Dresden braten können.«

Winston Churchill hatte Angst vor einer Wiedererstarkung Deutschlands und ließ deswegen, rein aus Prophylaxe-Gründen, zahllose Menschen vorsätzlich ermorden, damit diese später nicht gefährlich werden konnten. Welch eine perverse, grausame Einstellung!

Weltweit, insbesondere in Amerika, werden Präsidenten wiedergewählt, obwohl sie fragwürdige Angriffskriege befohlen haben, wobei Massen von Menschen starben. Heute gehört es zur allgemein gängigen Praxis, dass »nationale Interessen« von mächtigen Staaten rund um den Globus »verteidigt« werden. Wenn das nicht als Begründung ausreicht, um Kriege zu führen oder in fremde Länder einzumarschieren, dann ist es eben die Bekämpfung des internationalen Terrorismus. In jedem Fall wird hemmungslos getötet. Nicht selten wird aus bloßer Sorge, dass zum Beispiel aktuell Verbündete über Nacht zu Gegnern werden könnten, auch hier, vorsichtshalber, militärisch eingegriffen und gemordet. Die Sieger, und nicht selten auch ihre Geheimdienste, bestimmen dann, was schließlich in den Geschichtsbüchern stehen soll. So wurde unter anderem in Belgrad gegen Ende des Zweiten Weltkrieges durch wiederholte Bombardements der Alliierten mehr zerstört, als durch die Bombenangriffe der Deutschen im Jahre 1941. Darüber durfte nach Kriegsende nicht gesprochen werden. Worüber die Deutschen als Kriegsverlierer nicht sprechen durften, ist ebenso umfangreich. So sollen sie bis heute nicht über die unermesslich hohe Zahl ihrer eigenen Opfer, die in den beiden Weltkriegen zu Tode kamen, reden.

Weitere Beispiele: War gegen Ende des Zweiten Weltkrieges die ausgelaugte japanische Armee für die Welt tatsächlich so bedrohlich, dass, um diese zu bezwingen, Hunderttausende unschuldige Menschen – Zivilisten, Alte, Frauen und Kinder – in Hiroshima und Nagasaki mit Atombomben getötet werden mussten? Wer hatte hier je nach dem Fünften Gebot gefragt? Wer fragt in dieser Sache heute nach? Und: Befiehlt der Nobelpreisträger Barack Obama nicht fortwährend die Tötung von Unschuldigen, wenn mit den erwähnten Drohnen »Ziele«, also meistens Menschen, deren »Schuld« nur auf geheimdienstlicher Ebene geklärt wurde, angegriffen werden? Auch Barack Obama wurde als US-Präsident wiedergewählt, und der Friedensnobelpreis wurde ihm bekanntlich nicht aberkannt.

Und: Ist die Europäische Union nicht auch ein ebensolcher skurriler Friedensnobelpreisträger? Einmal abgesehen von den zunehmend todbringenden Politikentscheidungen, durch welche die Identität ganzer Nationen derzeit abgetötet wird, abgesehen auch von ihrer fragwürdigen Subventionspraxis und ihren militärischen Auslandseinsätzen, sterben derzeit vor den EU-Außen-

grenzen mehr Menschen als jemals zuvor – trotz des Friedens-
nobelpreises.

So wird direkt und indirekt weltweit, wie um die Wette,
getötet. Deutschland leistet sich sogar einen Priester als Bundes-
präsidenten (Super-Gauck!), der mit predigttrainierter Miene
den Deutschen offenbar suggerieren möchte, dass sie nun endlich
»ihre Verantwortung« zu übernehmen hätten. Das heißt nichts
anderes, als sich noch intensiver an den global organisierten
Tötungsaktionen des »westlichen Bündnisses« zu beteiligen. Das
fordert – mit Erfolg, wie wir erfahren mussten – ein Priester und
Bundespräsident. Halleluja!

Und wir Bürger? Tragen wir, jeder für sich selbst, nicht Mitschuld an diesem grauenvollen Desaster? Sicher, wir beteiligen
uns nicht an der Entscheidung, Drohnen und Panzer zu schicken.
Und doch: Von einem Wahltermin zum nächsten werden wir
aufgefordert, unsere Stimme abzugeben für jene Politikdarsteller,
die durch ihre Zustimmung diesen Wahnsinn erst ermöglichen.
Wir laufen des Sonntags zur Wahl und legen unsere Stimme in
eine Wahl-Urne, in jenen Behälter also, welcher nach dem deutschen Sprachgebrauch das Aufbewahrungsgefäß für sterbliche
Überreste ist. Damit haben wir sie abgegeben, unsere Stimme;
dementsprechend können wir sie bei Einwänden nicht mehr
erheben. Die Urnenverwalter, also die Politiker, wurden durch
uns ermächtigt, so zu handeln, wie sie es für richtig halten –
beziehungsweise wie die Mächtigen ihnen anordnen, es zu tun.

So werden wir es natürlich niemals schaffen, eine friedvolle
und lebenswerte Welt aufzubauen, denn wir haben keine Entscheidungsfreiheit mehr. Diejenigen, die entscheiden, bauen die
Erde zu einem Imperium der Schande um. DU SOLLST NICHT

TÖTEN! Diese Mahnung kann man gar nicht ernst genug durchdenken.

## Das Sechste Gebot

DU SOLLST NICHT EHEBRECHEN!

Dieses Gebot bereitet vielen »modernen« Menschen sicherlich nicht selten Kopfzerbrechen. Oft habe ich mich gefragt, ob das Sechste Gebot vielleicht dazu dienen sollte, die Menschheit zu befrieden. Doch gleichzeitig wuchs in mir der Verdacht, dass sich in diesem Gebot unsere eigene menschliche Unvollkommenheit am ehesten zeigen könnte. Ganz sicher ist das Sechste Gebot für sehr viele Menschen eine harte Prüfung. Gerade in heutiger Zeit, wo sämtliche Menschenbindungen sich in der Auflösung befinden, wo mehr als 50 Prozent aller Ehen auseinanderbrechen, scheint das Sechste Gebot für nahezu jedermann eine Menge Sprengstoff zu bergen. Auch in unseren fortschrittlichen Zeiten des völlig verqueren Gender Mainstream, der Geschlechterverwirrung, die entstehen musste durch den Versuch der Gleichmacherei von Mann und Frau, auch durch die juristische Akzeptanz der Homo-Ehe in vielen Ländern, sollte zunächst einmal geklärt werden, was die Ehe im rechten Sinne eigentlich bedeutet. Gibt es sie überhaupt noch? Ist wirklich die heute meist lockere Art der Beziehung, innerhalb der das Flirten und Schäkern zum Alltag gehören, eine richtige Ehe, so, wie sie der Himmel vorsieht?

Gehört zu einer echten Ehe nicht unbedingte Treue, schon in den Gedanken, aber selbstverständlich erst recht in der Tat?

Ebenso wie das Ziel eines jeden Partners, dem anderen nur Glück und Freude zu bereiten? Wie viele dieser Ehen, die wie im Himmel geschlossen scheinen, gibt es heute überhaupt noch? Die Frage kann leicht beantwortet werden: sehr wenige. Doch genau für diese ist das Sechste Gebot wichtig und gültig. Wenn sich zwei Menschen für immer gefunden haben, dieses Glück sichtbar ausstrahlen und einer nur für den anderen da sein will, dann gilt als oberste Regel, niemals in diese Liebe »einzubrechen« oder dies auch nur zu versuchen, aus Neid, aus Spaß am Geplänkel oder am Abenteuer. Alle anderen »modernen« Beziehungen und Ehen dürften wohl nicht unter dieses Gebot fallen.

Viele Menschen, die ein lockeres, »modernes« Liebesleben führen, machen sich in stillen Momenten sicherlich des Öfteren Gedanken darüber, ob fehlende Moral und mangelnde Rücksichtnahme anderen Beziehungen gegenüber sittlich in Ordnung sind. Denn wenn auch Ehen oder eheähnliche Partnerschaften heute so lässig wie wohl nie zuvor gehandhabt werden, so spürt doch ein jeder Mensch tief im Gewissen eine drückende Last hinsichtlich derartigen Eigenhandelns. Der Mensch kann noch so viele Gebote lesen und sie dabei ignorieren, die Antwort in Bezug auf die Werthaltigkeit seines Handelns und Tuns erhält er in aller Regel über seine innere Stimme. Er horche nur einfach in sich hinein, dann weiß er am besten, was zu tun ist.

Dass das Sechste Gebot von sehr vielen missachtet wird, wird kaum jemand in Abrede stellen können. Die »moderne« Zeit ist jetzt dabei, die natürliche Ehe (Mann + Frau + leibliche Kinder) zu verdrängen, sie als altmodisch zu erklären. Hier wird nicht nur dem Schöpfer ins Handwerk gepfuscht, sondern unsere Zivilisation wird auf diese Weise schneller beendet werden, als viele glauben. Wer weiß, vielleicht wird schon in naher Zukunft auch die menschliche Fortpflanzung industriell organisiert werden? Es ist spannend zu beobachten, wie viele Menschen den derzeitigen Entwicklungen wie blind folgen, wie die Lämmer laufen sie hinter den Verführern her, die sie auf dem direkten Wege zur Schlachtbank ihrer Existenz führen. Und wer steckt hinter diesem gruseligen Spuk? Es sind die wenigen, aber mächtigen Herrschenden, für die auch alle anderen Gebote keine Bedeutung mehr haben. Es sind jene, welche vermutlich in ihren Wahnvorstellungen glauben, die Menschheit nach ihrem Gutdünken planen und minimieren zu dürfen: Sie versuchen, Gott zu spielen.

Gewiss, die Zehn Gebote sind keine *Ver*bote, sondern ernst zu nehmende Hinweise darauf, wie der Mensch in dieser Schöpfung zu handeln und zu wandeln hat. Jedermann entscheidet selbst, ob er sich an den Wegweiser für ein glückliches Leben halten möchte oder nicht.

## Das Siebente Gebot

### DU SOLLST NICHT STEHLEN!

Dieses Gebot umfasst viel mehr Aspekte, als man beim ersten Nachdenken vielleicht erkennen mag. Stehlen muss nicht immer »nur« Diebstahl materieller Güter sowie des Geldes bedeuten. Rauben kann man dem Nebenmenschen noch viel mehr: sein Ansehen, seinen guten Namen, seine Privatsphäre, seine Existenz, beispielsweise durch üble Nachrede, die etwa zu Rufmord wird. Wir Menschen müssen lernen, viel behutsamer mit den Rechten des Nächsten umzugehen, ihn und sein Leben nicht in Misskredit zu bringen, um ihm so möglicherweise seine Existenzgrundlage zu rauben. Der Mensch sollte all jene Dinge seinem Nebenmenschen gegenüber unterlassen, die er selbst nicht erleiden möchte.

Der überwiegende Anteil der auf Erden lebenden Menschen, so könnte man bei oberflächlicher Betrachtung meinen, müsste im Sinne des Siebten Gebotes unschuldig sein. In den wohlhabenden Gebieten der Welt stehlen doch nur Kleptomanen und Kriminelle, oder? Doch bei näherer Betrachtung erhöht sich die Anzahl derer, die sich an fremdem Hab und Gut bereitwillig bedienen. Zum Beispiel nehmen es viele Beschäftigte mit der Loyalität gegenüber ihrem Arbeitgeber nicht so genau. Zwar schleppt kaum jemand kistenweise Firmeneigentum nach Hause, doch stehlen nennt man es auch, wenn bezahlte Arbeitszeit für Privatzwecke verwendet wird. Ebenso, wenn Krankheiten vorgetäuscht werden. Zahlreiche Arbeitgeber bestehlen wiederum ihre Mitarbeiter indirekt, indem sie nur die Löhne auszahlen, die sie auszahlen müssen und nicht die, welche die Mitarbeiter tatsächlich verdienen. Das alles führt zu Misstrauen auf beiden Seiten.

Zwischen diesen beiden Seiten agiert gleichwohl noch ein Dritter, der in aller Ruhe diese beiden bestiehlt, während diese sich in den Haaren liegen. Es ist der Staat mit seiner perfekt organisierten Steuer- und Abgabesystematik. Während die beiden Unzufriedenen sich immer häufiger bei hitzigen Demonstrationen für ihre Rechte auf der Straße treffen, sichert der Staat ihnen derweil großzügig das Recht zu, zu demonstrieren, und stellt zu diesem Zweck bewaffnete Polizeieinheiten als Ordnungsmacht zur Verfügung. Teile und herrsche.

Kaum jemand denkt darüber nach, wofür der Mensch die Maschinen erfunden hat. Diese sollen ihm bekanntermaßen die Arbeit erleichtern. Doch wer profitiert eigentlich wirklich davon? Richtig: die Unternehmen. Der einfache Arbeiter steht nun am Band und muss im Akkord noch schnellere Erfolge beziehungsweise Erträge bringen. Er kann ja froh sein, überhaupt einen Job bekommen zu haben, da die Maschine Dutzende, manchmal Hunderte Arbeitsplätze ersetzt. Der höhere Profit kommt allein der Firma zugute, niemals den arbeitenden Menschen.

Doch es geht auch andersherum. Der allergrößte Teil der Diebstähle wird heutzutage völlig offen und »legal« durchgeführt. Leistungen werden berechnet, die nie erbracht worden sind. Die lustige Geschichte über einen zu früh verstorbenen Handwerker kennen einige vielleicht schon: Im Himmel angekommen, soll dieser Petrus gefragt haben, ob es fair sei, dass er mit noch nicht einmal 40 Jahren aus dem Leben scheiden musste. Daraufhin soll Petrus nachdenklich in die Akte gesehen und erwidert haben: »Gemäß der Stundenabrechnungen bist du 96 Jahre alt!«

Viele Menschen haben sich im Laufe der industrialisierten Entwicklung ein unüberlegtes Konsumverhalten angewöhnt. Aufgrund der Verführung zum Kaufen durch eine Unmenge von bunter und lauter Werbung in Rundfunk, Fernsehen und Internet sowie durch die immer leichtere Vergabe von Kreditkarten und Krediten wurden die Verbraucher, Schritt für Schritt, vorsätzlich in diese Situation gebracht. Viele von ihnen bemerken kaum, dass sie nur ausgenutzt werden, die Last der Zinsen drückt sie immer schwerer, ruinöse Verhältnisse drohen, so sie nicht schleunigst das Konsumverhalten verändern. Die Begünstigten des Zins- aber auch des Steuersystems gleichen einer Räuberbande, die skrupellos jeden Menschen ausnimmt, der ihnen über den Weg läuft.

Nun sind aber weder diebische Arbeitnehmer noch unehrliche Handwerker oder Unternehmer das größte Problem für die Menschheit. Das weitaus Schlimmste ist, dass sich inzwischen längst ganze Gewerbezweige etabliert haben, die ihre Einnahmen durch Massendiebstahl organisieren. Ein bemerkenswertes Beispiel dafür sind Großbanken beziehungsweise sogenannte systemrelevante Investmentbanken. Sie zocken schlimmer als die Spielsüchtigen in den Kasinos. Das, was sie als »Finanzprodukt« bezeichnen und ihren Kunden vorbehaltlos empfehlen, sind in Wahrheit oft üble, seichte und haltlose Konstruktionen aus Zahlen und Zahlungsversprechen, die die Urheber meist nicht einmal selbst verstehen. Mit staatlicher Genehmigung schaffen sie Geld buchstäblich aus dem Nichts und verleihen es dann an die Staaten und Privatwirtschaften. Dabei fordern sie reale Gegenleistungen für etwas, was sie nie besaßen beziehungsweise erarbeiteten. Das ist legalisierter Diebstahl in seiner reinsten Form. Ein übles und hochgefährliches Spiel. Selbstverständlich bedienen sich auch die Manager aus diesem immer spendenden Topf reichlich.

Ein weiteres Beispiel für klassischen Diebstahl ist der global organisierte Handel. Beispielsweise kann bei zahlreichen Textilartikeln die Differenz zwischen dem Preis, welchen die Hersteller erhalten, und dem, den der Kunde im Laden bezahlt, oft um das Zwanzigfache und mehr differieren. Gar nicht zu denken in diesem Zusammenhang an die Ärmsten der Armen, welche die Textilien in Dritt- und Billigländern für Hungerlöhne von nur wenigen Cents pro Stunde fertigen und unendlich hart dafür arbeiten müssen. Nur wenige von ihnen schaffen es dabei, ihre

Familie ausreichend zu ernähren, der Teufelskreis lässt sich für die meisten kaum noch durchbrechen. Sie werden bestohlen, ihrer Würde, ihrer Ehre, ihrer seelischen und leiblichen Gesundheit beraubt.

Große Diskounter sind milliardenschwere Unternehmen, das ist Fakt. Die meisten Landwirte und Hersteller, welche mit Vorschriften erdrückt werden und die immer teurere Anlagen kaufen müssen, sind es meist nicht. Ebenso wie die Näherinnen in Bangladesch und China, die meist bettelarm sind. Die Grenze zwischen Diebstahl und legitimen Geschäften scheint jedoch fließend zu sein.

Es könnten unendlich viele Beispiele aufgezählt werden, wie der global organisierte Handel aus den Fugen geraten ist, oder wie die ungerechte Verteilung von fleißig nach reich mittlerweile extreme Formen angenommen hat und das Weltsystem schon bald zum Kippen bringen wird. So veröffentlichte Mitte Januar 2016 die internationale Hilfsorganisation Oxfam in einer Studie aktuelle Horrorzahlen: Die 62 reichsten Menschen der Erde besitzen mittlerweile »genauso viel wie die gesamte ärmere Hälfte der Weltbevölkerung«. Vor einem Jahr habe dies noch dem Vermögen der 80 Reichsten entsprochen. Zu viel auf der einen Seite bedeutet automatisch zu wenig auf der anderen Seite.

Heute ist es selbstverständlich geworden, dass Staaten beziehungsweise ihre Vertreter die eigenen Bürger durch die Verschuldung der öffentlichen Hand übervorteilen, was ich salopp als Diebstahl bezeichnen möchte. Die Politikdarsteller pumpen sich zum Beispiel das Geld bei den privaten Banken nach dem Motto »Wir leben zwar über unsere Verhältnisse, aber noch lange nicht standesgemäß«. Mittlerweile haben die Bürger der Staaten mehr

Zinsen in Form von Steuern an diese Institute bezahlt, als die gesamten aufgenommenen Kredite ausmachten. Dabei sind aber die Schulden selbst nach wie vor noch existent. Man tilgt ja nicht die Schulden, im Gegenteil: Wird ein Kredit fällig, nimmt man einen neuen auf, um den alten abzulösen. Ein Teufelskreis.

Hier handelt es sich aus meiner Sicht nicht um eine fahrlässige Handlung, sondern um einen klaren Vorsatz. Der Bürger hat das Nachsehen, da er regelrecht bestohlen wird. Diese Dreistigkeit der Staatsvertreter nimmt sogar noch ärgere Formen an. Diese scheuen sich nicht einmal davor, den Bürger direkt anzupumpen. So etwas würde natürlich nicht funktionieren, wenn man mit offenen Karten spielen und diese »Schuldpapiere« beim Namen nennen würde. Nein, man bezeichnet diese Schuldzettel lieber als »Staatsanleihen« oder, noch besser, als »Bundesschatzbriefe«, damit es positiver klingt.

Dabei handelt es sich um einen ähnlichen Marketingtrick, wie ihn die Lebensversicherungen handhaben, die ja eigentlich »Todesversicherungen« heißen müssten, denn das Leben ist ja gar kein Versicherungsfall, sondern der Tod. Aus genau demselben Grund nannte man die ehemalige »Schuldenverwaltung« der Bundesrepublik auch kurzerhand um in »Bundeswertpapierverwaltung«. Das Ganze wird mit dem Begriff »Schatzbrief« garniert – und schon fragt der ehrliche Bürger nicht mehr, was eigentlich dahintersteht. Eines muss man sich klarmachen: Die öffentliche Hand sollte doch eigentlich repräsentativ für mich als Bürger aktiv sein, also mich vertreten, oder habe ich da etwas falsch verstanden? Wenn eine Behörde, die ja quasi in meinem Namen als Bürger agiert, sich nun von *mir* Geld leiht, muss doch die Frage erlaubt sein, woher der Staat das Geld nehmen wird, um meine Zinsen zu bezahlen, wenn ich als Gläubiger mein Geld an ihn verliehen habe, aber gleichzeitig als Steuerzahler auch den Schuldner darstelle. Da der Staat seine Verbindlichkeiten nur aus Steuern finanzieren kann, müssten dann auch meine Steuern ständig erhöht werden, je mehr Schatzbriefe ich beim Staat erwerbe beziehungsweise dem Staat verpumpe. Das erinnert mich irgendwie an ein Hütchenspiel in einer mexikanischen Würfelbude.

Realisiert man nun noch, dass die Lebensversicherungen mit den Staaten einen Deal vereinbart haben, nämlich den, dass die Gesellschaften den größten Teil ihrer von den Kunden eingenommenen Sparraten in solchen Staatspapieren anlegen *müssen*, dann wird auch dem einfachen Denker klar, dass man hier doppelt über den Tisch gezogen wird. Da wundert es einen nicht mehr, wenn bestimmte Sparformen sogar steuerlich begünstigt werden, wie bei den Lebens- und Rentenversicherungen. Wenn der Staat etwas dazugibt, egal was (!), seien Sie immer auf der Hut. Er verschenkt niemals etwas.

Unsere Politiker belügen die Bürger fast durchgängig. Dabei ist jedoch nicht jeder Abgeordnete ein Lügner. Hier bietet es sich an, den Unterschied zwischen einem Lügner und einem Verlogenen zu erklären: Ein Lügner erzählt die Unwahrheit bewusst und in voller Absicht, er kennt dabei die Wahrheit. Der Verlogene berichtet die Unwahrheit, er glaubt daran. Er ist entweder dumm, ungebildet oder manipuliert. Er ist aber nicht als vorsätzlicher Lügner zur Verantwortung zu ziehen, da er die Wahrheit nicht kennt oder kennen will.

Die unwissenden Trittbrettfahrer in der Politik kennen die mit ihrem unverantwortlichen Handeln verbundenen Gefahren meist nicht und haben es sich auf den hinteren Bänken bequem und behaglich eingerichtet. Sie genießen das sorglose Leben eines Ja-Sagers. Das »Ja«, welches sie meist per Handzeichen bestätigen, ist jedoch nicht ihr eigenes. Sie handeln im Auftrag, tun, was ihnen angeordnet wird, und glauben dennoch, für nichts verantwortlich zu sein. Diese Leute fallen meist nicht besonders auf, weder positiv noch negativ. Für eine Wiederwahl genügt es trotzdem fast immer. In den Wahlkämpfen werden die Parteisoldaten in den allermeisten Fällen zu vorsätzlichen Lügnern. Sie behaupten nämlich nicht selten, dass sie sich für die Wähler einsetzen werden. Und das ist sicher eine glatte Lüge. Ich kenne überhaupt kein Staatsoberhaupt aus der zurückliegenden Geschichte, erst recht nicht aus der Gegenwart, welches kein Lügner ist.

Diese Leute, die sich Herrscher, Lenker, Mächtige nennen, dürften jedoch ebenfalls nicht aus freien Stücken handeln. Denn über ihnen steht die wahre, die einzige Macht, das internationale Finanzkartell, das globale Kapitalsammelbecken, welches den weltweiten Takt und Rhythmus bestimmt. Ihm geht es vor allem um Geld, aber auch um für die meisten Menschen undurchschaubare, okkulte Strategien. Mit seiner unendlichen Geldgier bringt es nicht nur die einzelnen Menschen gegeneinander auf, sondern auch Völker gegen Völker und Religionen gegen Religionen. Bald wird es sein Ziel erreicht haben, dann wird auch der letzte kleine Flecken Erde von ihm beherrscht werden. Suchte man ein Paradebeispiel für Vertreter dieser Erde, die von früh bis spät gegen das Siebte Gebot DU SOLLST NICHT STEHLEN! verstoßen, so haben wir im Finanzkartell den Hauptkandidaten gefunden. Es saugt alle und alles aus, wringt den Menschen die letzten Tropfen Blut aus ihren Lebensadern aus, um sich zu bereichern: stets und immer auf Kosten anderer.

Dieser systematische Umverteilungsmechanismus des von zahllosen Menschen wirklich erarbeiteten Vermögens zugunsten der immer weniger, dennoch immer reicher werdenden, keine Leistung erbringenden Spekulanten bildet selbstverständlich auch einen hervorragenden Nährboden, um die Krankheit des »Stehlens« virusartig sich ausbreiten zu lassen über die arbeitende Bevölkerung. Die Menschen spüren beziehungsweise bemerken den Betrug, die himmelschreiende Ungerechtigkeit. Warum sollten sie nicht Gleiches tun? Und sie tun es. Die Folge: Korruption, Kriminalität, Raub und Diebstahl gehören zum Alltagsgeschäft einer jeden Polizeistation, Tendenz rasant anwachsend. Anstand und Ordnung sind zu Vokabeln von gestern geworden, charakterfeste Vorbilder gibt es so gut wie nicht mehr.

## Das Achte Gebot

DU SOLLST NICHT FALSCH ZEUGNIS REDEN WIDER DEINEN NÄCHSTEN!

Wer heute eine Zeitung aufschlägt, wer seinen Fernseher oder das Radio einschaltet, der wird nicht selten Zeuge zahlreicher Verstöße gegen das Achte Gebot. Wie selbstverständlich berichten Medien und Presse Tausende Male am Tag über die verschiedensten Menschen – Schauspieler, Sänger, TV-Moderatoren, ebenso über Politiker oder Unternehmer, wie auch über alternative, unabhängige Denker – so, als wüssten sie praktisch alles über diese Personen und deren Motivationen. Sie stellen Behauptungen auf, spekulieren über deren Privatleben, schnüffeln hinter ihnen her, um mit sensationstriefenden »Neuigkeiten« die Welt zu überraschen, stets mit dem Ziel, als Erste die Nachricht zu veröffentlichen. Welchen Schaden sie dabei hinterlassen, ist den gedanken- und gewissenlosen Boulevard-Abenteurern gleichgültig. Der Zeitdruck, der Wettbewerb, die Quotenerwartung, der überlebensnotwendige Job-Erhalt, das Durchhaltenmüssen in dem medialen Haibecken aus Karriere- und Geldgründen, all das, so meinen diese Leute, zwinge sie geradezu zu dem unlauteren Handeln.

Doch weit gefehlt. Es ist wichtig zu wissen, dass wir Menschen für all unser Handeln, für unser Denken und Tun, zur Rechenschaft gezogen werden. Früher sagte man öfter: »Gottes Mühlen mahlen langsam, aber gerecht.« Oder auch: »Es ist nichts so fein gesponnen, es kommt alles an die Sonnen.« Wer sich einmal näher mit der Reinkarnationslehre, mit der Prä-Existenz der Seele beschäftigt, die ja von den mächtigen Kirchenherrschern nachweislich im Jahre 553 n. Chr. aus den Kirchenlehren, aus der Bibel, gestrichen wurde, der kommt an der Karma-Lehre nicht vorbei. Es steht jedem Menschen selbst offen, darüber zu denken, wie er möchte. Man kann diesen Gedanken ausschlagen oder ihn in Erwägung ziehen. In letzterem Fall wird man vorsichtiger mit der eigenen Meinung beziehungsweise der Meinungsäußerung über andere Menschen sein, was niemals verkehrt sein kann.

Inzwischen sind tatsächlich bereits etwa zwei Drittel aller in den westlichen Ländern lebenden Menschen der Reinkarnationslehre zugewandt. Nehmen wir einmal an, rein hypothetisch, dass wir Menschen schon viele Male auf der Erde lebten, und dies möglicherweise auch künftig so weitergehen könnte. Nehmen wir weiter an, die Karma-Lehre basiere auf realen Grundlagen. Das würde wohl bedeuten, dass wir Menschen für jedes Wort, für jeden Gedanken und für jede Tat zur Rechenschaft gezogen werden könnten. Von wem? Nennen wir es die höhere Macht. Allein die Vorstellung, dass dies so sein könnte, müsste uns doch eigentlich täglich aufs Neue mahnen, viel gewissenhafter und sorgfältiger mit unserer Verantwortung umzugehen, vor allem, wenn es um die Rechte und das Wohl der Mitmenschen geht. Angesichts der Tatsache, dass die Kirche einst, im engen Schulterschluss mit der Regierungsmacht, diese wichtigen Passagen zur Reinkarnations- beziehungsweise Karma-Lehre einfach entfernen ließ, muss uns doch schon aufhorchen lassen. Wir sollten uns erheben, sorgfältig die Fakten prüfen, um uns ein Bild machen zu können. Wer immer nur das glaubt, was ihm vorgesetzt wird, wer gedankenlos hinnimmt, was der Mainstream äußert, auch wenn die innere Stimme mahnt, der wird nie die Wahrheit finden können. Die Wahrheit wird uns nicht hinterhergetragen, sie will errungen sein!

Die Zehn Gebote sind die beste Leitlinie, um möglichst nicht gegen die Gesetze der Natur, die Schöpfungsgesetze, zu verstoßen. Mit den Rechten unserer Nebenmenschen jedoch nehmen wir es meist nicht so genau. Mit dem Achten Gebot haben wir heute noch genauso viele Schwierigkeiten wie vor Tausenden von Jahren. Damals wie heute neigen die Menschen weltweit zu unüberlegten Lästereien, die einen mehr, die anderen weniger. Meist tut man dies, um selbst in besserem Licht zu erscheinen, während man eine andere, nicht anwesende Person degradiert. Nicht selten dreht man sich anschließend um und denkt schon im Weggehen darüber nach, wie kläglich eigentlich diese Haltung der Selbstüberhöhung ist. Jeder spürt, was richtig oder falsch ist, da die Intuition uns stets darüber auf dem Laufenden hält. Eigentlich müssten wir uns nur danach richten. Andere wiederum, die ihre innere Stimme schon fast beerdigt haben, mögen durchaus glauben, mit solchem Handeln kein großes Unheil anzurichten; man will sich nicht weiter mit drückenden Gedanken über die Folgen des eigenen Tuns »quälen«.

Das vorliegende Buch wurde in der Zeit zwischen Winter 2015 und Frühling 2016 verfasst. Wie es sich anfühlt, eine Heimat zu verlieren, ist mir durchaus geläufig, da mir persönlich Derartiges bereits einmal widerfahren ist, nachdem Jugoslawien systematisch zerlegt wurde – mit dem tatkräftigen Engagement superreicher Gutmenschen, wie ja zwischenzeitlich bekannt wurde. Nun spüre ich immer deutlicher, dass auch meine zweite Heimat Deutschland den Bach hinuntergeht. Presse und regierende Politiker sind in dieser turbulenten Zeit zu einer unheilvollen Allianz verschmolzen. Es ist kaum noch auszumachen, wer wem die Tonart diktiert. Unter dem Deckbegriff »Flüchtlinge« wurden und werden einige Millionen Einwanderer nach Deutschland gerufen und widerstandslos hineingelassen. Über 80 Prozent derjenigen, die kamen/kommen, sind junge Männer zwischen 18 und 35 Jahren. Obwohl darunter sowohl Terroristen als auch Vergewaltiger und andere Kriminelle sind, wird bis heute jeder, der seiner Sorge über diese Entwicklung Ausdruck verleiht, schnell in die rechtsextreme Ecke geschoben. Natürlich schadet man mit dieser Haltung vor allem auch den wenigen echten Flüchtlingen, auch jenen unbescholtenen Menschen mit Migrationshintergrund, die in Deutschland schon lange leben: Alle geraten nun unter Generalverdacht!

An der Staatsspitze befinden sich zum derzeitigen Zeitpunkt (Frühjahr 2016) die kinderlose Tochter eines DDR-Pastors und ein ehemaliger DDR-Pfarrer. Diese beiden sind die Vorzeige-figuren Deutschlands, sie repräsentieren unser Land in der Welt. Sie scheinen sich einem merkwürdigen Plan zu beugen, indem sie beschließen, dass Deutschlands Grenzen nicht mehr gesichert werden können und sollen, und indem sie erklären, dass »niemand sagen kann, wie viele (Einwanderer) noch kommen« (O-Ton Angela Merkel in einer Talkshow von Anne Will im Herbst 2015). Ein anderer, bis dahin in der linken Opposition gut getarnter Politiker begrüßte in dieser Zeit unumwunden, dass der Bevölkerungszuwachs durch Migration stattfinden und sich »deutsche Nazis« nicht mehr vermehren sollten.

Und irgendwie scheint das alles zu gelingen: Nach weniger als einem Jahr ist das schöne Land, das sich Deutschland nennt, nicht mehr wiederzuerkennen. Die Bevölkerung wurde in zwei Lager aufgespalten. Mir ist kaum ein anderes Beispiel bekannt, in dem es eine Regierung auf dieser Welt geschafft hätte, innerhalb einer solchen Rekordzeit einen derartig tiefen Riss durch die eigene Bevölkerung zu ziehen. Die öffentliche Sicherheit, insbesondere für Frauen und Kinder, erreichte unterdessen ein Niveau eines sich im Krieg befindlichen Landes. Selbst wenn es inzwischen auch für jeden Unkundigen mehr als deutlich geworden ist, dass hier viel eher eine organisierte Invasion im Gange zu sein scheint, spricht man in Medien und Politik weiter von Flüchtlingen, obwohl die wenigsten diesen Status haben. Den einheimischen Frauen werden nun »Verhaltensregeln« nahegelegt, um die neuen Gäste nicht zu provozieren. Bekleidungsempfehlungen werden sicher bald folgen. Währenddessen halten sich viele eingeladene Gäste meist nicht an gängiges Recht und an die öffentliche Ordnung.

Es sei wiederholt: Wer seiner Besorgnis über diese tief gehenden Veränderungen von Nation und Kultur Ausdruck verleiht, wird bis heute als »Nazi« gebrandmarkt, was einem falschen Zeugnis gleichkommt. Unter das Achte Gebot fallen Rufmord, Diffamierung, Denunziation usw. gegen Unschuldige. Mit diesem Unterdrückungsmechanismus versucht man derzeit, ein ganzes Volk umzuerziehen und abzurichten auf mehr als merkwürdige Ziele.

Handfeste Verstöße gegen das Achte Gebot erlebten in den vergangenen Jahren auch schon andere Länder und Nationen, bei denen nach ähnlichen Grundmustern gearbeitet wurde, wie sie derzeit auch Deutschland auszustehen hat. So wurden »Diktaturen« beseitigt, die gar keine waren, Beispiel Libyen. Muammar al-Gaddafi muss nicht jedermanns Liebling gewesen sein. Doch was hat er für sein Volk so Schlechtes getan? Nach über 30-jähriger Regierungsarbeit hatte Gaddafi in Wahrheit einen einstigen Bettelstaat mit einem überwiegenden Bevölkerungsanteil von Analphabeten in eine bildungsfreundliche Republik umgewandelt, die Bürger verehrten Gaddafi größtenteils. Nach strategisch ausgerichteten, monatelangen Medienmanipulationen und der gänzlichen Zerstörung Libyens, inklusive der Ermordung Gaddafis, will heute leider niemand mehr etwas von dem ergangenen Unrecht wissen.

Schauen wir uns doch einmal an, was nach der unrechtmäßigen »Befreiung« des Landes durch die NATO aus ihm geworden ist. Darüber wird nicht einmal mehr nach-ge-richtet. Die Strukturen Libyens sind bis heute kaputt, eine öffentliche Ordnung wurde bislang nicht wieder hergestellt. Rivalisierende Terrorgruppen legen die noch übrig gebliebenen Landesteile in Schutt und

Asche. Derweil ist die Grenze nach Europa gefallen: Hunderttausende, meist muslimische Afrikaner fliehen ungebremst ins christliche Abendland.

Muammar al-Gaddafi, Saddam Hussein, Husni Mubarak, Slobodan Milošević und Co., sie alle erfuhren das gleiche Schicksal, welches – aufgepasst! – nun auch Deutschland erwartet: Es wird falsch Zeugnis geredet gegen jene Personen, die die natürliche Ordnung ihres Landes und ihrer Mitmenschen aufrechterhalten wollen. Die Vorgehensweise ist dabei immer dieselbe: Zuerst wird nach-ge-richtet, danach wird hin-gerichtet (direkt oder indirekt). In allen Fällen sind wir live dabei, so glauben wir es zumindest!

Das Achte Gebot könnte auch einfach lauten: DU SOLLST NICHT LÜGEN! So hat meine Mutter es mir beigebracht. Wer allerdings mit der Lüge andere Menschen oder sogar ganze Völker belastet, in welcher Weise auch immer, der sollte sich bei nächster Gelegenheit lieber dreimal überlegen, ob er weiter so handeln möchte. Denn wenn es eines Tages tatsächlich eine Art der Endabrechnung geben sollte, bei der nach strengen Maßstäben geurteilt wird, dann gnade uns Gott!

## Das Neunte Gebot

### LASS DICH NICHT GELÜSTEN DEINES NÄCHSTEN WEIBES!

Bei dem Neunten Gebot geht es vor allem um die Selbstbeherrschung des körperlichen Triebes des Mannes. Der Begriff »gelüsten« beinhaltet das Hauptwort »Lust«, wobei diese schon so manchen Ärger, manche Verzweiflung und manches Unglück hinterlassen hat, nachdem das ungestüme Aufwallen der Sinne wieder verflogen war. Aus einem momentanen, rein körperlich bedingten Begehren heraus haben schon viele Menschen in der Konsequenz ihre Lebensrichtung unfreiwillig ändern müssen, vielleicht gar das Lebensglück verloren, da aus dem vorübergehenden Vergnügen, welches anscheinend harmlos war, Verkettungen, Verstrickungen und seelische Verletzungen anderer Menschen entstanden waren, die den bisherigen gewohnten Lebensweg veränderten. Es geht also in erster Linie um die Selbstbeherrschung des Körpers.

Wer sich genau beobachtet, weiß, dass dem Beginn des körperlichen Triebes Gedanken, Fantasien vorausgehen. Hier, an dieser Stelle, hätte jeder Mensch schon die erste Gelegenheit, innezuhalten und die Fantasiegedanken zu verwerfen, um nicht in eine Situation zu geraten, die zu einem bestimmten Zeitpunkt nicht mehr beherrschbar ist, da dann die Macht des körperlichen Triebes über ihn gekommen ist. Nur in dem Abwenden der Gedanken, der »lüsternen« Aussichten, ist der oft verhängnisvollen Entwicklung des Triebes Einhalt zu gebieten. Mit dem Neunten Gebot ist vor allem aber gemeint: Lass die Frau, die Lebensgefährtin, die Freundin deines Nachbarn in Ruhe und sieh dich dort um, wo eine Frau nicht in einer Partnerschaft oder Ehe lebt.

Der Begriff »Weib« erscheint beim Neunten Gebot vielleicht etwas altmodisch, doch sind die Gebote von Moses, nach der Überlieferung, vor etwa 3500 Jahren am Berge Sinai aufgenommen worden. Der Klang des Wortes »Weib« besaß zu jener Zeit sicher noch einen hohen Rang, der allerdings in den uns heute fortschrittlich erscheinenden Zeiten einen ganz anderen, altmodischen Beigeschmack erhalten hat. Wegen dieser sprachlichen Mode-Torheit allerdings, der wir Menschen heute unterliegen und unter welcher wir uns auch noch als fortgeschritten dünken, wird man die Gebote des Schöpfers wohl nicht extra umformulieren; doch kann man ja heute nie wissen. Zu jener Zeit, vor 3500 Jahren, gab es weder EU-Technokraten noch Gender-Mainstreaming-Experten, die vielleicht gern eine Kommission zur Beratung des Allmächtigen gebildet hätten. Die sogenannte Gleichstellung der Geschlechter, also Mann und Frau praktisch als völlig gleich erklären zu wollen und auch noch zu behaupten, bei der Geburt sei jeder Mensch geschlechtsneutral, gehört ja ohnehin zu den krankhaftesten Bausteinen des Turmbaus zu Babel.

Hätte Gott jemals gewollt, dass wir Menschen ihn beziehungsweise seine Schöpfungsgesetze hier auf Erden den jeweiligen Zeitepochen angleichen sollen, so hätte er uns das gewiss mitgeteilt. Aber seine Gesetze sind seit Ewigkeiten gültig, und solange diese Welt noch besteht, wird dies auch weiterhin niemals anders sein können.

Die perfekte Abstimmung von Mann und Frau, mit allen typischen Unterschiedlichkeiten, ist wahrlich ein göttliches Werk. Bei näherem Hinsehen erweisen sich die Unterschiede in Wahrheit als sinnvolle Ergänzungen, wenn man die Geschlechter im eigentlichen, im naturgesetzmäßigen Schwingen akzeptiert. Nur das garantiert unter anderem auch den Fortbestand der menschlichen Rasse. Jeder Versuch in heutigen, in »modernen« Zeiten, aus einem Mann beispielsweise eine Frau oder aus einer Frau einen Mann gestalten zu wollen, fällt unter die Überschrift der Gotteslästerung. Wer dieses sogar schon kleinen Kindern antut, diese auch in ihrer natürlichen Bestimmung von Junge und Mädchen durch Gender-Erziehung verwirrt, wird von den karmischen Gesetzen voraussichtlich nicht geschont werden.

Ein Aspekt noch, der nicht unterschätzt werden darf: Wenn eine Frau beispielsweise von ihrem Nachbarn geschwängert wird, so dürfte es eines der kleineren Probleme sein, diesen kurzen, vergnüglichen Akt geheim zu halten. Damit werden allerdings gleichzeitig möglicherweise verhängnisvolle Voraussetzungen geschaffen: Ohne es zu wissen, könnten die in nachbarschaftlicher Freundschaft aufwachsenden Halbgeschwister eventuell Gefallen aneinander finden, und, völlig ahnungslos, Kinder zeugen. Nicht gerade wenige behinderte Menschen, vor allem auch in nichtchristlichen Kulturen, sind lebende Mahnmale der Übertretung des Neunten Gebotes: Zum Teil erhebliche Einschränkungen von Leib und Gehirn können die Folge eines Verstoßes gegen das Neunte, aber auch gegen das Sechste Gebot sein.

Das Anliegen unseres Schöpfers war es sicher nicht, unmündige Wesen zu erschaffen, als er sich dem Menschen zuwandte. Jeder sollte die Freiheit haben, aus eigenem Wollen und selbstständiger Entscheidung ein Gott wohlgefälliges Leben zu führen, in Akzeptanz also der Zehn Gebote. Doch wie sieht es auf diesem Erdball aus? Ein wildes Durcheinander von gesetzlichen Denkverboten und Gesinnungsterror, das den Schöpfungsgesetzen diametral entgegensteht, erschüttert die Kulturen und Gesellschaften. Ob es ein überbordender Feminismus der modernen westlichen Welt ist, bei dem Frauen den Männern gleichgemacht werden sollen, oder ob wir in muslimische Glaubensgemeinschaften schauen, wo junge Mädchen, nicht selten noch als Kinder, zwangsverheiratet werden mit wildfremden, allermeist unerwünschten Männern oder als Zweit- oder Drittfrau ihr Leben fristen müssen, überall finden wir Verstöße gegen die Zehn Gebote, alles steht auf tönernen Füßen.

Es ist vielen Menschen unter diesen genannten Umständen ja gar nicht mehr möglich, das Neunte Gebot in all seiner richtigen Schwingung einzuhalten, da die natürlichsten Grundvoraussetzungen fehlen.

Anstatt also dem wichtigen Gebot Folge zu leisten, nimmt sich unsere moderne Zivilisation das Recht heraus, alles besser zu wissen. Unsere ins Uferlose wallenden Wünsche werden, wenn es sein muss, auch industriell erfüllt. Verhütungsmittel aller Art haben den Planeten überflutet. Kaum ist die erste Periode bei einem Mädchen eingetroffen, so muss sie zum Frauenarzt, um mit einem Verhütungsrezept die Praxis wieder zu verlassen. Das Präparat, ob Pille oder Spirale, hat in aller Regel ungesunde Nebenwirkungen, nicht selten mit fatalen Langzeitfolgen wie Unfruchtbarkeit oder Krebskrankheiten. Nicht zu vergessen die meist gleich mit aufgezwängte Impfung gegen Gebärmutterhalskrebs, die dem Pharmakartell mit ihrer Einführung vor einigen Jahren ungeahnte Einkünfte beschied. Wie man inzwischen weiß, wird diese Impfung vor allem bei Promiskuität empfohlen, also bei häufig wechselnden Partnern. Wie man aber nun auch weiß, gibt es schwerwiegende gesundheitliche Nebenwirkungen.

Oder nehmen wir nur die als harmlos daherkommenden Kondome, für die wie selbstverständlich überall Werbung gemacht wird. Auch gut meinende Mütter oder Väter legen in ihrer Gedankenlosigkeit ihrem Nachwuchs gleich ganze Packungen davon in die Nachttischschublade. Von dort aus kann die Party beginnen. Heutzutage scheint es völlig normal zu sein: Sex mit wechselnden Partnern ist so selbstverständlich wie die Luft zum Atmen. Wer sich dagegenstellt, gilt als prüde, unaufgeklärt und altmodisch. Dass mit diesen modernen Richtlinien sämtliche moralische Tugendregeln verschoben werden, sollte nicht mehr überraschen. Dass die Einhaltung des Neunten Gebotes damit praktisch beinahe unmöglich geworden ist, sollte uns mehr als nachdenklich machen, da urewige Schöpfungsgesetze damit vom Menschen ausgehebelt werden sollen.

Doch dies wird niemals möglich sein. Es lässt tief blicken, dass heutzutage nur noch wenige Menschen von der Existenz der Zehn Gebote wissen, namentlich eben auch dem Neunten. Wichtig ist und bleibt es, seine Gedanken stets rein zu halten, sämtlichen Fantasien von vornherein Einhalt zu gebieten, um so erst gar nicht in die Verlegenheit eines Seitensprungs zu kommen. Es klingt übrigens schwerer, als es in Wirklichkeit ist.

Man kann nur hoffen, dass es einer künftigen Zeit vorbehalten ist, all die fatalen Irrtümer der modernen Gesellschaft auszuräumen und die Menschheit in den natürlichen Fluss der Himmelsgesetze zu stellen. Dann erst wird diese Welt zur Ruhe kommen und Frieden erstehen können.


## Das Zehnte Gebot

DU SOLLST NICHT BEGEHREN DEINES NÄCHSTEN HAUS, HOF, VIEH UND ALLES, WAS SEIN IST!

Das Zehnte Gebot ist vor allem eine Mahnung gegen Neid, Missgunst, Gier und Geltungssucht für alle Menschen. Es ist die

Mahnung an jeden Einzelnen, mit den Gütern zufrieden zu sein, die er besitzt und die er noch erreichen kann im Laufe seines Lebens. Jedoch sind die wenigsten Menschen hierzu in der Lage.

Der Mensch schaut um sich und stellt fest, dass das Auto des Nachbarn größer ist, oder dessen Haus oder die Firma. Er denkt nur selten darüber nach, auf welche Weise der andere an sein Gut und Geld gekommen ist, und ob er es, neben fleißiger Arbeit, auch rein karmisch gesehen, verdient haben könnte. Und wenn dieser sein Eigentum gar erwarb durch Gaunereien und Betrug, so drückt es jenen, der diesen Besitz nicht sein Eigen nennt, erst recht. Er spricht dann von Ungerechtigkeit und hadert mit dem Schicksal.

Es interessiert den Neider indes nicht, was derjenige, dessen Besitzstand höher ist, eventuell daneben noch alles auszustehen hat, von dem Fremde nichts wissen können: Krankheiten, Depressionen, Unglück oder Unfrieden in der Familie und so vieles mehr. Die Sichtweise des Einzelmenschen auf seinen Nächsten kann und wird immer nur sehr einseitig ausfallen, zumal da ja noch Schöpfungsgesetze existieren, die seit Ewigkeiten Bestand haben, doch von denen, vor allem was ihre Wirkung angeht, wir Menschen kaum etwas zu wissen in der Lage sind.

Das Zehnte Gebot aber zeigt nicht nur das Versagen des Einzelmenschen auf, sondern die unverhohlene Gier erstreckt sich leider auf ganze Gesellschaftsgruppen, auf global agierende Unternehmen, auf einzelne Staaten oder riesige Staatenbünde. Vor allem die Betreiber des globalen Kapitalsammelbeckens sind von einer unersättlichen Gier befallen, die letztlich zu der Wahnvorstellung führt, sich die ganze Welt untertan zu machen. Bekanntlich ist die Gier unersättlich, eine volkstümliche Weisheit besagt: *Gier frisst Hirn!* Dies trifft ganz offensichtlich für die Leute zu, die hinter den eben genannten Strukturen stehen und die offenbar wirklich jede Spur von normalem Empfinden und normaler Empathie verloren haben.

Die Mächtigen dieser Welt leben uns fortwährend vor, dass das Zehnte Gebot für sie keinerlei Gültigkeit besitzt. Fast gewohnheitsgemäß wurden und werden Völker und Nationen überfallen und ausgeraubt. Dies geschah nicht erst im Mittelalter im Zuge der Zwangschristianisierung, sondern auch schon in der Antike plünderten mächtige Herrscher ihre und fremde Völker aus, versklavten unzählige Menschen, all dies in der ungebremsten Gier nach Geld, Gold und Ansehen.

Ob Diktatoren, Könige, Kaiser, Despoten oder auch die Kirche: In den meisten Fällen legitimierten sich die Herrscher höchstselbst für den gezielten Verstoß gegen das Zehnte Gebot. Nehmen wir nur die Geschichte Europas: Im 8. und 9. Jahrhundert begann der heute als Vater Europas bekannte Kaiser Karl der Große mit einer flächendeckenden Zwangschristianisierung. Nicht nur die sich widersetzenden Franken oder Sachsen verloren ihre Heimat, ihre Häuser, Güter und auch ihre Frauen und Kinder, sondern auch in zahlreichen weiteren Ländern, die heute zum Kontinent Europa gezählt werden, geschah dies – sowohl im Namen des Gesetzes, welches Karl der Große höchstpersönlich vertrat, als auch natürlich im »Namen Gottes«, wofür sich die Kirche in Rom die Legitimation selbst erteilte.

Später waren es die erobernden Seefahrer, die fremde Kontinente entdeckten, welche seinerzeit von einheimischen Urvölkern besiedelt waren. Doch das störte die sich selbst als *weiße Herrenrasse* bezeichnenden Mächtigen, die vorwiegend aus England, Holland, Spanien, Portugal und Frankreich stammten, nicht: Sie eroberten mit Waffengewalt, töteten die Einheimischen zu Millionen, nahmen die fremden Länder ein, vertrieben ganze Völker indigener Art, Aborigines, Schwarze, Asiaten, Ureinwohner, Natives, um deren Heimat schließlich für sich selbst zu beanspruchen. Was ihre Kähne und Schiffe tragen konnten, wurde mitgenommen und geraubt.

Man nannte diese Entwurzelung und feindliche Übernahme ganz salopp *Kolonialisierung*, bis heute existieren diese europäischen Kolonien auf fernen Kontinenten. Bis heute schwingt auch das Unrecht, und bis heute wird dieser grandiose Verstoß gegen das Zehnte Gebot schöngeredet und unter den historischen Teppich gekehrt. Mehr noch: Diejenigen, die damals am brutalsten und rücksichtslosesten wüteten, wurden zu Helden ernannt, erhielten von den Königen ihrer Heimat höchste Auszeichnungen. So kamen die sogenannten Seefahrernationen zu unermesslichen Reichtümern und Kolonialbesitzen. All dies übrigens – es versteht sich inzwischen von selbst – stets und immer im Namen Gottes!

Beachtenswert ist, dass diejenigen, die am dreistesten vorgingen, sich bis heute an dem immer noch üppigen Fresstrog halten konnten. So mischt die englische Krone weltweit stets noch ganz vorne mit, wenn es um politische Entscheidungen, um globale Kriege oder auch um okkulte Hintergrundhandlungen geht. Viele andere zum sogenannten *Schwarzen Adel* gehörende Geschlechter beteiligen sich desgleichen bis heute regelmäßig an fragwürdigen, meist geheimen Beschlüssen, um, wie derzeit wieder, ganze Völker und Nationen zu entwurzeln beziehungsweise zu zerstören, um sie ihrer Ressourcen zu berauben.

Doch nicht nur der Adel, sondern vornehmlich die westliche Politik, die westlichen Bündnisse, treiben es derzeit weltweit auf die Spitze, was die Ignoranz in Bezug auf das Zehnte Gebot angeht. Mit Waffengewalt geht die US-Administration mit dem für die Zwecke extra legitimierten, sogenannten westlichen Verteidigungsbündnis, der NATO, schamlos vor. Flächendeckend bringen sie sämtliche Länder und Gebiete unter ihre Kontrolle, die für sie von strategischer oder monetärer Bedeutung sind. Sogenannte »demokratische Grundwerte« werden zumeist mit Bomben, Drohnen und Raketen installiert. Manche dieser Operationen scheinen so dringend zu sein, dass nicht einmal ein UN-Mandat eingeholt wird.

Die von uns gewählten Politiker beschließen auch noch heute Überfälle auf Staaten, sie teilen und herrschen, sie morden, ohne mit der Wimper zu zucken, denn Menschenleben spielen keine Rolle. In den zurückliegenden Jahren nahmen wir auf dem Fernsehsessel teil an zahlreichen Kriegen, wo genau dies geschah: im Irak, in Libyen, Syrien, in der Ukraine und, ganz konkret, in Jugoslawien. Von wegen Zerfall von innen! Ich mag mich auch einmal irren, aber dort, in Jugoslawien, bin ich geboren, in Bezug auf dieses Land irre ich mich sicher nicht.

Überall auf der Welt, wo heute Kampfjets oder Drohnen abheben, sind diese todbringenden Geräte von unseren Steuergeldern bezahlt. Alle anderen Waffen ebenfalls. Die Ausbildung der Piloten, der gesamten Armee, sowieso. Wenn dann der Bombenhagel über Bagdad, Belgrad oder Tripolis niedergeht, haben auch wir damit die Täter bevollmächtigt. Stillschweigend stimmten wir zu, indem wir Politiker wählten, die die Entscheidungen offiziell mittrugen.

Das Zehnte Gebot, richtig verstanden, kann einem die Gänsehaut über den Körper jagen, ein ums andere Mal. Wo immer auf der Welt Öl, Gas, hochwertige Bodenschätze oder ganz einfach fruchtbares Agrarland existieren, scheint es normal und legitim zu sein, dass die von uns unterstützten Mächtigen diese Dinge unter ihre Kontrolle bringen. Was hat sich überhaupt seit dem Mittelalter, seit der todbringenden Seeräuberei, dem grausamen Kreuzrittertum oder der menschenverachtenden Zwangschristianisierung geändert? Nichts, im Gegenteil, es ist noch schlimmer geworden.

Wer heute das Zehnte Gebot bedacht ausspricht und glaubt, mit ihm sei alles in Ordnung, der sollte innehalten und sich überprüfen. Allzu leicht kann man sich da irren. Was an der Wechselwirkung indes nichts ändern wird.

# Was hat Gott mit Religion zu tun?

Der Begriff »Religion« wird unendlich oft in der Welt benutzt, doch nur wenige Menschen denken über seine wahre Bedeutung nach. Die entscheidende Frage ist: Was hat der Schöpfer mit den verschiedenen Religionen zu tun?

Es ergibt durchaus einen Sinn, sich einmal mit dem Belang dieses Begriffes auseinanderzusetzen, zumal etliche Philosophen, Kirchenvertreter oder – in moderner Zeit – Wissenschaftler darüber streiten. So will man die Definition des Heiligen, Transzendenten in die Verbindung zur Religion stellen, der Bezug des Transzendenten stelle gar den zentralen Unterschied zum Nichtreligiösen dar, sagt etwa der US-amerikanische Religionswissenschaftler Scott Atran. Eine der am weitesten verbreiteten Definitionen stammt von dem 1768 geborenen Theologen Friedrich Schleiermacher, der die Religion niemals ohne die engste, innere Beziehung des Menschen zu Gott verstand: Religion sei »das Gefühl der schlechthinnigen Abhängigkeit von Gott«. Die Religiosität, also die Abhängigkeit des Menschen von Gott, die man auch hiermit als Verbindung nach oben bezeichnen könnte, gehöre genauso zum Menschen, wie das Denken und das moralische Handeln. Die Definition der Religion, für Schleiermacher »Sinn und Geschmack für das Unendliche« oder »Gefühl und Anschauung des Universums«, machte den Kirchenlehrer unter Experten einst zum »Kirchenvater des 19. Jahrhunderts«.

Im Lateinischen hat das Wort »religio« (beziehungsweise »relegere« oder »religare«) verschiedene Bedeutungen, hier einige Definitionen: Gottesfurcht, Frömmigkeit, Rücksicht, Bedenken, Skrupel, Pflicht, Gewissenhaftigkeit, aber auch wiederaufsammeln, wieder aufwickeln, bedenken, achtgeben bis hin zu rückverbinden, eine Art Anbindung an Gott schaffen. Immer handelt es sich um eine Verbindung, die der Mensch zu Gott sucht, niemals umgekehrt. Wie auch? Die Menschen brauchen Gott, aber braucht Gott die Menschen? Die Frage kann sich jeder selbst beantworten.

Wir ignorieren, wie begrenzt das Begriffsvermögen unseres Gehirns ist, weil dieses an Raum und Zeit gebunden ist. Es kann von uns Menschen nur missverstanden werden, da wir nicht in der Lage sind, über Raum und Zeit hinauszusehen und zu urteilen. Doch das Universum, welches kaum ergründet werden kann vom Menschenhirn, hält noch unendlich viele Überraschungen bereit, wobei uns der Zugang zu diesen verschlossen bleibt. Es ist uns einfach nicht gegeben, diese Überraschungen zu entdecken, da wir, verstärkt durch den zunehmenden Fokus auf die materialistische Welt, dem Geist die nötige Freiheit nicht erlauben. Wer versucht, in Bergen wissenschaftlicher Lektüre zur Erleuchtung zu gelangen, der wird am Ende feststellen, dass sein Geist dadurch nur immer mehr ermüdet. Der heilige Aufruf des Gottessohnes: »Werdet wie die Kinder!«, soll uns vor der Geistessklaverei bewahren.

Nun wissen wir aber auch, dass die meisten großen und weitverbreiteten Religionen gut organisierte Profitunternehmen als Institutionsgrundlage haben, die nicht immer auf der Basis moralischen und ethischen Handelns arbeiten. Wer sich die unbeschreiblichen Gräueltaten ansieht, welche allein im Zuge der weltweiten Zwangschristianisierung durch die Kirche in Rom verübt wurden, wendet sich mit Entsetzen ab: Das soll Gott gewollt haben? Niemals! Allein die Vorgehensweise durch Karl den Großen im 8. und 9. Jahrhundert, welcher zahllose Heiden einfach abschlachten ließ, weil sie nicht in dunklen Kirchen beten wollten, sondern, wie sie es gewohnt waren, unter freiem Himmel in Gottes Natur, zeigt glasklare Verstöße gegen nahezu alle der Zehn Gebote: Du sollst nicht stehlen! Du sollst nicht töten! Du sollst nicht falsch Zeugnis reden wider deinen Nächsten! Du sollst nicht begehren deines Nächsten Haus, Hof, Vieh und alles, was sein ist! Und so weiter …

Vor allem aber ein Gebot hämmert sich in diesem Zusammenhang ins Gewissen: Du sollst den Namen des Herrn, deines Gottes, nicht missbrauchen! Doch was tat die Kirche? Genau dies! Sie tötete Millionen Menschen, meist Angehörige von Naturvölkern, auf der ganzen Welt, sie verleumdete ganze Nationen, verfolgte ihre Widersacher, welche sich mit den zahllosen Ungerechtigkeiten nicht abfinden wollten, die zahllosen unschuldigen Menschen angetan wurden, um diese ebenfalls mundtot zu machen, zu töten. Alle diese Grausamkeiten, die hier nur in kurzen Sätzen zusammengefasst werden können, die jedoch über Tausende Jahre unendliches, unbeschreibliches Leid über die Welt brachten, wurden in aller Regel *im Namen Gottes* ausgeübt! Unerträglich! Über die zahlreichen Verstöße in jüngster Zeit, bei denen weltweit, vor allem auch in Deutschland, Kinder in vorzugsweise katholischen Schulen und Internaten gequält und missbraucht wurden, wollen wir hier jetzt nicht sprechen, es würde ein eigenes Buch erfordern. Fakt ist, dass das, was die großen Religionen aus der ursprünglichen Gotteslehre machten, mit Sicherheit nichts mehr zu tun hat mit der originären Ausrichtung beziehungsweise dem eigentlichen Ziel, den Menschen mit Gott und dessen Geboten zu verbinden.

Einige Religionen enthalten Vorschriften und »Rituale«, die den Menschen in seinem irdischen Leben entwürdigen, bevormunden, gefährden und manchmal physisch töten. Das Zölibat bei den katholischen Geistlichen ist beispielsweise seit Langem Gegenstand lebhafter Diskussionen. Inzwischen ist das Zölibat umstritten. Zu Recht. Wie viel Unheil darum entsteht, wird oft totgeschwiegen.

Wer sich anschaut, was derzeit in der islamistischen Welt *im Namen Allahs* geschieht, wendet sich nur noch mit Grauen ab: Wild gewordene, fanatische Selbstmordattentäter jagen Hunderte Menschen in die Luft und brüllen dabei gleichzeitig laut »Allahu akbar«, was so viel heißt wie »Gott ist groß«. Jeder normal empfindende Mensch spürt, dass dieser Namensmissbrauch des Höchsten nicht folgenlos bleiben kann, doch scheint man seitens der die Anschläge Ausführenden weit entfernt zu sein von Gottesfurcht, Logik, Moral und Ethos: Blind-fanatisch verstößt man gegen die Suren, die offenbar frei interpretierbar zu sein scheinen, um niedere Ziele zu erreichen.

Immer wieder fragen sich große Denker dieser Erde, ob der Mensch fehlerhaft ist, ob Gott also ein Fehler unterlaufen sein könnte bei der Erschaffung des Homo sapiens. Doch weit gefehlt: Der Mensch selbst ist es, der fehlerhaft in seinem Verhalten, in der freien Willensentscheidung steht. Jeder, der einen Fehler begeht, zum Beispiel seinen Geschäftspartner wissentlich übers Ohr haut, um den eigenen Profit zu steigern, weiß dies doch sofort in dem Moment, wenn er den Entschluss dazu gefasst hat: Die innere Stimme sagt es ihm schon. An diesem Punkt hat er noch die Möglichkeit, umzudenken, um sich eventuell doch für die Tugendhaftigkeit zu entscheiden. Doch die meisten Menschen sehen heute nur noch ihren eigenen Vorteil an erster Stelle, gleichgültig, welche Konsequenzen dies vielleicht für sie später auch haben könnte, worüber sie ohnehin meist nicht nachdenken. Manche glauben auch, solange niemand es erfahre, könnte diese Entscheidung folgenlos für sie bleiben. Doch wie steht es wirklich darum?

Untugenden wie Hass, Neid, Lügen, Habgier und Selbstherrlichkeit führen unwillkürlich an jenen Ort, den wir als Hölle bezeichnen. Es ist jener Ort, an welchem menschliche Abgründe gedeihen und regieren, wo gelogen, gestohlen und gemordet wird, wo das Böse regiert, wo der Macht gehuldigt wird, ohne zu hinterfragen, ob diese gut oder böse ist. Es ist jener Ort, wo ausufernde Lust gelebt und der Glaube geheuchelt wird. An diesem Ort dominieren Schmutz und Lärm, und die Luft ist dort so schmutzig, dass man sie kaum einatmen möchte. Wenn wir von der Hölle sprechen, sprechen wir von *unten!* Doch dieses *unten* ist in Wahrheit hier, auf der Erde.

Die Schöpfungsgesetze, zu denen auch die Zehn Gebote gehören, arbeiten zuverlässig, seit ewigen Zeiten. Wer von der Karma-Lehre weiß, die zum ewigen Reinkarnationsrad des Menschen dazugehört, der hat auch gelernt, dass all sein Handeln früher oder später belohnt oder bestraft wird, je nachdem, ob es gut oder böse war. Manchmal geschieht dies auch erst im nächsten Leben, weswegen kein Säugling »unschuldig« auf diese Welt kommt, da er ja nicht zum ersten Mal auf Erden wandelt.

Wer auch hier immer wieder fragen will, warum Gott »so viel Elend zulässt«, der ist anscheinend völlig unwissend in Bezug auf die ewigen Gesetze. Würden wir Menschen uns also an die Gebote halten, hätten wir sicher nicht die vielfältigen Probleme, wie sie derzeit unseren Erdenball heimsuchen. Verursacher von Unglück, Krieg und Leid sind wir Menschen stets selbst.

Die Zehn Gebote sind, wohlgemerkt, keine Verbote; sie werden uns als Richtschnur für ein gottgefälliges Leben vorgeschlagen, angeboten zur freien Willenswahl: Ob wir uns danach richten wollen, liegt allein in unseren jeweiligen, ganz persönlichen Entscheidungen. Jeden Tag bekommen wir vom Leben vielzählige Gelegenheiten, um uns zum Guten oder zum Schlechten hin zu entwickeln. Jeden Tag könnten wir das Ruder für unser Leben herumreißen, wenn wir nur wollen. Aber, wie heißt es schon so schön im Neuen Testament als Entschuldigung? *Der Geist ist willig, doch das Fleisch ist schwach.* Was ist aber damit genau gemeint?

Wichtig zu wissen ist, dass der Mensch eine Art duales Wesen darstellt, er besteht aus zwei Denk- beziehungsweise Empfindungsebenen: Da ist einerseits der Geist – und da ist andererseits der Verstand. Letzterer steuert unser Denken, unsere Gefühle, unsere irdischen Aufgaben und vieles mehr. Unser Geist hingegen ist die innere Stimme, nur selten wahrnehmbar für die meisten, es ist die viel feinere Empfindung, die im Gegensatz zu dem vom Verstand gesteuerten Gefühl arbeitet. Viele Menschen haben heutzutage den Zugang zu ihrer inneren Stimme nahezu komplett verloren.

Der Geist des Menschen ist in der Lage, die Verbindung zum Schöpfer zu erstellen. Dabei ist es gleichgültig, welcher Religion der Mensch angehört. Es ist die Sehnsucht nach dem Schöpfer, nach der Vollkommenheit und Schönheit, nach der Wahrheit, die diese Verbindung zustande kommen lassen kann. Sie muss von unten nach oben, vom Menschen zum Schöpfer, erstellt werden.

Dann erst hat sie Aussicht auf Erfolg. Es sind tiefe Gebete, die uns Menschen am besten den Weg nach oben zeigen. Doch unsere Welt wurde im Laufe der zurückliegenden Jahrhunderte immer materialistischer: Es geht heute nur noch um Gewinnmaximierung und Kostensenkung, aber nicht um die innere Sammlung, um die Entwicklung zu höherem Denken, zum Geist hin. Dies ist den Menschen gründlich ausgetrieben worden, und sie haben es auch geschehen lassen. Die wenigen Querdenker, die es zu allen Zeiten gab, mussten ihre Gegenwehr meist mit der Einbuße ihres irdischen Auskommens, mit Verleumdung, Ausgrenzung und nicht selten auch mit dem Leben bezahlen.

Auch die Wissenschaft ist durchseucht von materialistischen Grundzügen: Den meisten Forschern fehlt die Anbindung nach oben, die sie erst für wichtige und wahre Entdeckungen öffnen könnte. Doch im Gegenteil, die meisten stehen heute auf der Gehaltsliste großer Multikonzerne, die die Forschungsergebnisse gleich mit dem Auftrag mitliefern. So werden Wissenschaften heute nicht selten zu Handlangern des Mammons, des internationalen Kapitalsammelbeckens. Welch jämmerliche Ergebnisse! Von höheren Einflüssen, welche die Menschheit wirklich nachhaltig weiterbringen könnten, keine Spur. Ist es da noch ein Wunder, dass wir weltweit kurz vor dem Zusammenbruch stehen? Sicher nicht. Der Mensch maßt sich an, sich erheben zu können über alles und alle, die er zu unterdrücken versucht. Den Anschluss an höheres Wissen hat er unterdessen lange schon verloren.

Betrachten wir die sogenannten Mächtigen der Erde, jene, die angeblich das Schicksal dieser Welt mitentscheiden: Da sind Regierungschefs, Bundeskanzler oder Staatspräsidenten. Sind sie wirklich diejenigen, die freie Entschlüsse treffen dürfen? Natürlich nicht. Das globale Kapitalsammelbecken, welches hoch über sämtlichen Institutionen thront, und seine Handlanger, die, mit wenigen Ausnahmen, meist unsichtbar bleiben, sie entscheiden in Wirklichkeit die Wege der Menschen auf allen Kontinenten, sie sind auch verantwortlich für die sich jetzt zuspitzende Krisensituation weltweit. Mit ausgefeilten, perfiden Strategien arbeiten sie daran, das weltweite Kapital umzuschichten von fleißig nach reich. Unter zum Teil okkultem Einfluss steuern sie derzeit wissentlich die komplette Welt an den Abgrund, wähnen sich gar gottgleich. Selbstverständlich haben diese Leute nichts mit einem wahren Glauben an den Schöpfer zu tun, denn ihnen fehlt ja jeglicher Zugang zu Demut und dem Sichunterordnenwollen unter die Gebote und höheren Gesetze. Im Gegenteil, sie stellen einfach ihre eigenen Regeln auf, um ihre unlauteren Ziele zu erreichen.

Und die weltweiten Politikdarsteller wie Staatspräsidenten, Regierungschefs und Kanzler? Sie sind doch nur prominente Ausführende des Machtsystems, werden eingesetzt zwar als angebliche Akteure, die jedoch in Wirklichkeit nichts anderes als hilflose Befehlsempfänger sind. In ihrer Ratlosigkeit erscheinen sie zuweilen tatsächlich nicht mehr zurechnungsfähig, da der unnatürliche Spagat zwischen dem Trugbild der Macht und ihrer wahren Einflusslosigkeit sie selbst mit den Jahren schließlich immer mehr verwirren muss. Zuweilen wird dies auch für den Bürger sichtbar, wenn versehentlich im Fernsehen Bilder veröffentlicht werden, die nur allzu offensichtlich die Wahrheit zeigen. Als Beispiel könnte man den berühmten Dokumentarfilm zum angeblichen Terroranschlag am 11. September 2001 in New York heranziehen: Der damalige US-Präsident George W. Bush hatte sich in einem Klassenzimmer in Florida aufgehalten, welches voll besetzt war mit Kindern, als einer seiner Berater zu ihm hintrat und ihm ins Ohr flüsterte, dass ein weiteres Flugzeug in den zweiten Tower des World Trade Center gerast und Amerika nun »under attack« sei. Wir wissen heute nicht, wie viel Bush zu diesem Zeitpunkt über all die Vorhaben, die mit diesem berühmtesten »Terroranschlag« der Welt zusammenhingen, gewusst haben mochte, doch sein Gesichtsausdruck zeigte in jenem Moment einen Zustand offenbar schwerster geistiger Abwesenheit, um nicht sogar von einer debilen, einer psychopathischen Miene zu sprechen.

Oder man schaue sich nur die Veränderung der Gesichtslinien sogenannter Politiker an, die sich im Laufe der Jahre still, aber deutlich, vollzieht: Wenn sie noch frisch und munter gestartet sind in das Politikerleben, mit Zuversicht und Optimismus, so hat sich das Bild nach nur wenigen Jahren meist dramatisch verändert: Müde, grau, mit hängenden Mundwinkeln und leerem Blick, so stellen sich diese Leute dann nicht selten dar. Den Kopf zwischen den Schultern eingezogen, das Kreuz gebeugt, als lägen sämtliche Lasten der Welt auf den eigenen Schultern. Bestes Beispiel: die derzeit noch amtierende Bundeskanzlerin. Man benötigt keine psychologische Ausbildung, um hier eine treffende Diagnose zu fällen. Auch wenn sie Vorsitzende einer christlichen Partei ist, so fragt man sich unwillkürlich, welche persönliche Verbindung sie wohl zum Schöpfer haben mag.

Ich denke manchmal darüber nach, wie es diesen Leuten, die sich stolz Politiker und Staatsoberhäupter nennen, eigentlich tief in ihrem Inneren gehen muss, in welchem Zustand sich ihr

Seelenleben wohl befinden mag. Vermutlich dürfte es dort nicht besonders gut aussehen. Denn sie wissen natürlich, dass sie ihre Unabhängigkeit, ihre persönliche Autonomie, längst verloren haben und inzwischen nicht viel mehr sind als nur zappelnde, armselige Marionetten, die an den Fäden viel mächtiger Strippenzieher hängen, und die jederzeit willkürlich in alle möglichen Richtungen gelenkt werden können. Womöglich ahnen sie auch, dass ihre Verbindung nach oben abgebrochen ist, die sie noch retten könnte aus ihrer jammervollen Existenz, die sie wissentlich in fremde Hände gaben. Fast ist es so, als seien sie mit dem Teufel im Bunde, der am laufenden Band und für alle Zeiten all das von ihnen fordert, was Untugenden und Verstöße gegen die Menschlichkeit sind: Unehrlichkeit, Betrug, Verführung und Vernichtung. All das müssen sie liefern, ob sie wollen oder nicht, für ein bisschen Glanz und Ruhm als sogenannte Politiker – als Staatsoberhaupt, als Präsident oder eben als Bundeskanzlerin. Sie haben sich für die Hölle auf Erden entschieden – und wer weiß, was sie einst nach ihrem Ableben noch alles erwarten mag.

Damit sind wir bei der wichtigen Frage: Was ist eigentlich der Sinn des Lebens? Was ist die Aufgabe des Menschen auf Erden? Gefragt ist nach der berühmten Sinnsuche, die doch so wenige Menschen offenbar wirklich ernst nehmen. Dies jedoch wäre für jedermann extrem wichtig, um zu einem gelungenen Lebensergebnis zu kommen. Jeder hat ja die freie Willensentscheidung, jeden Tag, jede Stunde, jede Minute aufs Neue, um den richtigen Weg zu wählen innerhalb der Schöpfungsgesetze, innerhalb der Zehn Gebote.

Die Gefahren für den Menschen auf der Erde sind ja doch massenhaft, wenn er für die unsichtbaren Dinge seine Sinne verschlossen halten will, welche jedoch schon immer existierten. Denn die Hölle und das Paradies liegen ebenso dicht beieinander wie das Diesseits und das Jenseits. Stets liegt es an jedem Einzelnen selbst, in welche Richtung er seine Weichen stellt. Und eines dürfte klar sein: Liebe, Hilfsbereitschaft, Aufrichtigkeit, Demut und Respekt gegenüber jeglichem Leben können uns zu geistigem Aufstieg führen.

Doch alle diese Entscheidungen, die jeder Mensch im Laufe seines Lebens ständig und immer wieder treffen muss, jegliche Verbindung auch, die er selbst nach oben oder unten hin je anstrebt, hat jedoch primär nichts mit dem eigentlichen Begriff der Religion zu tun. Diese kann zwar bestimmte Glaubenswege vorzeichnen, man kann auch im Kreise Gleichgesinnter beten und meditieren, doch liegt es letztlich an jedem einzelnen Menschen selbst, wie er seinen Weg gestaltet.

Ein gesunder Geist, den wir auch Seele nennen können, weil er in deren innerem Kern lebt, benötigt keinen Vermittler oder Reiseführer, um zu Gott zu kommen. Kirchen und andere Religionshäuser können zwar durchaus Orte sein, an denen einzelne Menschen besser zu ihrer spirituellen Kraft finden. Doch an diesen Plätzen werden nicht selten auch Irrwege aufgezeigt, sehen wir uns nur die weltweite Zwangschristianisierung an oder die überflüssigen Kreuzzüge, welche durch Ränke, Trug und List, vornehmlich aus Rom, zustande kamen, und so vieles mehr. Dem Schöpfer sind unsere Religionen egal, unsere Taten sind das Einzige, was zählt. An ihnen werden wir gerichtet werden; durch sie entscheiden wir uns für Glück und Erfolg oder zu Elend, Jammer und Schmerz. Wer einem falschen Führer folgt, der hat seinen Anspruch, richtig anzukommen, zunächst verwirkt. Vielmehr ist es sicher, dass er sich mitschuldig macht und, zusammen mit seinem Führer, sich verirren wird. Vom Himmel und seinem Schöpfer sind beide Lichtjahre entfernt.

Die großen Weltreligionen haben sich im Laufe der zurückliegenden Jahrtausende schwer versündigt. Genau genommen haben sie ihre gutgläubigen Schafe in die Schuldfalle geführt. Was ist es sonst, wenn Anhänger einer bestimmten Religion alle anderen als gottlose Ungläubige bezeichnen, die nicht dem eigenen Glauben angehören? Wie, so muss man doch als Erstes fragen, kann im Namen einer Religion überhaupt getötet werden? Wie ist es zu erklären, dass die mächtigen Religionsvertreter immer wieder Rechtfertigungen für Kriege und Vertreibungen fanden und auch heute noch finden? Sie sprechen über Gott, rühmen sich, ihm besonders nah zu sein, missbrauchen aber seinen Namen, verbiegen die Wahrheit zur Lüge und verbauen vielen den Blick zum Licht, zur wahren Erkenntnis und zur Ewigkeit.

Seit Menschengedenken existiert auf dieser Welt der große Kampf: das Gute gegen das Böse. Das Gute, welches als Grundlage die Wahrheit birgt, wird seit eh und je zu vernichten gesucht, da die Aufrechterhaltung der Wahrheit ständige Bewegung und Leistung eines jeden Menschen erfordert. Da ist es schon einfacher, sich zwischendurch bequem zurückzulehnen und sich nicht mühevoll für das Aufrechte einzusetzen. Jedermann trifft jeden Tag unzählige Entscheidungen zum Guten oder Schlechten hin, bei Letzterem beteiligt er sich an der Vernichtung der Wahrheit. Heute hat das Schlechte, das Böse, längst die Oberhand bekommen. Es ist sogar so, dass die meisten Menschen durch geistige Umerziehung, durch propagandistische Charakterwäsche und weltweite Abrichtung das Böse für das Gute halten.

Die wichtigste Waffe des Bösen ist die Täuschung. Doch trotz seiner scheinbaren Übermacht wird das Böse am Ende besiegt werden. Denn der Menschengeist, welcher derzeit noch wie eingemauert scheint, wird eines Tages wieder frei werden. Der Schöpfer, der sich die wilden Machenschaften des Menschen über viele Jahrtausende mit unendlicher Geduld angeschaut hat, wird eines Tages – hoffentlich kommt dieser Zeitpunkt bald! – eingreifen, um nur noch das Gute zuzulassen. So steht es bei den alten Propheten, und so lesen wir es auch in der Johannes-Offenbarung des Neuen Testaments. Alles, was den Schöpfungsgesetzen, also den Naturgesetzen, widerspricht, wird ausgelöscht werden, frei nach dem wichtigen Satz im Vaterunser: DEIN Wille geschehe.

Von dem lateinischen Kirchenlehrer der Spätantike, Aurelius Augustinus, stammt folgendes Zitat: *»Der Gütige ist frei, auch wenn er ein Sklave ist. Der Böse ist ein Sklave, auch wenn er ein König ist.«* Das Schöpfungswissen über das Gute und Böse ist in allen Menschen verankert, in ihrem Gewissen, gleichgültig, welcher Religion sie angehören.

Nun ist die Beantwortung der in der Überschrift gestellten Frage, was Gott mit Religion zu tun hat, gar nicht mehr so schwierig: Nichts! Es gibt weder eine kollektive Schuld in Unwissenheit des Einzelnen noch eine kollektive Unschuld. Ganz sicher gibt es auch keine Bevorzugung oder Vorteile durch die Zugehörigkeit zu einer bestimmten Religion. Jeder Mensch ist für sich selbst verantwortlich, jeder erntet, was er gesät hat.

Ich mache mir große Sorgen um die gewaltigen Menschenmassen, die durch religiös motiviertes, extremistisches Verhalten Gott in unverzeihlicher Art beleidigen, in dem sie ihn fortwährend herabwürdigen, damit er sich »um sie kümmern« möge.

Weder ist überlautes Kampfgeschrei noch künstliches Wehklagen als ehrliches, demütiges Gebet anzusehen, welches allein die Rettung bedeuten kann. Nichts davon ist Gott gefällig.

# Der ewige Gegensatz

Wer in einer dunklen, klaren Nacht seinen Blick hinauf in den Himmel richtet, der wird sich kaum der Frage aller Fragen entziehen können: Wer und was bin ich in diesem scheinbar endlosen Universum? Besonders intensiv ist dieses geheimnisvolle Empfinden in absoluter Stille. Diese durfte ich finden, als ich einmal die namibische Wüste besuchte: Der Himmel, tiefblau, und doch voller Milliarden funkelnder Sterne, leuchtete und strahlte in all seiner herrlichen, lebendigen Pracht und ließ mein Herz hochschlagen, während unten, in der Wüste, geheimnisvolle Dunkelheit herrschte, die unheimlich, fast feindselig in dieser endlosen Ruhe anmutete und mir wiederum die Luft zum Atmen rauben wollte. Da war er ganz deutlich zu spüren, dieser Gegensatz im Leben, wie man ihn auch als schwarz und weiß bezeichnen könnte.

Totale Stille kann auf bemerkenswerte Weise auf die menschliche Seele einwirken. Man hört den eigenen Herzschlag, man spürt förmlich die Luft, wie sie durch die Atemwege strömt, man ist völlig allein mit sich und der Welt. In einem solchen Moment wird uns nicht selten die eigene Kleinheit bewusst, wir spüren plötzlich die gewaltige Macht des Universums, die urewige Kraft unseres Schöpfers. Wir erkennen zuweilen dann auch am Horizont die Richtung, welche uns zur Wahrheit des Lebens führen möchte, könnten wir dem Weg nur konsequent folgen. Immer mehr Menschen sind heute, in der sogenannten zivilisierten Gesellschaft, allerdings kaum in der Lage, derartige Momente überhaupt auszuhalten, manche geraten gar in Panik, wenn sie in der

Stille – etwas überspitzt formuliert – ihrer eigenen Zellteilung zuhören müssen.

Ungeachtet unserer kleinmütigen Vorstellungen waltet und flutet die Kraft des Himmels unaufhörlich weiter, seit ewigen Zeiten. Diese immer anwesende Energie gab schon zahllosen Wissenschaftlern der Erde Anlass zum Forschen und Grübeln – mit wahrscheinlich nur mäßigem Erfolg bis heute. Zwar bestimmen Begriffe wie »Spannung«, »Elektrizität«, »Magnetismus« und andere Kräfte maßgeblich unser Leben auf der Erde, doch wie viel Unentdecktes mag es wohl noch geben, zu dem der Menschengeist noch längst nicht vordringen konnte? Zu der genannten Ordnung gehören unter anderem auch die konträren Pole, das Prinzip des Gegensatzes. Der naturgemäße Gegensatz findet sich praktisch in allen Lebensbereichen: So bedingen sich plus und minus ebenso wie auch das männliche und weibliche Prinzip sowie Licht und Schatten oder Sommer und Winter und so vieles mehr. Es sind dies schöpfungsgemäße Gegensätze, die, neben einer klaren Ordnung, unser Sein in aller Vielfalt bereichern, die uns auch als Gleichnis dienen dürfen für zahllose Zustände des Lebens, frei nach dem Motto unserer Großeltern, die sich in schweren Situationen trösteten mit den Worten »Auf Regen folgt Sonnenschein!«

Die Schöpfungsordnung hält also naturgemäße Gegensätze bereit. Der Mensch in seiner unvollkommenen Art entwickelte dieses System auf seine ihm eigene Weise weiter, gebaut auf dem Fundament seines selbst verursachten Karmas, das aus verschiedenen Aspekten erwächst, als da zum Beispiel wären: Klugheit und Dummheit, Armut und Reichtum, Liebe und Hass, Gut und Böse usw.

Es ist auch der Mensch in seiner Unvollkommenheit, der glaubt, dass die Prinzipien des Lebens und des irdischen Todes sich gegenüberstehen als furchtbarer Gegensatz, und, wie viele Abspaltungen der Kirche dies heute auch sehen, als Strafe gar. Doch dies ist weit gefehlt: Auch wenn der Erdenkörper nach dem letzten Atemzug eines Menschen abstirbt und allmählich verfällt, so gilt dies noch lange nicht für dessen Geist, der stets im Leben weiter verbleiben muss wie ehedem. Dieser wechselt lediglich über in die jenseitigen Sphären, zu jenem Entwicklungspunkt hin, den dieser sich im Erdenleben durch sein Denken und Tun selbst erarbeitete.

Unser Verständnis in Bezug auf Zeit und Raum ist unvollständig und falsch. Den körperlichen Tod begreifen wir als Erlösung oder auch als Fluch, je nach der Art des Lebens, das voranging. Wir wechseln jedoch lediglich die Räume. Was wir uns in dem diesseitigen Raum verdienten, bekommen wir im nächsten wieder. Da sieht man erneut, wie klug die Naturgesetze entworfen wurden: Diese immer sich wie von selbst auslösende Wechselwirkung – nach dem Prinzip der Saat und Ernte – zwingt uns ja eigentlich praktisch zum Gutsein: Wenn wir dies konsequent ausführen, so kommt auch nur Gutes auf uns zurück. Welch ein gerechtes System.

Leider aber haben die Menschen es weitgehend versäumt, sich dieses Gesetz bewusst vor Augen zu führen, es richtig zu lernen und danach zu leben. So, wie jeder Einzelne von uns alles Gute letztendlich nur für sich selbst tut, ebenso schleppt auch jeder alle seine Sünden, die er an anderen begeht, in seinem eigenen, unsichtbaren Gepäck mit sich. Diese Last beschwert sein Leben zunehmend, macht alle Entwicklungen komplizierter, und am

Ende bricht er darunter zusammen, so er sich nicht rechtzeitig umorientierte. Nur wer anderen in diesem Leben Frieden und Glück bescherte, der darf darauf hoffen, dass er auch nach dem irdischen Tod Frieden und Glück finden wird.

Das Prinzip des ewigen Gegensatzes meinen wir also im Leben und Sterben zu erkennen. Doch Achtung! Hier liegen wir mit der allgemein verbreiteten Haltung falsch: Alles, was lebt, wird sterben? Aber nein. Alles, was gestorben ist, wird wieder leben, ob es der Menschengeist ist, der im Jenseits weiterexistiert, oder sein Körper, der ja, als verwesende Hülle, wiederum als Dünger für die Natur dient. Alles lebt: die Natur, die Gezeiten, Tag und Nacht, Mensch und Tier. Auch wenn wir vieles tot wähnen, so lebt es im Verborgenen, Unsichtbaren weiter, weswegen wir auch vom ewigen Kreislauf des Lebens sprechen. Warum hören und schauen wir eigentlich nicht richtig hin? Warum wehren wir uns gegen diese wundervolle Botschaft? Stattdessen fürchten wir uns vor der Endlichkeit des Lebens und blicken mit Panik auf das Älterwerden.

Die Liebe und der Hass in ihrem großen Gegensatz sind menschengemacht. Während die Liebe direkt aus dem Himmel strömt, ist der Hass eine irdische Erfindung und war im Schöpfungsplan gewiss nicht vorgesehen, denn zu diesem gehört nur Aufbauendes und nicht etwa Zerstörendes und Vernichtendes. Die jeweiligen Kräfte, die sich hier gegenüberstehen, sind gewaltig.

Wahre Liebe überwindet alles. Jesus sprach von der Allgewalt der Liebe. Er selbst kam aus der Gottesliebe, um den Menschen diese immense, ewige Kraft klarzumachen. Ja, echte Liebe kann alles überwinden, unter der Voraussetzung allerdings, dass sie wirklich rein ist. Doch was weiß der Mensch heute davon? Reine Liebe ist selten, sie will dienen, sie hält Treue, enthält keine Laster wie zum Beispiel Eifersucht oder Misstrauen. So heißt es im Brief des Paulus von Tarsus an die Korinther unter anderem:

*Die Liebe ist langmütig, / die Liebe ist gütig. / Sie ereifert sich nicht, / sie prahlt nicht, / sie bläht sich nicht auf. Sie handelt nicht ungehörig, / sucht nicht ihren Vorteil, / lässt sich nicht zum Zorn reizen, / trägt das Böse nicht nach. Sie freut sich nicht über das Unrecht, / sondern freut sich an der Wahrheit. Sie erträgt alles, / glaubt alles, / hofft alles, / hält allem stand. Die Liebe hört niemals auf. /* (Neues Testament, Korinther 13)

Die wahre Liebe kennt weder Eigennutz noch eigene Vorteile oder Vorurteile. Die in einem der berühmtesten Bibel-Kapitel, dem Korintherbrief, beschriebene Art der Liebe kommt aus dem Himmel, denn welcher Mensch könnte sie in dieser Form schon hier auf Erden geben? Der Hass dagegen ist der Menschenart sehr wohl vertraut. Gerade in der Jetztzeit, in der das Ungute stärker und stärker anwächst, keimt auch der Hass weiter hoch: Kriege, Katastrophen, Verwerfungen des globalen Finanzsystems und so vieles mehr üben Druck auf die Menschheit auf; sie erzeugen Angst, Panik, aber eben auch Wut und Hass. Wer das morphogenetische Feld über und um uns mit den Augen erschauen könnte, würde sich wohl entsetzt abwenden.

Das Leben der Menschen auf der Erde gleicht einer Fahrt in einem riesigen Kreisverkehr. Jeder entscheidet selbst über Glück oder Unglück, über Wahrheit oder Lüge, über Liebe oder Hass. Jedermann hat es jeden Tag aufs Neue in der Hand. Nach dem Gesetz der Wechselwirkung zeigen sich dann auch die Auswirkungen: Wer Glück gibt, der wird es auch ernten, wer die Wahrheit sucht, wird sie finden, wer andere betrügt, der wird selbst betrogen werden, wer Liebe spendet, wird Liebe zurückbekommen.

Jeder Mensch, der in dem großen Kreisverkehr des Lebens seine Runden dreht, entscheidet selbst, wann und wo er den Blinker setzt und abbiegt, er ist es höchstpersönlich, der die Richtung bestimmt, niemand anderer. An den Abfahrten stehen zwar keine Schilder, die ihm sagen, ob der eingeschlagene Weg hinauf- oder hinunterführt. Doch sein Gewissen weiß es, seine Empfindung sendet ihm schon vor der Entscheidung klare Signale. Wohl dem, der darauf hört, damit er nicht zahlreiche unnütze Umwege nehmen muss, die ihm nur Ärger und Verdruss einbringen. Letztlich muss er sich früher oder später dann wieder aufs Neue einfädeln in den Kreisverkehr, um weitere Runden zu drehen, die mit den Jahren jedoch immer mühevoller werden.

Es scheint den Menschen seit Jahrtausenden schwerzufallen, die rechten Entscheidungen im Kreisverkehr des Lebens zu treffen. Manche biegen ab, weil die Abfahrt besonders hübsch aussieht. Andere, vielleicht sogar die meisten, weil viele dort hinausfahren. Wieder andere, weil sie gehört haben, dass diese Abfahrt die richtige sein müsste. Nicht wenige fahren sogar ewig im Kreise, weil sie erwarten, dass der Schöpfer ihnen den Weg zeigen würde beziehungsweise sie abholen kommt. Der Mensch steht heute, in seiner Empfindungslosigkeit, in seiner fehlenden Verantwortung, völlig losgelöst von den Naturgesetzen, einsam da, von allen guten Geistern verlassen. Immer weniger vertraut er seiner eigenen, inneren Stimme, er folgt stumpf dem, was er sieht, hört.

Wer immer wieder seine Kreise dreht, wer dabei die richtige Ausfahrt nicht erkennen will, der kommt nicht weiter. Richtig aus dem Kreisverkehr abzubiegen, heißt, sein Leben richtig zu leben, sodass es aufwärtsgeht.

Alles, was zum Leben bestimmt wurde, wird leben. Betrachten wir nur einmal, mit welch scheinbarer Leichtigkeit kleine, weiche Wurzeln dicke Asphalt- oder Betondecken anheben können, sie zum Bersten bringen und hindurchtreiben. Kein Statiker oder Materialspezialist kann dieses Phänomen schlüssig erklären. Eine solche Wurzel kennt eben nicht unsere Maßeinheiten, auch keine Zeitmesser oder eine Begrenzung der Zeit. Die Betondecke, massiv und schwer, dabei unlebendig, also tot, kann sich dem drängenden Leben nicht dauerhaft widersetzen. Denn Leben ist ständige Bewegung. Der Druck, der von der stetig arbeitenden Wurzel ausgeht, addiert sich – ohne Rücksicht auf die Zeit. So siegt immer das Leben, das dem Licht zugewandt ist.

Nur das Gute, die Liebe und die Wahrheit, ist ewig. Auch wenn in manchen unruhigen Zeiten ihre Existenz geleugnet, ja, vernichtet werden soll, so wird dies letztendlich niemals gelingen können. Unsere Erde wird von der Liebe des Schöpfers getragen. Ganz anders der Hass. Er wie auch das Schlechte und die Lügen dürfen sich zu manchen Zeiten ummanteln mit dem angeblichen Kleid der Wahrheit. Dann steht alles auf dem Kopf. Heute ist dies so auf der ganzen Welt. Die Lüge wird als Wahrheit verklärt, während die Wahrheit verdrängt und zur Lüge gestempelt wird. Manchmal gelingt es den Machthabern, dieses Zerrbild für eine Weile aufrechtzuerhalten. Wohlgemerkt, für eine Weile. Nicht mehr. Denn im ewigen Kreislauf des Lebens wird die Wahrheit sich früher oder später ihren Weg bahnen, direkt auf die Erde, mitten hinein in Herz und Geist der Menschen. Wohl denn, möge dies bloß bald geschehen.

# Was hat der Schöpfer mit Politik zu tun?

Sofern wir zugrunde legen, dass das menschliche Machtsystem den größten Teil des Planeten nach seiner politischen Vorstellung »demokratisiert« hat, mag so mancher Mensch wohl vorsichtig fragen, ob der Schöpfer, in dessen Willen diese Erde einst erstand, sich wohl für Politik interessieren mag. Da dies verneint werden muss, erübrigt sich auch die Frage, ob der Schöpfer politisch eher links oder rechts verortet sein mag, eher liberal oder konservativ. Die Schöpfungsgesetze, die den ganzen Himmel wie auch unsere schöne Welt und das universelle Planetensystem zusammenhalten, sind urewig und stehen in ihrer einzigartigen Zuverlässigkeit außerhalb jedes Verstehenkönnens der Menschen. So schrieb der berühmte Physiker und Nobelpreisträger Albert Einstein im Dezember 1926 in einem Brief an einen Kollegen folgende Worte: *»Die Quantenmechanik ist sehr achtunggebietend. Aber eine innere Stimme sagt mir, dass das noch nicht der wahre Jakob ist. Die Theorie liefert viel, aber dem Geheimnis des Alten bringt sie uns kaum näher. Jedenfalls bin ich überzeugt, dass der nicht würfelt.«* (Mit dem »Alten« war Gott gemeint.)

Die Naturgesetze sind unumstößlich, gleichgültig, welches Parteien-, Wissenschafts- oder Machtsystem sich die Menschen gerade ausgedacht haben mögen. Das Auffallende ist, dass die kosmische Ordnung stets auf Gesundheit, Fortschritt und Genesung ausgerichtet ist, solange das Leben erhalten bleiben soll in dem dafür vorgesehenen Zeitraum. Danach setzt das schöpferische Gesetz der Wechselwirkung ein, welches auch in dem stets wiederkehrenden Zeitlauf von der Geburt, der Blüte, der Reife, Ernte und schließlich des Zerfalls begründet liegt.

Bei den politischen Parteien ist dies ganz anders. Ihre Führer sind weder auf Nachhaltigkeit ausgerichtet noch auf die Gesundheit der Menschen. Die Aufmerksamkeit der Politiker orientiert allein auf das Wachstum ihrer jeweiligen Partei, um auf diese Weise zu mehr Macht und zu höheren Einnahmen zu gelangen. Sitzen sie an ihren politischen Schalthebeln erst einmal sicher, so sind Macht und Geld auch für ihr persönliches Leben kein Thema mehr.

Es ist traurig, dass dies allein die Hintergründe für das Machtstreben der Politiker und der Parteienlenker sind, abgesehen natürlich auch von der Befriedigung der persönlichen Eitelkeiten. Denn bis zur heutigen Zeit war es stets noch so, dass diese Leute ein hohes Ansehen genossen in der Bevölkerung. Dass sich das Blatt jedoch derzeit wendet, ist ebenso ihrem unkontrollierten Machtstreben geschuldet, mit welchem sie die Sache erheblich überzogen, die Kontrolle verloren und sich nun nachhaltig selbst abschaffen: Ja, das politische Parteiensystem, welches im Lichte des Schöpfungsgeschehens keinen Halt finden kann, weil ihm jegliches gesunde Fundament fehlt, muss, wie viele andere bislang selbstverständliche Einrichtungen, stürzen. Dazu gehören auch die Massenmedien, die derzeit schon ein ähnliches Schicksal ereilt, wie jedermann beobachten kann.

Das politische System in seiner ganzen Art ist von Menschen erdacht, es kann also niemals perfekt sein; jedenfalls so lange nicht, wie sich der Mensch allein auf seinen Verstand verlässt, während er der Empfindung kaum Beachtung schenkt. Sie allein könnte dem Menschen in jeder Situation wertvolle Hinweise geben, damit er sich für das Richtige entscheidet. Wenn er doch nur darauf hören würde.

Doch wollen wir uns an dieser Stelle weiter dem derzeit herrschenden Politikbetrieb zuwenden. Ob sich der Schöpfer wohl *für* das Parteiensystem ausgesprochen hätte? Wir hatten es gerade: wohl kaum. Diese Tatsache jedoch interessiert die Menschheit augenscheinlich nicht, sie fragt nicht danach, ob ihre zum Teil aberwitzigsten Entscheidungen im Angesicht des Himmels richtig oder falsch sein mögen. Ein Abgleich mit den Naturgesetzen findet in diesem Fall, wie allermeist, nicht statt; niemand scheint überhaupt auf die Idee zu kommen. Derweil wird die Welt zerlegt, jeder sieht den Untergang – und immer noch schwant es nur den wenigsten: Wir müssen uns besinnen, wir müssen den Wahnsinn aufhalten.

Häufig wird den Menschen erzählt, die Parteien verträten die Demokratie. Aber was war noch gleich die hochgelobte Demokratie? Richtig: So, wie sie eigentlich gedacht ist, existiert sie bei uns ja gar nicht. Denn Demokratie meint die Entscheidungsfreiheit des Menschen nach dem Regionalprinzip, wo die Verantwortung nur in kleinen Gruppen, in den Sippen, liegt, in Regionalstrukturen, und nicht etwa in einem großen, zentralistisch gesteuerten Ungeheuer namens EU-Brüssel, wo keiner im Norden weiß, was für die Menschen im Süden gut wäre, wo auch über eine halbe Milliarde Menschen unterschiedlichster Kultur, Sprache und Herkunft lebt, die sich schon als unmittelbare Nachbarn kaum richtig verstehen und verständigen können. Die nicht von den Völkern gewählten EU-Politiker aber maßen sich an, das riesige EU-Schiff durch alle Höhen und Tiefen lenken zu wollen. Längst schwankt der riesige Dampfer durch schwere Gewässer, er hat heftig Schlagseite, erscheint zuweilen schon wie führerlos, jede wirkliche Kontrolle ist dahin. Die völlig wahnwitzige Traumvorstellung einer europäischen Zentralregierung gleitet nun ab ins Albtraummäßige: Inzwischen kann es jeder sehen und fühlen.

In dem Wort »Partei« finden wir auch die Ursache für das Unvermögen der EU-Zentralherrschaft, die große Gruppe unterschiedlichster Nationen etwa lenken zu können: Der Begriff »Part«, also der Urstamm des Wortes, bedeutet ja »Teil« – und nicht etwa Gemeinschaft. Die Gesellschaften werden geteilt, indem sie gleichgemacht werden. Ja, es mag verrückt klingen, aber das ist genau der aktuelle Zustand: Man versucht, die Länder Europas über einen Kamm zu scheren, indem man ihnen gleiche Gesetzesstrukturen für sämtliche Lebensbereiche aufzwingt, die doch auf diese Weise niemals funktionieren können. Wie kann man zum Beispiel für ein warmes, südlich gelegenes Land Europas dieselben Klimaschutz-, Hausdämm- und Heizungsgesetze erlassen wie für die kälteren, nordskandinavischen Staaten? Warum müssen dieselben Wirtschafts- und Finanzgesetze erlassen werden für ein starkes Deutschland und ein schwaches Griechenland? Warum soll eine Einheitswährung wie der Euro Frieden bringen, wenn doch die Wirtschaftskraft der Euro-Länder höchst unterschiedlich ausfällt? So geht es doch nicht – so kann es niemals funktionieren!

Der Wahn geht sogar so weit, dass sogenannte Diskriminierungsgesetze ersonnen werden, um die Frau dem Manne gleichzumachen, alles gegen das Weiblich gehende ist, laut EU-Verordnung, nun als diskriminierend und sexistisch zu verurteilen, während über den Mann im Prinzip kaum noch diskutiert wird. Auch der Krümmungsgrad der gewöhnlichen Salatgurke wurde festgelegt, also EU-Normen für Obst und Gemüse erdacht; dass Äpfel, Tomaten, Kartoffeln oder Birnen bestimmte Maße aufweisen müssen, um überhaupt auf den Markt zu kommen, versteht sich in dem modernen Europa inzwischen wie von selbst. Dieser Unsinn und so viele Dummheiten mehr leben täglich weiter und fort in diesem *fortgeschrittenen* Europa: Die Frage allerdings ist, von welchem Punkt oder von welcher Basis aus man hier eigentlich fortschreitet?

Richtig: von den urewigen Schöpfungsgesetzen, welche die gesamte Natur, einschließlich der Menschen und ihrer Länder, gerade in ihrer Artenvielfalt und Unterschiedlichkeit erst so geschaffen haben. Mit anderen Worten: Die jeweiligen Eigenheiten und Eigenarten sind naturgewollt! Unterschiedliche Rassen, unterschiedliche Arten, unterschiedliche Wärmegrade, unterschiedliche Hautfarben, unterschiedliche Ansichten und Meinungen, sie sind gewollt! Ach ja, genau, die Meinungsfreiheit, auch sie wird derzeit in Brüssel gerade gebürstet, das heißt: zulässig sind nur noch vorgegebene Ansichten, während eigenwillige Betrachtungen, gar Kritik, eines zum Beispiel willensstarken Charakters oder auch einfach nur eines Andersdenkenden nicht mehr genehm sind.

Dieser ganze Unsinn wird den Menschen von den Massenmedien, welche die EU-Bürokraten mit aller Macht unterstützen, indem sie die wirren Ideen in ihren Blättern und Sendungen als »richtig« verkaufen, derzeit als gewollt und genehm, als einzig richtige Betrachtungsweise untergeschoben. Dem kritischen Menschengeist, der sich noch von seiner Empfindung lenken lässt, bleibt nichts anderes übrig, als eines Tages entnervt aufzugeben, da er keinen Widerhall seiner vernünftigen Gedanken erwarten kann, denn die große Schafherde trottet hinter den abstrusen Plänen her, weil »die da oben« es schließlich so verkündet und verordnet haben. Dann wird es wohl richtig sein. Oder?

Ob sich die Parteien nun konservativ oder links nennen, liberal oder christlich, sie beziehungsweise ihre Lenker und Propagandisten haben doch immer wieder nur das eine im Sinn: Sie wollen wachsen – an Geld und Macht stetig zunehmen – und nur das eigene Fortkommen, nicht etwa das Gute, fördern.

Eine politische Partei zu gründen, ist übrigens nicht komplizierter, als einen Kleintierzuchtverein ins Leben zu rufen. Die Regeln sind fast die gleichen: Dabei sind die Statuten eines Vereins ungefähr das, was das politische Programm für eine Partei ausmacht. Nicht selten besteht das ganze Vertragswerk aus nur wenigen Seiten Papier, ob mehr oder weniger, hat auf die Qualität ohnehin keinen Einfluss. Man schreibt in der Regel lieber mehr, um so die meisten Interessierten vom gründlichen Lesen abzuschrecken. Schachtelsätze und eine juristisch verdrehte, gedrechselte Ausdrucksweise erledigen dann den Rest.

Es genügen nur einige Mitglieder, etwas Geld, welches sich später oft wie von allein vermehrt, die Eintragung in das Register – und schon können der frisch gewählte Vorsitzende und seine Leute mit der Arbeit beginnen. Sie führen und verführen, während sie offiziell eine politische Partei repräsentieren. Nun kann der ahnungslose Wähler sich für oder gegen diese Gruppierung aussprechen. Ihre Existenz aber muss er akzeptieren. Kaum jemand erzählt dem Wähler, dass die Anzahl jener Menschen, die Mitglied einer politischen Partei sind, verschwindend gering ist. Genau betrachtet bleibt am Ende nur eine Handvoll Menschen übrig, die das Ganze als riesige Showbühne für ihre eigene Selbstdarstellung, natürlich auch für den monetären Nutzen, missbraucht. Der brave Bürger bummelt bequem hinterher, er fragt meist nicht.

Das System der politischen Maskerade ist nur zu verführerisch für diejenigen, die es begreifen und nutzen. Sie müssen es zwar mit ihrem inneren Moralverständnis abgleichen – ob ihnen dies immer gelingt, bleibt fraglich –, doch meist handelt es sich dabei lediglich um »Anfangsprobleme«, die mit der Zeit, mit der Gewohnheit des ständigen Vorsatzes zum Unguten schließlich verschwimmen wie die Milch im Kaffee.

Fakt ist, dass das politische Parteiensystem bereits viel Unheil angerichtet hat, sodass sich die Frage stellt, wie lange es noch existieren wird. Denn die Zeichen der Zeit stehen auf Sturm: Immer weniger Menschen gehen noch zu den sogenannten Wahlen, wo ihnen in Wahrheit doch nur die Entscheidung zwischen Cholera und Pest bleibt. Die Grundzüge einer jeden Partei sind und bleiben dieselben unguten, das spricht sich langsam, aber sicher nun auch bis zum letzten Bürger herum. Und so werden die politischen Parteien derzeit in ihren Grundfesten schwer erschüttert, wenn die Zahl der aktiven Wähler am Wahltag weit unter die Hälfte der Stimmberechtigten gerutscht ist – ein deutlicher Hinweis darauf, dass dieses System sich dem Ende neigt.

Deswegen ist es Zeit, die »demokratischen Strukturen« endlich umzubauen. Das bedeutet nichts anderes, als dass der Mensch sich auch hier endlich seinem Schöpfer zuwenden sollte, um zu erfahren, wie er leben soll, damit er am Schluss *mit* den Gesetzen schwingt. Das heißt unter anderem, dass naturgesetzmäßige Unterschiede nicht weiter geleugnet werden dürfen, sondern in ihrer ganzen Klarheit und Einfachheit vollumfänglich akzeptiert werden müssen; dazu gehören die Unterschiede der Nationen, ihrer Identität, ihrer Kultur und Religion, ihrer Lebensart und Sprache. Es gilt gerade, die Unterschiedlichkeit zu schützen, die Vielfalt der Völker, die allein in dieser Akzeptanz Segen bringen kann. Alles andere wird Stückwerk bleiben, welches unvollständig und krank ist. Unter diesen Bedingungen wird die Gesellschaft stets leiden müssen, der einzelne Mensch kommt zu kurz. Erst wenn die Strukturen wieder in gesunde Bahnen gelenkt werden, erst dann kann endlich Ruhe, Harmonie und Frieden auf Erden eintreten, so, wie die Menschen es sich schon seit Jahrtausenden ersehnen.

Schön und gut, möchte vielleicht der eine oder andere verzweifelte Leser dieses Kapitels ausrufen, um dann die Frage zu stellen: »Doch wie, bitteschön, kann es besser gehen?« Nun, nachdem wir wissen, dass es ganz sicher zu keinem guten Ende führen wird, wenn es so weitergeht wir bisher, wissen wir damit immerhin, dass wir auf diese Weise vielmehr unserem Untergang als unserer Erlösung entgegengehen. Dies allein schon deswegen, weil das bestehende politische und sich demokratisch nennende System die immer größer werdende Weltbevölkerung weiter zerreißen als vereinen wird.

Eine strukturelle Umwandlung ist unumgänglich. Wir müssten die vorhandenen Unterschiede, die Werte jeder Gesellschaft, vollumfänglich respektieren, um wieder Grund und Boden unter die Füße zu bekommen. Betrachten wir uns einen Baum näher, er kann uns als Vorbild der Natur dienen, wie wir richtig handeln, da in ihm das universelle Überlebenskonzept unserer Schöpfung enthalten ist, welches sich überall wiederholt. Im Streben nach Fortentwicklung lässt sich die Menschheit in drei große Ebenen einteilen, so wie ein jeder Baum aufgeteilt ist: unten, die Mitte und oben. Oder: Wurzelstock, Baumstamm und Baumkrone. Wir wissen, dass die Menschen sich gegenseitig zum Überleben brauchen. Trotzdem glauben viele, die in der Baumkrone des Lebens wohnen, dass sie weder den Stamm und erst recht nicht die Wurzel zwingend benötigen. Viele, deren Bestimmung es ist, in dem Wurzelstock zu sein, blicken vielleicht zornig zu der erleuchteten Baumkrone auf, sie begreifen nicht, dass ohne das Licht, welches dort aufgefangen wird, auch sie keine Überlebenschance hätten. Der Stamm verbindet diese zwei Extreme. Er ist die lebensnotwendige Mittelschicht einer jeden Gesellschaft.

Abschließend kann auch zur Fragestellung des Kapitels die Antwort geliefert werden: Der Schöpfer hat mit der Politik nichts zu tun. Wir sind dagegen als Menschen gut beraten, unser politisches Denken und Handeln in die Schöpfungsgesetze einzubetten. Alles, was dem widerspricht, widerspricht auch jeder Logik, und ist schon aus diesem Grunde zum Scheitern verurteilt.

# Die Verantwortung
# der Mächtigen vor Gott

Die heutige Menschheit lebt in der globalen Diktatur des Geldes. Daran wird niemand Zweifel haben. In den USA, dem derzeit mächtigsten Land, welches sich diesen Titel übrigens vorzugsweise mit Waffengewalt errang, werden einflussreiche Posten bis hin zum Amt des US-Präsidenten praktischerweise innerhalb der Familie verteilt oder »vererbt«. Zurzeit macht sich der dritte Bush startklar, um das Präsidentenamt zu ergattern. Allerdings nur, falls ihm die Ehefrau eines der vorausgegangenen Präsidenten nicht die Show stiehlt.

Nun, andernorts ist es auch nicht besser. In den Sälen des EU-Ungeheuers von Brüssel wie auch in den Parlamenten der einzelnen Mitgliedstaaten sitzen ebenfalls immer die gleichen Figuren. Hier und da scheiden schon mal einige aus Altersgründen aus, die meist gut vorbereiteten Nachfolger, ebensolche jahrelang bekannten Gesichter, rücken wie selbstverständlich nach. Es kommt zuweilen auch vor, dass einige von ihnen weggemobbt oder hinausgeekelt werden. Hier sollte man schon genauer hinsehen, denn meist haben sich diese Leute besonders hervorgetan durch den Vorsatz, das gewohnt üble Spiel nicht mehr mitzumachen.

Sehen wir uns einmal den Fall Christian Wulff genauer an: Einst umjubelter Bundespräsident Deutschlands, wurde der Mann von heute auf morgen, quasi wie aus heiterem Himmel, medial durchs Land gejagt, einem Verbrecher gleich. Die offizielle Variante, die den Grund dieser Maßnahme zu erläutern versuchte, lautete, es habe fragwürdige Abrechnungen gegeben. Doch hatte Wulff in Wahrheit die Wut der Mächtigen auf sich gezogen, weil er plötzlich »ungehorsam« geworden war: Zum Beispiel hatte der Bundespräsident auf dem Deutschen Bankentag Ende März 2011 die Bankster ordentlich abgewatscht. Manche politische Beobachter waren schockiert, passten diese harschen Warnungen doch so überhaupt nicht zu den gleichzeitigen »Rettungsaktionen« des damals verzweifelt agierenden Merkozy-Duos (Merkel und Sarkozy). Wulffs eindringliche Mahnung, »*wer zur Elite eines Landes gehören will, muss auch Vorbildfunktion und Verantwortung übernehmen – ohne Wenn und Aber*«, schlug ihm dann recht schnell ins Genick.

Weiter kursierten immer wieder Gerüchte, Wulff habe sich geweigert, den ESM-Vertrag zu unterzeichnen. Zur Eröffnung der 4. Tagung der Wirtschaftsnobelpreisträger in Lindau hielt der Mann im Sommer 2011 erneut eine flammende Rede für die Wahrheit. Dort warnte der Bundespräsident: »*Wir haben weder die Ursachen der Krise beseitigt, noch können wir heute sagen: Gefahr erkannt – Gefahr gebannt (…) Erst haben einzelne Banken andere Banken gerettet, dann haben Staaten vor allem ihre Banken gerettet, jetzt rettet die Staatengemeinschaft einzelne Staaten. Da ist die Frage nicht unbillig: Wer rettet aber am Ende die Retter? Wann werden aufgelaufene Defizite auf wen verteilt?*«

An anderer Stelle appellierte Wulff an die Verantwortung der Handelnden: »*Die Versündigung an der jungen Generation muss ein Ende haben. Wir brauchen stattdessen ein Bündnis mit der jungen Generation. (…) Politik muss ihre Handlungsfähigkeit zurückgewinnen. Sie muss sich davon lösen, hektisch auf jeden Kursrutsch an den Börsen zu reagieren. Sie darf sich nicht abhängig*

*fühlen und sich am Nasenring durch die Manege führen lassen, von*
*Banken, von Rating-Agenturen oder sprunghaften Medien.«*

Diese und weitere waghalsige Aussagen hatte der Bundespräsident getätigt – das Maß war voll: Christian Wulff war als Bundespräsident unkalkulierbar geworden. Also musste er schnell beiseitegeschafft werden mit einem gigantischen, medialen Knock-out, kostete es, was es wolle. Denn wenn die Katastrophen losgehen sollten im guten alten Deutschland – Beobachter rechneten damals bereits damit –, dann musste die Befehlskette stehen. Wulff hatte sie durchbrochen.

Sein Nachfolger übrigens – Ex-Pastor und talentierter Prediger – machte solche Mätzchen nicht, er wurde schnell beliebt. »Wir haben Platz in Deutschland«, rief der eifrige Predigerpräsident der Deutschen in die Welt hinaus und half damit, seine Heimat in eine andere zu verwandeln. Er veränderte das Land, das er nur kurz zu repräsentieren hatte, schneller und eindrucksvoller, als je ein anderer seiner Vorgänger es geschafft hatte.

All diesen Irrsinn nennen wir immer noch Demokratie. Nach dem Zweiten Weltkrieg – von 1949 bis 1989 – existierte die Deutsche Demokratische Republik. Diese war bekanntlich eine Diktatur. Merkwürdig, oder? Mit der Bezeichnung *demokratisch* gab es offenbar keine Kollision. Nun haben wir nur noch die Bundesrepublik Deutschland. In dieser Bezeichnung ist von der Demokratie nicht mehr die Rede, doch wird unendlich darüber geredet. Angesichts der steten Veränderungen durch die Zentralregierung in Brüssel, durch die vielen Zwangs- und Gleichmachungsverordnungen, gegen die sich niemand mehr zur Wehr setzen kann, stellt sich die Frage, ob es sich hierbei nicht ebenfalls um eine handfeste Diktatur handelt? Auf jeden Fall handelt es sich bei unserem politischen System mit Sicherheit nicht um das, was man als Demokratie bezeichnen kann – sondern längst um eine Plutokratie, also um die Diktatur des Geldes.

Bekanntlich ist Jesus, der Sohn Gottes, in »heiligen Zorn ausgebrochen«, als er sah, was die Geldwechsler an Betrügereien und Mauscheleien so trieben. Allerdings waren die Geldwechsler von damals nicht mehr als blutige Anfänger im Vergleich zu jenen der heutigen Zeit, die diesem Gewerbe nachgehen. Es ist das Kapital, das Kartell von Macht, Einfluss und Geld, welches die Welt regiert. Die wenigen, die darüber herrschen, dominieren natürlich auch die Massenmedien und bestimmen somit auch, was und wer »gewählt« wird. Die, die sich wählen lassen, nennen sich Politiker, doch sind sie in Wirklichkeit nur Politikdarsteller. Sie sind mehr oder weniger gute Schauspieler. Man wird diese Leute nicht übersehen können, sie offenbaren ganz deutlich, wie ausgeprägt ihr Wille ist, als Schauspieler Erfolg zu haben.

So klettern sie zum Beispiel medienwirksam in staubige Kohlengruben, setzen einen Arbeiterhelm auf den Kopf, tragen einen Schutzanzug, sie lassen sich sogar mit dem Kohlenstaub das Gesicht und die Hände beschmutzen, bevor sie dann vor der Kamera ihre Show abziehen. Tauchen sie ein anderes Mal in einem Krisengebiet auf, ziehen sie sich vorzugsweise militärische Tarnkleidung an, streifen sich schusssichere Westen über, gerade so, als ob jemand sie aus einem Teleobjektiv erschießen könnte. In einigen Fällen sind die Politikdarsteller tatsächlich vom Fach: So waren US-Präsident Ronald Reagan und der kalifornische Gouverneur Arnold Schwarzenegger bekannte Schauspieler, die durch Umwege zu ihrer eigentlichen Berufung gelangten: Politikdarsteller!

Der deutsche Altkanzler Helmut Schmidt hatte vor seinem Tod in einem Interview ebenso bestätigt, dass ein guter Politiker auch ein guter Schauspieler sein müsse. Demzufolge sind unsere Parlamente nicht mehr oder weniger als von uns finanzierte, preislich völlig überhöhte »Reality Shows« mit gescripteten Dialogen.

Innerhalb der Machthierarchie rangieren die Politikdarsteller an dritter Stelle, sie kommen nach dem Kapital und den Medien. Mit den Grundsätzen der Schöpfung hat das alles natürlich nichts mehr zu tun. Vielmehr ist das System zu einem durch und durch verkommenen, gottlosen Handwerk geworden, welches den Namen nicht mehr verdient: Gegen zahlreiche Gebote wird verstoßen, täglich, minütlich, hundert-, tausend-, millionenfach, Lügen, Lügen und nochmals Lügen. Es ist deshalb nur mehr als richtig und willkommen, dass der Begriff »Lügenpresse« 2015 zum Unwort des Jahres gewählt wurde. Für viele Akteure des falschen Spiels ist die Wahrheit längst gestorben, ebenfalls Ehre und Charakter – ihr Gewissen scheint abgestumpft, wenn nicht gar abgetötet.

Es ist nicht zu leugnen: Das System, mit welchem die Menschheit sich derzeit selbst vernichtet, hat mit dem für uns Menschen vorgesehenen Plan nichts mehr zu tun. Statt Liebe herrscht Hass, statt Rücksichtnahme ganz nach dem Sinnwort Christi: *Liebe deinen Nächsten wie dich selbst*, ist sich in Wirklichkeit jeder selbst der Nächste. Um seine eigensüchtigen Ziele zu erreichen, geht so mancher heute gewissenlos »über Leichen«. Unsere herrschenden Machtsysteme sind zu Vernichtungsmaschinerien alles Menschlichen verkommen, der Mensch selbst taumelt durch die sterbende Welt, ohne Halt und ohne Plan. Seine geistige Herkunft hat er offenbar vergessen, wer will ihm die ewige Melodie des Lebens heute noch zurückbringen?

Doch wer glaubt, dass die ganz oben Herrschenden selbst den richtigen Wegweiser haben, der irrt sich gewaltig. Zwar halten sie die Fäden in der Hand, die sie derzeit noch bemächtigen, ungestraft die absurdesten Entscheidungen zu treffen, doch dies wird sich ändern. Denn das wahre Herrschertum liegt ganz woanders: in den ewigen Gesetzen. Wie sagt der Volksmund? *Gottes Mühlen mahlen langsam, aber gerecht.*

Nehmen wir die Mainstream-Medien und ihre Vertreter: Diese sind weder schlecht noch unqualifiziert. Sie sind einfach weitestgehend systemtreu. Systemtreu? Noch einmal: Die herrschende Hierarchie der Plutokraten sieht folgendermaßen aus: Ganz oben thront das Kapital – hier sind all jene wenigen Einflussreichen versammelt, die sich vorgenommen haben, sich »die Welt untertan zu machen«. Nach dem Kapitalsammelbecken hoch droben, dessen schwerreiche Ziel-Lenker meist unsichtbar bleiben, kommen die Massenmedien, die in Wahrheit fest in der Hand der Erstgenannten sind: Sie allein bestimmen, was über sie geschrieben wird – vor allem aber: was nicht über sie berichtet werden darf. Von hier aus werden all jene prominenten »Persönlichkeiten« aufgebaut oder gestürzt, welche für das System gerade hilfreich beziehungsweise störend sind: Politiker aller Farben, Unternehmer, angebliche Medienmogule, TV-Moderatoren, Chefredakteure usw. Die tägliche Berichterstattung, die für die politisch korrekte Gehirnwäsche der Bürger sorgt, hat nur wenig mit dem zu tun, was im Sinne des Wohles der Menschheit verbreitet werden müsste, im Gegenteil: Von den Massenmedien aus werden die den Herrschenden nützlichen Pläne gezielt in die

Öffentlichkeit gebracht, was man gemeinhin schon immer *Propaganda* nannte. Zu den Hauptthemen gehören die sogenannte globale Geldpolitik, der Euro, all die zahllosen Lügen über das Bankenwesen und vieles andere mehr.

Aber ebenso werden die zahlreichen weltweiten Kriege durch die Kollaboration und Unterstützung der täglichen Medienveröffentlichungen, Charakterwäsche eingeschlossen, angefacht und unterstützt, wird das öffentliche Interesse zielgerichtet in die gewünschte Richtung gelenkt.

Oder betrachten wir die vielen widersinnigen Umerziehungsmaßnahmen in Form gesellschaftlicher Erfindungen wie Gender Mainstreaming, den überbordenden Feminismus, die frühkindliche Fremdbetreuung unserer Jüngsten und so vieles mehr. Vor allem wird die in den vergangenen Jahren eine jedem natürlichen Empfinden widerstrebende »Flüchtlingspolitik« schöngeredet in Rundfunk, Fernsehen und Zeitungen, die man fassungslos und kopfschüttelnd kommentieren muss.

Zu diesem nur noch als lächerlich zu bezeichnenden Spiel gehören die Art und Weise, wie sich das Machtsystem dann regelmäßig selbst feiert, offenbar, um sich Mut zuzusprechen. Ein kleines Beispiel unter vielen, wie der Bürger für blöd verkauft wird, liefern uns die jährlichen Veröffentlichungen über die angeblich mächtigsten Menschen auf diesem Planeten. Diesen zufolge war sogar die deutsche Bundeskanzlerin schon zur mächtigsten Frau der Welt gekürt worden. Die wirklich Mächtigen jedoch, die unsichtbaren Strippenzieher, müssen sich bei diesem Witz wohl krümmen vor Lachen. Sehen wir uns diese angeblich mächtigste Frau der Welt genauer an, vor allem auch ihren in Wahrheit erheblich eingeengten Handlungsspielraum: Diese Dame repräsentiert einen nicht-souveränen Staat, welcher bis heute keinen Friedensvertrag hat. Sie »regiert« ein Land, in welchem seit vielen Jahrzehnten fremde Truppen stationiert sind, ein Land, dessen Armee auf Zivilschutzniveau reduziert worden ist. Diese Armee hat heute kaum mehr Panzer als drei große russische Brigaden. Man kann auch davon ausgehen, dass die angeblich mächtigste Frau des Globus ihre vom Rest dieser Welt angezweifelte, umstrittene Flüchtlingspolitik, nach der jeder Fremde einwandern kann, wie er lustig ist, niemals eigenmächtig entwickelt haben mag. Überhaupt stinkt hier vieles gewaltig vom Himmel:

Seit vielen Jahren bin ich deutscher Staatsbürger. In meinem Ausweis, wie auch in vielen Millionen anderen, steht als Staatsangehörigkeit DEUTSCH. Seltsam, ist deutsch nicht ein Eigenschaftswort? Die Frage nach der Staatsangehörigkeit ist somit an dieser wichtigen Stelle schlechthin überhaupt nicht beantwortet. Richtigerweise wird die Staatsangehörigkeit durch die korrekte Staatsbenennung angegeben. Weder steht in den Ausweisen der Russen als Staatsangehörigkeit RUSSISCH noch bei den Briten BRITISCH, selbst bei den Österreichern steht nicht ÖSTERREICHISCH, erst recht nicht bei den Amerikanern AMERIKANISCH. Wohin wir auch sehen, die Identifizierung der Staatsangehörig erfolgt durch die Staatsbenennung. Und so ist es auch richtig.

Sollte jemand nun den Versuch unternehmen, dieses allein deutsche Phänomen mit der Umgangssprache zu erklären, so müssten wir in großes Staunen verfallen: Ausgerechnet die deutsche Sprache, die weltweit als die am besten und höchsten entwickelte gilt, will in dem wichtigsten Identifikationsdokument eines deutschen Bürgers einen derart eklatanten Fehler aufweisen?

Was könnten aber die wirklichen Gründe für einen »Fehler« wie diesen sein? Sind wir Bürger am Ende in diesem Land nur Angestellte einer »Bundesrepublik Deutschland GmbH«, deren Hauptverwaltung in Wahrheit ganz woanders liegt? Wenn dies der Fall wäre, so wäre natürlich auch die Schreibweise in unseren Reisedokumenten richtig – wir sind DEUTSCHE Mitarbeiter. Altkanzler Helmut Schmidt bezeichnete sich selbst gerne als leitenden Angestellten der Bundesrepublik Deutschland. Nur ein Scherz eines politischen Spaßvogel-Urgesteins? Warum werden solche Fragen eigentlich nicht von der Mainstream-Presse gestellt?

Leider kann man bei genauerem Hinschauen auch nicht übersehen, dass dieses Land zwar ein großartiges Grundgesetz hat, dabei jedoch keine gültige Verfassung besitzt. Dessen ungeachtet gibt es in diesem Land dennoch einen Verfassungsschutz (Geheimdienst) und sogar ein Verfassungsgericht. Man muss kein Staatsrechtler sein, nicht einmal Jurist, man muss lediglich lesen können: Im Grundgesetz steht unter anderem, dass genau vorgesehen ist, wie eine Verfassung zu legitimieren ist. Das aber ist hierzulande de facto nicht geschehen. Deswegen möchte ich mich so gerne irren. Doch nach der reinen Faktenlage dürfte Deutschland nicht mehr als ein modernes Protektorat sein. Wem diese Hinweise nicht genügen und weitere Recherchen zu mühsam sind, für den halte ich eine Denkaufgabe bereit:

Deutschland wurde viele Jahre lang stolz als Exportweltmeister hervorgehoben, bis es aktuell von den Chinesen abgelöst wurde. China hat bekanntlich durch seine Exportüberschüsse mehrere Billionen US-Dollar Reserven angehäuft und weiß nicht, wohin damit. Hat irgendjemand jemals einen Satz über die US-Dollar-

Reserven der Deutschen gehört? Nein? Richtig, es gibt auch keine. Deutschland erhält nicht einmal die wertlosen Dollars aus seinen Exportüberschüssen. So lange hatte ich darauf gehofft, dass uns die »mächtigste Frau der Welt« einmal erklärt, warum uns unsere Exportüberschüsse nichts bringen, doch vergebens.

Nein, die deutsche Kanzlerin ist ebenso wenig die mächtigste Frau der Welt, wie die Herren Warren Buffet, Bill Gates, Carlos Slim oder George Soros die reichsten Männer des Planeten sind. Sie sind alle vorgeschoben, damit wir sie sehen. Diese Leute wiederum wehren sich nicht, was systembedingt sein dürfte. Es geht ihnen ja auch nicht wirklich übel dabei: Die einen genießen die scheinbare Macht, die ihre hohen politischen Ämter vortäuschen. Die anderen glauben so sehr an ihre materielle Überlegenheit, dass sie nicht ansatzweise die Sinnlosigkeit des überflüssigen Materialismus erkennen.

Was mit der deutschen Bundeskanzlerin wirklich geschehen ist, muss vorerst im Verborgenen bleiben, man kann darüber nur spekulieren. Tatsache ist, dass sie längst nichts mehr tut, was dem deutschen Volke etwa zuträglich wäre. Hatte man in den Jahren zuvor schon bei der Euro-Politik, bei der Zerstörung der Familienpolitik und bei der angeblichen Rettung Griechenlands auf deutsche Kosten, die in Wahrheit eine Bankenrettung gewesen war, nur noch mühsam die Luft anhalten können, so ist spätestens seit der sogenannten Flüchtlingskrise klar geworden, dass die Frau entweder über Nacht gehirnkrank oder von allen guten Geistern verlassen worden ist. Es kann kaum etwas anderes als ein fremder Befehl dahinterstecken, wenn Frau Merkel, angesichts von mindestens zwei Millionen fremder Menschen, die innerhalb eines Jahres ungehindert und größtenteils unregistriert in unser Land einreisten, wie eine stereotype Schleife monoton das Motto des Puppen-Comic-Lieblings aller Kinder, Bob dem Baumeister, wiederholt: *Yo, wir schaffen das!*

All jene Bürger, die sich Angela Merkel einst als deutsche Kanzlerin wünschten, dies auch bei den Bundestagswahlen zum Ausdruck brachten, jene also, die diese Frau in treuem Glauben gewählt hatten, sie fassen sich erschüttert an den Kopf angesichts dieser gehörigen Portion von Dreistigkeit und Gewissenlosigkeit, mit der Frau Merkel Deutschland, seine Werte, Traditionen und Kultur, im Zeitraffertempo zerstört. Ihr Ausruf der inzwischen zur Legende gewordenen »Willkommenskultur« trägt bizarre Züge; er umrundete die Welt und kam einer Einladung an Millionen fremder Menschen in fernen Ländern gleich, die ihre Heimat im guten Glauben verließen, hierzulande mit offenen Armen empfangen zu werden. Das deutsche Volk geriet (wieder einmal!) in eine Schockstarre.

Immer wieder bezeichnete sie samt und sonders alle Einwanderer als Flüchtlinge, egal, ob sie als registrierte Wirtschaftsflüchtlinge einreisten, ob sie ungehindert die nicht vorhandenen Grenzen passierten, ohne ihren richtigen Namen zu nennen oder ihre Ausweispapiere vorzuzeigen, oder ob sie gar als Terroristen ins Land kamen, wie es spätestens nach den Paris- und Brüssel-Attentaten deutlich geworden war. Merkel kündete es in die Welt, dass es keine Obergrenzen gäbe in Deutschland, obwohl die zahllosen freiwilligen Helfer schon längst nicht mehr Herr der Massen werden konnten und viele von ihnen entnervt das Handtuch warfen.

Merkel gab auch noch den allerletzten Rest an deutscher Eigenständigkeit auf, als sie in einer ARD-Talkshow 2016 lapidar feststellte, dass niemand sagen könne, wie viele Flüchtlinge noch kämen. Und dass Deutschland nicht in der Lage sei, seine über 3000 Kilometer lange Grenze etwa kontrollieren zu können. Die ehemalige DDR-Grenze, die Anfang der 1960er-Jahre in atemberaubender Geschwindigkeit hochgezogen wurde und fast 30 Jahre lang von bis an die Zähne bewaffneten Militärs »gesichert« wurde, hatte die ehemalige DDR-Studentin offenbar komplett vergessen.

Mit dieser Feststellung legitimierte die Frau indirekt jeden illegalen Einwanderer, gerade so, als ob sie erklären wollte, dass man überall dort, wo die Grenzübergänge überlastet sind, einfach auf die grüne Grenze ausweichen solle. War dies auch ein Befehl an die eigenen Sicherheitsbehörden, den Fuß fortan auf die Bremse zu stellen? Angesichts der nicht mehr zu zählenden kriminellen Übergriffe, der zahllosen Gewalthandlungen, Raubzüge, Vergewaltigungen, die nicht selten durch nordafrikanische »Flüchtlinge« begangen wurden, wird jedenfalls bis heute herzlich wenig dafür getan, die gefassten Täter ordnungsgemäß zu bestrafen oder auszuweisen. Im Gegenteil, die meisten Fahndungen, so es solche überhaupt gibt, bleiben meist erfolglos.

Merkel, die sich als promovierte Physikerin mit Zahlen gut auskennen sollte, ignorierte selbst die einfachste Rechnung. Sie löste mit dem »Uns geht es gut!« und »Wir schaffen das!« in der eigenen Bevölkerung vorübergehend eine Art Rausch aus, vermied allerdings jede Aufklärung darüber, dass der Staat mit seinen hoch gefährdeten, rücklagengesicherten Versorgungssystemen unter dieser unendlichen Last zusammenbrechen muss.

Vielleicht ist die Sache aber auch ganz anders? Möglicherweise leidet Angela Merkel bereits an der schlimmen Alzheimerkrankheit, die sich als extreme und immer wiederkehrende Vergesslichkeit bemerkbar macht? Sie war es nämlich selbst gewesen, die im Jahre 2003 auf dem 17. Parteitag der CDU Folgendes vortrug: *»Manche unserer Gegner können es sich nicht verkneifen, uns in der Zuwanderungsdiskussion in die rechtsextreme Ecke zu rücken, nur weil wir im Zusammenhang mit der Zuwanderung auf die Gefahr von Parallelgesellschaften aufmerksam machen. Das, liebe Freunde, ist der Gipfel der Verlogenheit! Eine solche Scheinheiligkeit wird vor den Menschen wie ein Kartenhaus zusammenfallen. Deshalb werden wir auch weiter eine geregelte Steuerung und Begrenzung der Zuwanderung fordern.«*

Merkwürdig, oder? Das klingt wirklich völlig anders als die derzeitige Merkelsche Politikrealität. Vielleicht hält die Bundeskanzlerin es auch wie einer ihrer denkwürdigen Vorgänger, Konrad Adenauer, der den viel zitierten Satz hinterließ: *»Was interessiert mich mein Geschwätz von gestern?«* Oder wer war es gewesen, der sie zu einer derartigen Selbstverleugnung veranlasst hatte? Warum werden diese Fragen nicht öffentlich gestellt? Sind dafür nicht die Mainstream-Medien, beispielsweise der öffentlich-rechtliche Rundfunk, zuständig?

Merkel war es auch nicht gewesen, die je öffentlich Stellung in der rechten Form bezogen hätte in Bezug auf die wahren Zusammenhänge deutscher Exportüberschüsse. Auch gab sie niemals darüber Auskunft, wie kriminell es ist, Migranten als Arbeitskräfte – ohne jeden Sinn, ohne jegliche Kontrolle – in Massenflüchtlingsströmen zu importieren, um letztlich noch mehr exportieren zu können. Über all dies sagte Frau Merkel nichts. Die Naturwissenschaftlerin erklärte auch nicht, dass es besser wäre, durch mehr Importe die Balance im Land wieder herzustellen beziehungsweise im Inland weniger zu produzieren, damit anderen eine bessere Chance gewährt wird, mit Arbeit in ihren Ländern menschenwürdige Lebensstandards zu erwirtschaften. Sie ließ sich lieber mit dem Spruch »Sozial ist, was Arbeit schafft« auf Wahlplakaten ablichten. Ist es nicht merkwürdig, dass wir über all diese Verwerfungen so gut wie nichts in den Massenmedien lesen und hören?

Doch warum tat Merkel all das (nicht)? War es ihr eigener Schaulauf, mit dem sie sehen wollte, wie weit man die Grenzen noch ausweiten kann? War es, wie mancher Insider hinter vorgehaltener Hand munkelt, ihre geschickt organisierte Vorbereitung für eine Bewerbung als Generalsekretärin der Vereinten Nationen? Will sie, die erste Frau im Bundeskanzleramt, nun auch erste UN-Frau werden? Die Chancen stehen nicht schlecht, hat Merkel doch über Jahre deutlich signalisiert, dass sie eine perfekte Befehlsempfängerin ist; sie bringt jene Qualitäten mit, die man auch in der angestrebten Position der UN verinnerlicht haben muss, um dem höchsten Entscheidungskartell der Globalextremisten alle Wünsche zu erfüllen.

Die Gründe, warum ich etwas ausführlicher auf jene Frau eingegangen bin, die sich Bundeskanzlerin Deutschlands nennt, sind individueller Natur. Merkel repräsentiert jenes Land, welches für mich zu einer zweiten, einer großartigen Heimat geworden ist. Sie zerstört dieses wunderbare Land derzeit unter den Augen der Öffentlichkeit. Die Geschwindigkeit, die sie dabei an den Tag legt, ist atemberaubend. Die Wandlung des Landes, die allein zwischen Herbst 2015 und März 2016 stattgefunden hat, ist eklatant, sie ist zutiefst besorgniserregend. Es ist unfassbar, was hier in Deutschland plötzlich möglich geworden ist, praktisch nahezu ohne Gegenwehr, ohne Aussicht, diesen Spuk zu beenden. Ich frage mich, was hier wirklich gespielt wird. Denn meine Spekulationen, Merkel plane den Sprung zu den Vereinten Nationen, sind natürlich recht einseitig. Hat die deutsche Kanzlerin sich eventuell verpflichtet, bestimmte Forderungen zu erfüllen, die in den dunklen Hinterzimmern der Globalextremisten ausgebrütet wurden?

An dieser Stelle möchte ich Sie um Nachsicht bitten, dass ich unter einer derart großen Überschrift – »Die Verantwortung der Mächtigen vor Gott« – nur diese eine Politikerin beleuchtet habe. Das ist meinem aktuellen Wohnort sowie der Tatsache geschuldet, dass sowohl ich als auch alle meine Familienmitglieder deutsche Staatsbürger sind. Mir ist bewusst, dass anderswo Staatschefs amtieren, welche für eine noch größere Zerstörung und ein noch größeres Elend auf dieser Welt verantwortlich sind oder waren. Die Verantwortung der Mächtigen vor Gott ist groß, sehr groß. Ich erkenne aber kaum irgendwo wirklich mächtige Menschen, die dieser Verantwortung gerecht werden. Vieles, was die mächtigen Menschen, meistens durch ihre Unterschrift, anordnen, ist im Gegenteil blanke Gottlosigkeit.

So weiß auch Angela Merkel selbst am besten, unter welche Texte sie ihre Unterschrift tatsächlich gesetzt hat. Was immer sie unterschrieben haben mag, wofür immer sie auch »nur« ihr Wort gegeben hat, sie tat es doch stets im Namen des deutschen Volkes, für dessen Wohl sie ihren Amtseid (vor Gott) einst schwor. Auch wenn Angela Merkel Deutschland mit ihren üblen Machenschaften vernichten sollte, auch wenn zig Millionen Deutsche ihre Heimat, ihre Kultur und Tradition, ihre Identität verlieren werden, so werden all die Rückwirkungen daraus diese Frau nicht so hart treffen, wie es die Wechselwirkung tun wird, die aus dem allerletzten Satz ihres Schwurs über sie kommen wird, der da lautet: *So wahr mir Gott helfe.* Eins ist klar: Gott lässt sich nicht spotten. In der Bibel heißt es eindrucksvoll: *Irrt euch nicht! Gott lässt sich nicht spotten. Denn was der Mensch sät, das wird er ernten.* So wehe ihr jetzt schon, der deutschen Kanzlerin Angela Merkel.

# Die Macht: Sie wissen ganz genau, was sie tun

Der Rahmen der besonderen, eher ungewohnten Sichtweise der in diesem Buch beschriebenen Zusammenhänge, die unter dem Gesichtspunkt der Intuition betrachtet werden, macht vielleicht deutlich, dass viele vermeintliche »Wahrheiten« infrage gestellt werden müssten.

Ich neige nicht zu Theorien über Verschwörungen, aber schließe sie auch keineswegs aus, wenn die Indizien eindeutig sind, denn sonst würde ich mich ja selbst zensieren. Leider liegt genau hier ein Problem bei vielen Menschen, aufrichtig und mit Zivilcourage ihre eigene Sichtweise zu kommunizieren. Viel zu groß ist die Furcht vor der Ächtung durch die Gesellschaft.

In meinen Darstellungen bemühe ich keine Insider, die die Flöhe husten hören wollen, auch verfüge ich über keine Kontakte zu Geheimdiensten, die mir auf Agentenart vertrauliche Informationen zuspielen, nein, ich beschreibe diese Welt lediglich auf der Basis allgemein zugänglicher Informationen und kombiniere entsprechend. Dabei kann ich natürlich auch falsch liegen, allerdings schreibe ich diese Möglichkeit auch den Mainstream-Medien zu, jedoch mit einem Unterschied: Ich kann von mir behaupten, wirklich ergebnisoffen zu recherchieren, was ich den Medien und Polititkdarstellern abspreche.

Deshalb würde ich gern eine kurze Beschreibung unserer Gesellschaftsordnung zum Besten geben. Eine entscheidende Frage ist die Macht. Im Kapitel, in dem ich das Bankenwesen beschreibe, wird es deutlich. Vorab jedoch stellt sich die Frage nach der obersten Instanz der Macht, denn es ist zu bezweifeln, dass ein US-Präsident oder ein Kreml-Chef tatsächlich an den alles entscheidenden Schalthebeln sitzen. Wenn ich eines in meinem Leben verstanden habe, dann das: »*Geld regiert die Welt.*«

Da Geld aus meiner Sicht das hoheitlichste Gut in einem Staatsgebiet sein sollte, welches umverteilungsneutral und gemeinnützig den Menschen dienen müsste, sollte hier die Macht klar beim Volk liegen, ich meine nicht bei den parlamentarischen Regierungen oder privaten Institutionen, nein, ich meine tatsächlich beim Volk. Die Deutsche Bundesbank in ihrer früheren Form könnte hier als Vorbild dienen. Als nach der sogenannten Wiedervereinigung Mittel- und Westdeutschlands (die offiziellen Bezeichnungen lauteten Bundesrepublik Deutschland und Deutsche Demokratische Republik) die Kassenlage der neuen Staatskonstruktion angespannt war, wollte der ehemalige Bundesfinanzminister Waigel im Jahre 1997 laut Presseberichten die Goldreserven Deutschlands höher bewerten, um die Bonität des Staatsapparates zu verbessern. Bundesbankpräsident Tietmeyer sagte darauf sofort der Bundesregierung den Kampf an – und Waigel ruderte zurück. Das sollte heutzutage einmal ein Bundesbankpräsident wagen … Nun ja, Tietmeyer konnte 1997 die D-Mark nicht retten, und heute haben wir die unsägliche Euro-Währung, die von Anfang an zum Scheitern verurteilt war, was von vielen Experten damals auch kommuniziert wurde.

Der Euro gehörte aber nun einmal zum Plan der globalen Macht. Durch die Angleichung eines Geldsystems, welches der Politik unterworfen wurde, können wir feststellen, dass die privaten Kapitalsammelbecken längst die Macht auch über Deutschland übernommen haben. Ja, Sie haben richtig gelesen.

Nun könnten Fragezeichen auf Ihrer Stirn entstehen. In dem nächsten Kapitel wird klar, dass die angeblichen Staatsdiener heute längst Bankendiener geworden sind. Schon 1913 wurde in den USA die US-Dollar-Währung abgeschafft und durch eine Federal-Reserve-Dollar-Währung ersetzt. Was das nun bedeutet, will ich klar zum Ausdruck bringen.

Im Jahre 1913, kurz vor Weihnachten, wurde in den USA das Geldsystem privatisiert. Es gab damals ein paar Banker, die den US-Präsidenten Woodrow Wilson mit Nachdruck überzeugten (was immer das auch heißen mag), die Staatswährung zu eliminieren, um sie der Macht der privaten Banken zu übergeben. Dazu verfassten diese Banker ein Gesetz, den sogenannten Federal Reserve Act, welcher am 23. Dezember 1913, also einen Tag vor Heiligabend, durch den Kongress geboxt wurde, als der weitaus größte Teil der Senatoren bereits im Weihnachtsurlaub war. Nicht selten wird heute offen von einem Putsch gegen die USA gesprochen, durch den die Banken die Macht über das Geld übernahmen. Seit diesem Datum hat der Staatenbund USA keine eigene Währung mehr, sondern muss lediglich eine private Währung nutzen, den FED-Dollar. Achten Sie einmal auf eine heutige (»US-amerikanische«) Banknote. Auf ihr steht »Federal Reserve Note«, davor hieß es »United States Note«. Zynischerweise steht auf ihr auch die Formulierung »In God we trust«, welch eine Verhöhnung des Allmächtigen!

Im Jahre 1944 wurde dieser FED-Dollar, den man irrtümlicherweise US-Dollar nennt, auch noch Weltleitwährung, das heißt, alle anderen Währungen dieser Welt hängen von diesem privaten Dollar-System ab. Ich erhebe nicht den Anspruch, in diesem Buch diese ganzen Zusammenhänge zu beschreiben, denn damit könnte man Bibliotheken füllen. Ich möchte nur Ihr Interesse wecken, die Macht zu hinterfragen, wenn Sie das nächste Mal Ihre Stimme abgeben, statt sie zu behalten, und dabei auch noch glauben, Sie würden damit einen Einfluss auf die Macht ausüben.

Die Macht als solche sollte nach dieser kleinen Ausführung deutlich geworden sein, bevor ich nun ihre Strukturen genauer skizziere. Dabei ist es wichtig zu erkennen, dass es offenbar Drahtzieher der Macht gibt, die sich im Rahmen des Globalisierungswahnes weltweit vernetzt haben und die Freiheit der Menschen immer weiter einschränken.

»Die da oben« wissen im Übrigen genau, was sie tun! Dort sitzen die Initiatoren des Bankenwesens. Bitte steuern Sie nun nicht erbost auf Ihren persönlichen Bankberater zu, wenn Sie das nächste Mal eine Filiale Ihres Kreditinstituts betreten. Nicht die Mitarbeiter selbst sind die Mächtigen, sondern die Personen, die mehr oder weniger unsichtbar dahinterstehen, oft weit über den Bankvorständen. Wenn ich später zur Geldordnung komme, werden die Strukturen klarer.

Als nächste Stufe der Macht ist klar die Medienindustrie zu nennen, die, wie bereits erwähnt, nicht die Aufgabe hat, neutral und ergebnisoffen zu berichten, sondern die im Interesse des Machtapparates agieren muss. Das ist auch logisch, denn diese ganzen Pressefirmen sind ja profitorientiert ausgelegt, also ebenfalls vom privaten Geldsystem abhängig. An dieser Stelle wird gern erwidert: »Ja, das mag ja bei den privaten Sendern alles sein, aber zum Glück haben wir noch die Öffentlich-Rechtlichen, die völlig unabhängig berichten können.« Schön wär es ja … Die Staaten selbst sind alle beim privaten Bankensystem verschuldet und somit auch deren Sender und Presseorgane. Ob man nun direkt oder indirekt vom Finanzsystem abhängig ist, das macht aus meiner Sicht kaum einen Unterschied. Aber zur Sicherheit hat man in Deutschland zum Beispiel den öffentlich-rechtlichen Propagandisten – ja, so muss ich sie nennen – einen Medienstaatsvertrag aufs Auge gedrückt, in dem nicht nur bestimmte Verhaltensregeln geklärt, sondern auch klare Richtungen vorgegeben werden, nach denen man über bestimmte Themen nicht völlig frei berichten darf, sondern dogmatische Vorgaben zu befolgen hat.

Eine eingeschränkte Pressefreiheit, und die ist hier aus meiner Sicht klar erkennbar, ist keine Pressefreiheit. Ein bisschen schwanger geht nun einmal nicht. Wenn man mit diesem Vorwissen nun die Landschaft der Presse beobachtet, werden viele Dinge völlig klar. Die Medien sind letztlich weisungsgebundene Hilfskräfte der tatsächlichen Machtapparate, von denen der normale Bürger meist gar nichts ahnt. Man kann diesen cleveren, unredlichen Systemaufbau nicht oft genug beschreiben, was ich hiermit gern immer wieder einmal tue.

Erst nach diesen beiden Gewalten kommen wir ins Spiel: die Bürger und die Politiker, das heißt die Parlamente. Sofern wir einmal ehrlich darüber nachdenken, müssten sich unendlich viele Fragen auftun. Wir werden regelmäßig zum Wählen aufgefordert, egal, ob es um kommunale oder bundesweite Wahlen geht. Egal, wen wir wählen, im Prinzip bleiben immer dieselben Abgeordneten im Plenarsaal des Bundestages. Man wechselt ab und zu einmal die Seite der Sitzplätze. Einmal dürfen die einen »Regierung« spielen, und die anderen schimpfen als vermeintliche Opposition gegen sie, ein andermal, also nach der nächsten Wahl, kann es schon umgekehrt sein. Wenn man einmal richtig gut positioniert an der steuerlich finanzierten Krippe sitzt, fliegt man nicht mehr so schnell raus, vorausgesetzt, man hebt an der richtigen Stelle beziehungsweise bei der richtigen Gelegenheit die Hand bei einer Entscheidung, egal, ob man versteht, worum es eigentlich geht oder nicht. Beispiele gibt es für diese meine Aussagen genug, und ich spreche hier nicht mehr von Indizien, sondern von Beweisen. Sollten sich tatsächlich einmal Parteien formieren, die nicht der Macht ganz oben dienen wollen, dann werden sie von der zweiten Machtebene medial durch die Republik gejagt. Schließlich gibt es ja genug Vokabeln wie »Verschwörungstheoretiker« oder »Rechtsradikale«, die man zu ihrer Diffamierung anwenden kann. Zudem kann man sicher sein, dass die Masse des Volkes ohnehin nicht weiter darüber nachdenkt und den offiziellen Politik- und Medienpropagandisten vertraut.

Alexis de Tocqueville, ein im 19. Jahrhundert lebender Politikwissenschaftler und Journalist, sagte einmal: *»Ich habe mich gewundert, wie weit Anstand und Verdienste unter den Regierten verbreitet sind und wie gering unter den Regierenden.«* Wie groß ist die Wahrscheinlichkeit, dass sich dieser Zustand heute zum Positiven verändert hat?

Die letzte Stufe der Hierarchie ist klar, ihre Bedeutung ebenfalls, und somit ist der Begriff »Macht« in Bezug auf diese völlig fehl am Platze. »Die Untertanen« trifft es wohl eher. In bestimmten Perioden wird man gebetsmühlenartig medial malträtiert, die »richtige« Partei zu wählen, als gäbe es tatsächlich Unterschiede. Auf Kindergartenniveau werden dem Zuschauer mit bunten Farben bestimmte Koalitionen präsentiert. Da gibt es dann die rotschwarze, die rot-grüne oder sogar eine Ampel-Koalition, der

Primitivität der Aussagen sind diesbezüglich keine Grenzen gesetzt.

Angeblich leben wir in einer Demokratie, was allerdings so nicht stimmt. Richtig wäre vielmehr die Formulierung: Wir leben in einer Republik, die nach demokratischen Prinzipien ausgelegt sein soll. Die Betonung liegt dabei auf »sein soll«.

Wir Menschen haben die Gnade Gottes erhalten, selbst zu denken, aber wie viele Menschen machen davon wirklich Gebrauch?

Es wäre naiv anzunehmen, die Mächtigen wüssten nicht, was sie tun. Angesichts ihrer Machtfülle und der kaum messbaren Reichtümer stellt sich vielmehr die simple Frage, warum sie es tun. Sofern es in diesem Fall überhaupt eine einfache Antwort geben kann, dann könnte sie lauten: Weil sie intelligent sind und diese Intelligenz seit Jahrhunderten nur zum eigenen Vorteil benutzen. Sie haben gelernt, ihre Gedanken für ihre eigenen Ziele einzusetzen. So geschieht am Ende das, was gedacht wird, ob es nun Gutes oder Böses ist. Sie wissen, wie Gedanken in die materielle Form gebracht werden können, wie sich die geistige Form in materielles Eigentum verwandelt. In ihr Eigentum. Sie wissen, dass Gedanken wie ausgesendete Boote sind, welche leer auslaufen und voll beladen zurückkehren.

Natürlich wissen diese Menschen auch, dass kein materieller Reichtum auf dieser Welt unzerstörbar ist. Selbst wenn sie es schaffen würden, jeden Quadratmeter auf der Erde, grundbuchrechtlich abgesichert, zu besitzen und alle übrigen materiellen Güter ihnen ebenso gehören würden, selbst dann würden diese Menschen wissen, dass all dieser Besitz nur ihr Risiko erhöht. Das Risiko, irgendwann von einem außer Kontrolle geratenem Mob vernichtet zu werden.

Deswegen hat das Eigentum in dem Sinne, wie wir es verstehen, nicht so viel Bedeutung für diese Leute, wie wir vielleicht denken mögen. Davon haben sie ohnehin mehr, als sie erfassen können. In einer materialistisch geprägten Welt ist es vielmehr wichtig und zudem kinderleicht, die Gedanken, also die unsichtbaren Kräfte, zu manipulieren. Diese Leute benutzen unsere von Gier, Neid und Hass fehlgeleiteten Gedanken, sie bündeln sie und verwenden sie für ihre Zwecke. Wie mit einer Glaslinse Lichtstrahlen eingefangen und auf einen Punkt fokussiert werden können und damit an beliebiger Stelle wie aus dem Nichts ein Feuer entfacht werden kann, so werden auch unsere Gedanken gesammelt, gelenkt und … missbraucht. Diese Vorgänge dürften sich auf okkulten Ebenen abspielen, von denen die wenigsten Menschen überhaupt eine Ahnung haben.

Diese Menschen könnte man als die irdischen Vertreter des Antichristen bezeichnen. Sie haben sich bewusst dafür entschieden, über das materielle Leben zu bestimmen und zu herrschen. Von Eheschließungen über Maßnahmen zur Fortpflanzung bis hin zur Erziehung, alles geschieht in einem mehr oder weniger geschlossenen Kreis der »selbst ernannten Erleuchteten«. Genau genommen leben diese Personen aber in einem auf der Erde gebauten Gefängnis, aus dem sie selbst nicht mehr entkommen können. Deswegen sehen sie auch für uns, für die Masse, eng gefasste Gefängnisse vor. So demonstrieren sie uns ihre Macht hier auf der Erde, auf der es am Ende gar keine menschliche Macht geben kann.

Fakt ist: Aus diesem Wahnsinn kommen diese Menschen aus eigener Kraft nicht mehr heraus. Sie wünschen es auch nicht. Sie haben viel Schuld auf sich geladen, sodass sie unter dieser schweren Last die Erde auch im Jenseits, welches unverbrüchlich zum Diesseits gehört, nicht verlassen können.

Diese Fehlgeleiteten glauben zu wissen, dass die wahre und unendliche Macht nur jene besitzen, welche die Schulden dieser Welt kontrollieren. Nur wenn Milliarden von Menschen in einem Schuldennetz gefangen sind, haben sie wirklich die Kontrolle über alles. Um das zu verstehen, muss niemand Wirtschaftswissenschaften studieren. Der gesunde Menschenverstand genügt völlig. Sehen Sie sich um, und Sie werden schnell begreifen, dass es genau um diesen Umverteilungsmechanismus von fleißig nach reich geht. Die Welt wird immer mehr zu einem globalen Unternehmen mit beschränkter Haftung. An seiner Spitze steht die selbst ernannte Zweckaristokratie. Und wir, die Menschen und Völker, geben ihr das Gefühl, dass sie unsere Interessen vertritt. Sollten wir nicht langsam aufhören damit, ihren Interessen zu huldigen? Vorher sollten wir genau prüfen, ob und wie viel ihrer Produkte wir überhaupt brauchen.

Benötigen wir ihre verdummenden Casting- und Reality-Shows? Wie informativ sind für uns ihre Propagandasender, die uns das nach-richten, was sie von den »durchgestreamten« Medienagenturen bekommen? Wir sollten lieber erst dann einen Schluck Coca-Cola trinken, wenn wir wirklich kein sauberes Wasser mehr haben – und nicht umgekehrt. Ihre genmanipulierten Lebensmittel sollten wir nicht einmal mit der Beißzange anfassen. Wir sollten ihre Chemie- und pharmazeutischen Produkte sowie einen Großteil der durchindustrialisierten Medizin sehr kritisch hinterfragen. Am Ende sollten wir den Vertretern dieser Zweckaristokratie erklären, dass unsere »ungewaschenen« Hände kaum zum Bedienen ihrer glatten und sauberen Smartphones geeignet sind. Kurz: Wir sollten aufhören, länger an der eigenen Verblödung mitzuwirken.

Wir müssen anfangen, Dinge infrage zu stellen, die wir bis jetzt allzu bequem als allgemeingültig und richtig hingenommen haben. Wenn ein weltberühmter Wissenschaftler sogar die These aufstellt, dass der Mensch Geschöpf und Schöpfer zugleich sei (Einstein), dann muss wohl kaum noch die Frage gestellt werden, wer sich als Gott fühlt. Man muss sich jetzt eher die Frage stellen, ob hier einem Menschen in seinem Forschungswahn eine Gotteslästerung herausgerutscht ist oder ob diese Bemerkung wohlbedacht in die Menschheitsgeschichte hineingegossen wurde. Wir müssen uns aus der globalen geistigen Sklaverei befreien. Viele von denen, die uns beherrschen und zu denen wir unterwürfig hinaufschauen, leiden unter ihrem schwer beladenen Geist. Das Gesetz der Schwerkraft lässt diesen Geist nicht weiter aufsteigen. Ihnen die Gefolgschaft aufzukündigen bedeutet, ihnen letztlich sogar zu helfen, aus ihrer eigenen geistigen Gefangenschaft zu entkommen. Dafür müssen wir sie allein lassen. Fangen wir damit an, nicht irgendwann, sondern jetzt! Sonst wird die Frage unausweichlich sein: *Wissen wir, was wir tun?*

# Gottlose Globalextremisten und das internationale Bankensystem

So gut wie alle Massenmedien der Welt stehen unter Kontrolle. Inhaber und Bestimmende sind die Globalextremisten, die das Bibel-Wort allzu persönlich nehmen, das da lautet: *Der Mensch soll sich die Welt untertan machen.* Sie haben nicht verstanden, dass damit auch gemeint ist, dass sie dies nur auf die rechte Weise tun sollen: in der Achtung der Schöpfungsgesetze, ebenso der Zehn Gebote, die ohnehin in denselben schwingen; als da wären Richtlinien wie: Du sollst nicht stehlen! – Du sollst nicht töten! – Du sollst nicht begehren deines Nächsten Haus, Hof, Weib usw.! oder Du sollst nicht falsch Zeugnis reden wider deinen Nächsten!

Wer sich an diese Gesetze hält, der wird sich nicht versündigen, während er sich die Welt untertan macht, denn exakt so ist es gewollt: Das richtige Prinzip, das Gute, regiert dann. Doch auf der schönen, alten Erde geschieht genau das Gegenteil: Es herrschen Gesetzesbrüche auf der ganzen Linie. Die Medien berichten zahlreiche Unwahrheiten, sie drehen und biegen die Faktenlage um, bis sie in das gewünschte Bild passt. Daneben werden, wie selbstverständlich und wie auch zu allen Zeiten, störende Menschen diffamiert, diskriminiert, verfolgt und beseitigt, indem man ihnen Unwahrheiten unterstellt: Man redet falsch Zeugnis gegen sie, um das gewünschte Ziel beizubehalten.

Merkwürdigerweise tauchen bei derartigen Rufmordaktionen so gut wie nie Namen wie etwa Rockefeller, Rothschild und Co. auf. Vielleicht deswegen nicht, weil diese Herrschaften zwischenzeitlich arm geworden sind? Im Gegenteil: Ihr Reichtum ist kaum messbar und selbst Milliarden sind dort Peanuts. Sind ihnen Macht und Geld zu Kopf gestiegen? Glauben sie vielleicht sogar, sie seien von Gott auserwählt, diese Welt zu organisieren und umzugestalten, damit sie noch reicher werden? Natürlich ist dies ein fataler Irrtum, der schlimmste sogar, dem sie unterliegen könnten. Denn wer sich auserwählt denkt vom Höchsten, dabei aber gleichzeitig die Welt in Schutt und Asche legt und Millionen Menschen obdachlos macht und tötet, der braucht nicht auf Gottes Gnade zu hoffen, sondern er kann sich getrost auf das Fegefeuer vorbereiten.

Wer sich einmal die Mühe macht und untersucht, wie all die Reichtümer dieser Leute entstanden sind, der wird leicht erkennen, dass ihre Fundamente, auf denen der Reichtum basiert, wackeliger sind als Flugsand und weder Gotteswille noch Gottessegen enthalten können. Unsere ach so berühmten Staatslenker schrecken nicht davor zurück, ihre Bürger zu plündern, um Banken, die im Besitz dieser genannten extrem reichen Leute sind, zu retten. Umgekehrt gibt es aber in der Geschichte kein einziges Beispiel dafür, dass sich einmal die Banken zusammengeschlossen hätten, um die verarmte Bevölkerung bestimmter Staaten zu unterstützen.

Um das Bankensystem und seine Funktionsweise zu verstehen, möchte ich hier ein wenig ausholen. Denken Sie jetzt bitte nicht, dass solche Themen langatmig, trocken oder sogar so kompliziert seien, als dass sie der normale Mensch nicht begreifen könne. Nein, genau das versuchen uns diese Institutionen einzureden, um zu verhindern, dass diese Machenschaften im Geldwesen durchschaut werden. Das Thema ist zwar komplex, aber einfach nachvollziehbar. Kompliziert ist es nicht.

Betrachten wir die Bankenkrise des Jahres 2008, die heute durch die Medien fast nur noch als Schuldenkrise der Staaten dargestellt wird – ein typisches Propagandastück der mit dem Kapital verknüpften Presseunternehmen. Mittlerweile sollen die Staaten an der damaligen Entwicklung schuld gewesen sein, was die meisten Menschen so interpretieren, als wären sie selbst die Verursacher der Krise. Eigentlich müsste man an dieser Stelle den Begriff »Staat« genauer definieren, aber das ist nicht der Anspruch meiner Arbeit in diesem Buch.

Nach dem Bekanntwerden der tatsächlichen Bankenkrise lasen wir in nahezu jedem standardgebürsteten Medium von den sogenannten Rettungsschirmen, ein bezeichnendes Wort. Schützt ein Regenschirm nicht vor Regen, ein Sonnenschirm nicht vor der Sonne? Wovor schützt dann eigentlich ein Rettungsschirm?

Frau Merkel bezeichnete diese Maßnahmen dann noch als alternativlos, ein deutliches Indiz dafür, dass sie eher anderen Personen dient als dem eigenen Volke. Wie sich dieser Vorgang mit ihrem Amtseid vertrug, war eine spannende Frage, und es schoss mir bei diesen Vorgängen der Begriff »Meineid« durch den Kopf.

Bei der Umsetzung der sogenannten Rettungsschirme wurde das System wirklich deutlich, denn es erinnerte eher an ein Hütchenspiel. Die Banken brauchten Geld, also bekamen sie es vom Staat. Frau Merkel sah damals in die Staatskasse und musste einen Minusbestand von circa 1,8 Billionen Euro feststellen, das sind also 1800 Mal eine Milliarde, um es noch deutlicher zu schreiben. Nun griff Frau Merkel in die leere Kasse und holte, wie mit Zauberhand, eine weitere dreistellige Milliardensumme heraus, welche sie den Banken als Unterstützung zukommen ließ.

Eigenartig, wo kam dieses viele Geld her? Wir waren doch schon völlig überschuldet gewesen. Jetzt kommt es: Da der Staat kein Geld hatte, sondern nur Schulden, lieh er sich das Geld von den Banken …

Moment, es stand doch in den Zeitungen, dass die Banken kein Geld mehr hatten und sogar vom Konkurs bedroht waren. Wie konnten sie denn dann dem Staat Geld verleihen? Wo kam dieses Kapital her?

Spätestens an dieser Stelle lohnt sich ein genaueres Hinsehen, denn irgendetwas geht da nicht mit rechten Dingen zu, wenn man die Empfindung und den Verstand gleichermaßen bemüht. Betrachten wir einmal alle circa 200 Staaten dieser Erde. Ein unverschuldetes Land ist mir nicht bekannt. Die Weltverschuldung des Jahres 2008 lag schon bei über 30 Billionen Euro. Aber bei wem soll denn die Erde verschuldet sein? Bei Außerirdischen? Mitnichten. Nein, die Staaten, das heißt: die öffentliche Hand, oder noch deutlicher, die Bürger werden durch ihre parlamentarischen Vertreter bei den privaten Banken verschuldet. Betrachten wir das Ganze einmal genauer. Stellen wir dazu ein kleines Gedankenexperiment an:

Ein neuer Staat soll gegründet werden. Das Erste, was man installiert, ist eine Regierung. Es wird Sie nicht überraschen, wenn ich damit eine Bankenorganisation meine, nachdem aus den vorherigen Zeilen bereits die tatsächliche Machtfrage erkennbar wurde. Natürlich treten diese Machthaber nicht selbst öffentlich auf und versuchen, diese elementare »Führungsfrage« zu verschleiern. Deshalb bedient man sich hier der parlamentarischen Demokratie und setzt als angebliche Machtinhaber lieber Statisten ein, also unsere Politiker, die offiziell dem Volk dienen sollen und sogar auf dieses eingeschworen werden. Wegen Meineides vor ein Gericht gestellt zu werden, ist hierbei ein geringes Risiko, da die tatsächliche Einflussnahme auf die Gesetze dem Volk vorenthalten wird. Das obliegt wiederum den Politikern selbst, die sich vermutlich nicht ans Messer liefern werden.

Zurück zur Gründung unseres Staates. Um eine vernünftige, arbeitsteilige Wirtschaft aufzubauen, braucht man ein möglichst verlässliches Geldsystem. Dafür bietet die tatsächliche Macht, das heißt: die im Hintergrund agierende Bankenlandschaft, gern ihre »Dienste« an.

Der Staat druckt im Namen der Bürger des Landes Schuldscheine und stellt diese Papiere den Banken zur Verfügung. Übrigens: In Deutschland gibt es für diese Art der Schuldenaufnahme eine spezielle Organisation. »Schuldenverwaltung« nannte man sie früher, was letztlich den Kern der Aktivitäten deutlich machte, aber das klang zu negativ. Deshalb benannte man diese »Behörde« in »Bundeswertpapierverwaltung« um, ein typischer Marketingtrick, um die wahren Zusammenhänge zu vernebeln. So weit, so schlecht. Mit diesem Vorgang wird die Volksleistung, das heißt der Erfindergeist, die Ingenieurskunst, die gesamte Arbeitskraft der Menschen inklusive der öffentlichen Infrastruktur den Banken als Sicherheit übereignet. Im Gegenzug stellen nun die Banken dem Staat eine bestimmte Summe an Geld zur Verfügung, nehmen wir an, 100 Milliarden Euro am Anfang eines Jahres. Wo kommt dieses Geld her? Natürlich aus dem Nichts! Woher sonst?

Diese 100 Milliarden werden nun durch staatliche Programme unters Volk gebracht. Denken wir hier nur an die deutsche Währungsreform von 1948, als jeder Bürger im Juni des genannten Jahres 40,– DM bekam und einen Monat später nochmals

20,– DM. In unserem Beispiel könnte man diese 100 Milliarden Euro auf diese Weise in das Volk einfließen und die Wirtschaft starten lassen. Bei einem Neustart eines Staates sind erst einmal keine Probleme zu erwarten, denn alles muss ja noch entstehen und produziert werden, um die Bedürfnisse der Menschen zu befriedigen. Die Bezahlung aber all dieser Aktivitäten geschieht mit dem Geld, welches die Banken zur Verfügung stellen. Sie haben ja unsere Arbeitskraft als Sicherheit. Irgendwie erinnert das ein wenig an Sklaverei, oder irre ich mich da?

Nach einem Jahr soll in unserem Beispiel das Staatsdarlehen auslaufen. Die Banken fordern also das geliehene Geld vom Staat zurück. Theoretisch ist das nur möglich, in dem man alle Gelder dem Volk wieder entzieht, also eine Steuer in Höhe von 100 Prozent des gesamten Geldvermögens erhebt. Spielen wir diesen Vorgang einmal durch, der praktisch natürlich nicht zu bewerkstelligen wäre. (Dieses Beispiel dient ja lediglich dem Versuch, die Systeme zu verdeutlichen.) Der Staat zieht also die 100 Milliarden wieder ein und zahlt sie den Banken zurück. Nun ist kein Geld mehr im Umlauf, da es ja komplett wieder bei den Geldinstituten liegt.

Jetzt aber kommt der wichtigste Punkt. Für ihre Bemühungen zur Installation des Geldsystems im ersten Jahr fordern die Banken nun einen Zins von zum Beispiel moderat klingenden drei Prozent. Mit anderen Worten, der Staat soll nun drei Milliarden Euro an die Banken zahlen. Wie aber soll das funktionieren, nachdem man zuerst 100 Milliarden Euro verteilt und dann wieder eingezogen hat? Das Dilemma ist offensichtlich.

Eigentlich kann man die Macht über den Staat schon an dem Wort »Banknote« erkennen. Hätte der Staat die tatsächliche

Macht über das Geldsystem, würde es vermutlich »Staatsnote« heißen. Aber so ist es nun einmal: »Geld regiert die Welt.« Und nun ist auch geklärt, wer das Geld regiert.

Rein theoretisch hätte die öffentliche Hand sogar eine Chance zur Bezahlung der Zinsen, denn die Hoheit über das Münzgeld liegt tatsächlich beim Staat, aber es wird wohl kaum ein Politiker wagen, diese Karte gegen die Bankenmacht zu ziehen, indem er die entsprechenden Gesetzesänderungen einfordert. Danach könnte man ja eine Eine-Milliarde-Euro-Münze auflegen und prägen lassen, gern auch aus Gold oder Platin. So könnte man den privaten Banken drei, ach was, vier Münzen auf den Tisch legen, also vier Milliarden Euro (die ja nur aus je einer Unze Edelmetall bestehen müssten) und sagen: »Stimmt so …«

Natürlich würde die Bankenmacht solch eine Maßnahme seitens der Politiker niemals dulden.

Stattdessen nimmt unser Beispielstaat im zweiten Jahr nach der Gründung lieber wieder neue 100 Milliarden Euro nach demselben Muster auf, plus die drei Milliarden Zinsverbindlichkeiten aus dem ersten Jahr, die man quasi anschreiben lässt. Hier beginnt die Schuldenspirale des Landes, denn nach dem zweiten Jahr werden bereits die drei Prozent auf die neue Gesamtverschuldung von 103 Milliarden fällig, obwohl nur 100 Milliarden im Umlauf sind. Solange sich die Wirtschaft im Aufbau befindet, das heißt, genügend Wachstum erzeugt, fallen die sich anbahnende Katastrophe für die Bürger und der »Segen« für das Bankensystem gar nicht auf. Deshalb spricht man sogar von den goldenen 50er-Jahren des vergangenen Jahrhunderts, da man sich im Rausch des Wachstums befand und nur extrem wenige Menschen die Systemfrage stellten. Es lief ja alles rund. Man produzierte

Häuser, Möbel, Autos, baute aber auch auf Kosten der Bürgersteuern Straßen, Häfen und Fabriken. Ein Mittelstand entstand, und es war die Norm, dass ein Familienvater mit einem Einkommen seine Familie ernähren konnte und die Kinder unter weit besseren Bedingungen bei der Mutter aufwachsen durften, anders als heute, wo schon Babys in unwürdigen KITAS »gelagert« werden, weil die Mutter arbeiten muss.

Nun sollte jedem normal denkenden Menschen klar sein, dass ein Wachstum niemals unendlich verlaufen kann, denn die realen Bedürfnisse sind nun einmal irgendwann befriedigt. Aufgrund der steigenden Verschuldung der Staaten aber muss zwingend ein Wachstum generiert werden, da ja nicht nur die Zinsen auf die genutzte Geldmenge an die Banken finanziert werden sollen, sondern auch auf die im Hintergrund aufgelaufene Verschuldung.

Wie kann man so etwas bewerkstelligen, wenn man kein Potenzial mehr für ein natürliches Wachstum vorfindet? Ganz einfach. Man kurbelt die Wirtschaft künstlich an, indem man zum Beispiel eine Obsoleszenz in die Produkte einbaut. Kennen Sie nicht? Das sind in Produkte eingefügte Sollbruchstellen, damit das gekaufte Gut möglichst kurz nach der Garantiezeit des Herstellers kaputtgeht und durch einen Neukauf ersetzt werden muss. Weitere Maßnahmen sind Kriege, die man vom Zaun bricht, denn Frieden ist für die Staaten viel zu teuer, denn auch Waffenproduktionen werden in der Volkswirtschaftslehre (oder sollte man lieber schreiben »Volkswirtschaftsleere«?) bewertet. Die Unternehmenspolitik der Pharmaunternehmen könnte man ebenfalls heranziehen. Stellen Sie sich vor, die Menschen würden im Durchschnitt gesünder werden, dann wäre allein dadurch eine

Wirtschaftsschrumpfung die Folge, da man ja nun weniger Medizinprodukte verkaufen könnte.

Besonders perfide wird hier die systemische Auswirkung, wenn man bei den Pharmaunternehmen höchste Anstrengungen unternimmt, um zum Beispiel einen weiteren Beta-Blocker auf den Markt zu bringen. Dafür besteht ja angeblich ein großer Nachfragemarkt aufgrund der vielen Herzinsuffizienzen, die man auch als Folge der mangelhaften Ernährung verzeichnen kann. Hier spielt die Ernährungsindustrie also den Pharmaunternehmen direkt in die Hände. Letztlich gehören alle diese Kapitalsammelbecken der Großindustrie direkt oder indirekt zu denselben Machtgruppen, zu denen auch die Bankenlandschaft gehört. Alles nur Verschwörung? Wohl kaum, denn bei einer Analyse der heutigen Welt kommt man nicht um die sichtbaren Auswirkungen herum, egal, wie sehr man seine Scheuklappen verengen will, wie es in den medialen Berichterstattungen immer wieder versucht wird. Um beim Beispiel der Pharmaindustrie zu bleiben, die sich gern damit brüstet, an der Gesundheit der Bevölkerung interessiert zu sein: Bedenken wir bitte weiter, dass es bereits mehrere Hundert Beta-Blocker gibt und man genau genommen keine weiteren mehr braucht. Wozu dann also eine Neuentwicklung?

Diese Frage stellt sich um so dringender, als es eine Reihe seltener, schwerer Krankheiten wie die Mukoviszidose gibt, eine qualvoll verlaufende, unheilbare Stoffwechselerkrankung, die schon frühzeitig bei kleinen Kindern auftreten kann. Was glauben Sie, liebe Leser, wie hoch die Motivation für Investitionen in Forschungen bei dieser Krankheit ist? Die Antwort erahnen Sie vielleicht selbst …

Alle diese Zusammenhänge führen zu einem Ergebnis: Dieses Geldsystem verstößt gegen die Schöpfungsgesetze, die auf dieser Erde wirken. Durch Kriege, Müllberge und krank gemachte Menschen treten wir diese wunderbare Erde mit Füßen. In der Massentierhaltung werden, um ein weiteres negatives Beispiel von großer Bedeutung zu nennen, die wesenhaften Geschöpfe gegen ihren Willen ins Leben gezwungen, übel gequält und dann vorzeitig brutal hingerichtet, damit wir anschließend das billige, mit Medikamenten verseuchte Fleisch in uns hineinstopfen können, um letztlich Wachstum zu erzeugen, das wir für die Zinszahlungen an das Bankensystem benötigen.

Um seinem schlechten Gewissen systemisch vorzubeugen – mit dem wunderbaren Begriff »Demut« macht man sich ja schon verdächtig – hat man extra eine Rahmenbedingung in unserem System angelegt, um eine Eigenverantwortung der Mitarbeiter in den großen Konzernen zu verschleiern. Gott schuf den Menschen als natürliche Person, die sich im Rahmen einer Evolution bis hin zum geistigen Wesen entwickeln durfte. Heute erkennen wir das dramatische Versagen des sogenannten Homo sapiens, der in seiner gnadenlosen Selbstüberschätzung neben den natürlichen Personen eigene, künstliche Personen schuf, die man juristische Personen nennt. Darunter versteht man Gesellschaftsformen wie GmbHs oder AGs. Diese Kapitalgesellschaften werden vor unserem menschengemachten Rechtssystem, welches von dem natürlichen Recht der Schöpfung auf ganzer Linie abweicht, als eigene Personen anerkannt.

Natürliche Personen werden gezeugt und geboren, juristische Personen werden durch eine Eröffnungsbilanz und Eintragung in ein Staatsregister gegründet. Solche »Personen« haben natürlich weder eine Empfindung noch einen Verstand, sondern sind reine Papiertiger, hinter denen sich dann die realen Menschen verstecken können mit dem fadenscheinigen Argument: »Ich kann ja nichts gegen ›die da oben‹ tun, die mir die Anweisungen geben. Ich führe sie ja ›nur‹ aus.« Mit dieser einfachen Maßnahme kann man natürliche Personen offenbar dazu bewegen, furchtbarste Waffen und andere destruktive Dinge zu entwickeln und zu produzieren. Es wird dann sogar gern ignoriert, dass die ausführenden Menschen oft direkt als Aktionäre oder indirekt über Investmentfonds an den destruktiven Unternehmen beteiligt sind und demzufolge Gewinnausschüttungen und Kursgewinne mitnehmen. Nein, niemand sollte glauben, dass Gottes Gesetze sich mit diesen Tricks aushebeln lassen. Jeder Mensch ist für seine Taten selbst verantwortlich.

Bitte werten Sie diese Aussagen nicht als persönlichen Angriff gegen Sie, liebe Leser, denn das steht mir nicht zu. Mir ist sehr wohl klar, dass man sich schwer gegen diese irdischen Machtsysteme behaupten kann, ohne der Gefahr einer Verelendung ausgesetzt zu werden. Ich möchte hier vor allem das bestehende Dilemma beschreiben, und jeder Leser soll sich selbst seine Gedanken dazu machen. Eventuell erkennt er an der einen oder anderen Stelle Möglichkeiten, bewusster seine Handlungen zu überprüfen und sogar Veränderungen einzuleiten.

Abschließend möchte ich zur Funktion des Bankensystems deutlich machen, dass auch alle privaten Kredite auf dem Wege der Geldschöpfung aus dem Nichts entstehen und somit die gesamte Menschheit schwer belasten. Weitere Informationen zur Technik der Geldschöpfung möchte ich hier nicht beschreiben, denn es geht lediglich um einen Überblick. Im wahrsten Sinne des Wortes merkwürdig ist es, dass mit jedem Kredit, der vergeben wird, die Kreditsumme von den Banken erst aus dem Nichts, also ohne reale Gegenleistung, geschaffen wird, diese dann aber durch harte Arbeit in Form von realen Werten plus Zinsen zurückgezahlt werden muss. Zudem wurde diese Zinssumme mit dem Kredit nicht miterschaffen.

Nun lässt sich allerdings allein mit den wirtschaftspolitischen Pseudomaßnahmen für das dringend notwendige Wirtschaftswachstum das System nicht dauerhaft aufrechterhalten. Die Staaten werden von den Banken deshalb gezwungen, die Sicherheiten nach und nach zu privatisieren, also das vom Volk finanzierte Gemeingut an private Strukturen zu übereignen. Dazu gehören dann Wasserwerke, Schienennetze und andere infrastrukturelle Einrichtungen, die an private Investoren verschachert werden. Sie ahnen bestimmt, zu welcher Machtgruppe diese Investoren gehören. Natürlich zu den Kapitalsammelbecken, die als juristische Personen völlig skrupellos überlebenswichtige Versorgungsunternehmen einkassieren und die Menschen noch mehr in die Abhängigkeit treiben. Wer kann sich im Rahmen der Schöpfung als Mensch das Recht herausnehmen, Trinkwasser gegen Geld an die Bewohner einer Stadt zu verkaufen? Es geht mir nicht darum, dass ein Wasserversorger eine Gebühr für seine Erschließungs-, Aufbereitungs-, Transport- und Wartungsleistungen berechnen kann, nein, es geht um das Wasser selbst, welches ebenfalls in das Eigentum des Investors übergeht.

Leider glauben viele Europäer, dass die Einführung des Euro für die heutigen dramatischen Verwerfungen verantwortlich ist. Das sehe ich ganz und gar nicht so. Es ist wohl richtig, dass eine Währung als gesetzliches Zahlungsmittel immer zu der Wirtschaftskraft und somit zur Mentalität und der geografischen Lage eines Landes passen muss. Einfachheitshalber kann man sie mit einem Maßanzug vergleichen. Ein großer kräftiger Mann braucht einen anderen Anzug als ein kleines zartes Kind. Der Euro ist natürlich der völlig falsche Weg, wenn man die allgemeinen Interessen der Menschen in Europa verfolgen möchte, was wir ja aber bei der geltenden politischen Machtstruktur ohnehin ausschließen können. Viel zu unterschiedlich sind die Länder in Europa für eine einzige Anzugstandardgröße im Rahmen einer Gemeinschaftswährung. Nichtsdestotrotz wäre es ein Fehler, den von vornherein zum Scheitern verurteilten Euro als Ursache der Probleme zu diagnostizieren. Mit der Einführung der Gemeinschaftswährung wurde in den Verfallsprozess des Geldsystems lediglich eine Art »Turbo« eingebaut. Offenbar erkennen immer mehr Menschen, nicht nur die Experten, dass es einen integrierten Umverteilungsmechanismus des Wohlstandes in unserer Geldordnung gibt, wobei egal ist, ob sie nun Deutsche Mark oder Euro heißt.

Nun werden mithilfe der Finanzakrobatik im Schnellverfahren Fakten geschaffen. Europa als Gemeinschaft steht am Abgrund und es stellt sich die Frage, ob genau dieser Prozess nicht der Hochfinanz dienen soll. Eine Währung sollte eigentlich immer umverteilungsneutral gestaltet sein, denn sonst verstößt sie klar gegen das Gegenseitigkeitsprinzip, eines der zwingenden Gesetze der Natur. Wenn auf der einen Seite eine Person Gelder leistungslos bekommt, wie die Finanzelite die Zinsforderungen, muss es auf der anderen Seite Menschen geben, die dafür arbeiten, ohne angemessen entlohnt zu werden. Heute erkennen wir die Wirkung der Exponentialfunktion.

Stellen wir uns einen Milliardär vor, der eine Milliarde Euro seinem neu geborenen Sohn vererbt. Allein die Zinserträge aus dieser Summe werden über 100 000,– Euro liegen – täglich, wohlgemerkt. Mit diesem leistungslosen Ertrag könnte man für den jungen Menschen im Jahr locker 50 ordentliche Einfamilienhäuser erwerben. An seinem zehnten Geburtstag hätte er also 500 Häuser, ohne dass dabei die Milliarde nominal weniger geworden wäre …

Bleiben wir bei diesem Beispiel. Wer baute denn in diesem genannten Zehn-Jahres-Zeitraum die Häuser, ich meine rein physisch gesehen? Das waren Architekten, Arbeiter und andere Mitwirkende, die hier eine Leistung ablieferten, die Früchte dieser allerdings nicht ernten durften, indem sie zum Beispiel selbst in die Häuser einziehen konnten. Stattdessen bekamen diese arbeitenden Personen lediglich Geld, welches seinen Ursprung durch eine Schöpfung auf Basis eines Kredites erfuhr. Dass ein solches System irgendwann die heutigen negativen Entwicklungen in Politik, Finanzwelt, Wirtschaft und Gesellschaft produzieren würde, erscheint nur als logische Folge.

Griechenland kann in diesem Zusammenhang als interessantes Beispiel dienen, wie man einen Staat, noch dazu einen mit einer großartigen Kulturgeschichte, regelrecht abschlachtet. Das Machtsystem der Hochfinanz ermöglicht es. Nachdem die Bevölkerung einige dieser eben geschilderten Zusammenhänge erkannt hatte, wollten die Griechen die EU verlassen – ein weiser Schritt, wenn da nicht die reale Macht interveniert hätte.

Innerhalb nur weniger Tage, nachdem sich die griechische Bevölkerung mit großer Mehrheit gegen die unmenschliche Finanzdiktatur ausgesprochen hatte, erlebte die durchmanipulierte

EU-Bevölkerung, wie die wirkliche Macht funktioniert. Der eigenwillige griechische Finanzminister trat innerhalb von weniger als 24 Stunden nach dem erfolgreichen Referendum zurück, obwohl er genau das Gegenteil angekündigt hatte. Eilig wurden »Umfragen« veröffentlicht, wonach die Griechen doch für die weiteren Reformen und somit für den Verbleib in der EU seien.

Die griechischen Regierungsdarsteller unterwarfen sich ganz offen dem Diktat der Finanzkartelle. Die deutsche Regierung wirkte in diesen Tagen desorientiert. Tatsächlich forderte sie im Auftrag ihrer mächtigen Besatzer die totale Privatisierung des Staatseigentums in Griechenland. Die systematische Volksenteignung nach der Wiedervereinigung Deutschlands durch die »Treuhand« war ja in seinem mitteldeutschen Teil bereits erprobt worden. (Gemeint ist die »erfolgreiche« Abwicklung des realen Vermögens der DDR.) Das bisschen Griechenland würde bei Befolgen der deutschen Gründlichkeit eine Kleinigkeit sein …

Als der ehemalige Premierminister Giorgos A. Papandreou eine Volksbefragung in Griechenland durchführen wollte, also ein sogenanntes Referendum über die von der EU-Administration geforderte Enteignungsarie, ein passenderes Wort als »Privatisierung«, wurde man in Brüssel ganz hektisch. Wie kam ein führender Politiker in einer demokratischen Ordnung nur dazu, das Volk zu befragen, wenn es um die eigenen Belange ging? Die hektische Betriebsamkeit in Brüssel, die von der griechischen Unbotmäßigkeit ausgelöst wurde, war wieder ein deutliches Signal, dass die Politiker ohnmächtig sind gegenüber der Macht, in diesem Fall Brüssel, wo sich die Elite der Hochfinanz eine eigene Zentrale errichtete, um die letzten Strukturen der Souveränität der einzelnen Länder auch noch abzuschaffen.

Schon 1973 wurde im Nachrichtenmagazin *Der Spiegel* veröffentlicht, dass man in Griechenland Unmengen an Öl- und Gasvorkommen vermutete, es sich also um das reichste Land Europas handeln könnte. Warum liest man nichts mehr darüber? Weshalb lässt man die Griechen nicht über ihre Rohstoffe verfügen? Nichts dergleichen geschieht. Offenbar dienen diese Ressourcen den internationalen Banken als Sicherheit für ihre Kredite, die man dem Ursprungsland der Demokratie aufgedrückt hat und die natürlich wiederum aus dem Nichts geschöpft wurden.

Wir erkennen, dass internationale Konzerne alle diese Werte im Rahmen der Privatisierungen übernehmen (»private« stammt übrigens aus dem Lateinischen und kann mit »berauben« übersetzt werden). Darunter sind neben den US-amerikanischen Unternehmen offenbar auch auffällig viele Investoren aus dem Fernen Osten, wie etwa China, die mit ihren Dollar-Reserven ganze Landstriche in Griechenland aufkaufen. Es ist einfach nur tragisch, denn die einfachen Menschen verlieren, wie so oft in der Geschichte, ihre Heimat. Das Ganze als eine moderne Kriegsführung zu interpretieren, ist hier aus meiner Sicht zulässig.

Neben Griechenland sind es natürlich noch weitere meist süd(ost)europäische Staaten, die durch den Euro-Brandbeschleuniger in die Verelendung getrieben werden.

Das stärkste europäische Land hingegen, welches den Machenschaften der Hochfinanz hätte gefährlich werden können, wurde in unsichtbare Ketten gelegt. Deutschland erfährt hier eine Sonderbehandlung, welche nach dem Ersten, spätestens aber nach dem Zweiten Weltkrieg durch den ungeschützten Einfluss der »Befreier« organisiert wurde. Im deutschen Grundgesetz werden spezielle Einwirkungsmöglichkeiten der Alliierten ermöglicht, welche man im Notfall auch umsetzt. Vielleicht haben wir deshalb noch den ominösen Artikel 146 im Grundgesetz, der beschreibt, dass es in Deutschland keine Verfassung gibt.

Speziell der Hass gegen Deutschland wird permanent weltweit gepusht. Oft nimmt man das Wort »Deutschland« gar nicht mehr in den Mund, sondern spricht unverdächtig lieber von der »Bundesrepublik«. Die Eigenverachtung des deutschen Volkes hat mittlerweile unglaubliche Züge angenommen. Wenn ich mich in den USA, Kanada, Großbritannien oder anderswo im Ausland befinde, stelle ich eigentlich immer fest, dass die Menschen hinter ihrem Land stehen. Die eigene nationale Flagge und der Name des Landes sind oft Gegenstand von Mode-Linien. Wer würde sich beschweren, wenn ich mit einer kanadischen Fahne auf einem T-Shirt durch die Stadt laufen würde? Welcher Art aber wäre der Eindruck, hätte ich eine deutsche Fahne auf meiner Kleidung – und sei sie auch noch so klein?

Warum schreibe ich das?

Als ehemaliger Einwanderer in meine heutige Heimat Deutschland sind solche Erkenntnisse erwähnenswert. Gerade in diesem Land, welches wirtschaftlich gesehen als Zuglokomotive der Europäischen Union gilt und letztlich auch die Hauptlast der Verwerfungen des Euro-Geldsystems trägt, erkenne ich auch eine besonders hoch entwickelte Szene von Denkern, die äußerst präzise und sachverständig die Zusammenhänge unserer (Un)Ordnung beschreiben. Leider wird genau diese Gruppe, die aus alternativ denkenden Persönlichkeiten besteht, durch die angewandten Unterdrückungsmechanismen der tatsächlichen Machtinhaber in Verbindung mit deren ohnmächtigen Politikern mundtot gemacht.

Diese einheitlichen Machenschaften haben mittlerweile globale Züge erreicht, aber ich kann mich des Eindruckes nicht erwehren, dass in Deutschland besondere Register gezogen werden. Als ich vor langer Zeit einmal den Morgenthau-Plan las, den der ehemalige US-Finanzminister Henry Morgenthau Anfang der 1940er-Jahre veröffentlichte, kamen mir so einige Gedanken. In dieser Zeit wütete in großen Teilen Europas der Nazi-Terror, und Morgenthau beschrieb die nach dem Krieg geplanten Maßnahmen gegen Deutschland, welches bekanntermaßen als Urzelle der Nazis bezeichnet wird. Viele dieser Aussagen Morgenthaus, die von der Umerziehung der Lehrer oder der Abrichtung der Medien nach dem Krieg reichten, erscheinen mir fast generalstabsmäßig umgesetzt worden zu sein, aber vielleicht irre ich mich ja auch.

Deutschland wird leider mittlerweile als »Vorbild« für Europa bezeichnet – jedenfalls scheint das der Plan der Globalextremisten zu sein. In Verbindung mit dem Einwanderungsdilemma kann man nur mit einem mulmigen Gefühl an die Zukunft dieses Landes denken: »Was kommt als Nächstes?«

Bei solchen Gedanken möchte ich so manches Mal herausschreien: Liebe europäische Nachbarn! Bitte lasst es nicht zu, dass man uns gegeneinander aufhetzt, denn das ist es, was man offenbar seitens des Machtsystems forcieren will. Ich selbst kenne keine Deutschen, die diese Politik der menschlichen Verachtung gutheißen, selbst wenn es unter den hierzulande Lebenden einige verwirrte Köpfe geben sollte. Lasst uns gemeinsam, vor allem grenzübergreifend, die Ursachen ergründen und endlich von unserer Eigenverantwortung Gebrauch machen, die uns der Schöpfer durch das Bewusstsein mitgab!

# Die Bargeldabschaffung: Freiheitsberaubung durch ein totalitäres Regime

Die aktuelle Diskussion um die Abschaffung des Bargeldes lässt mich noch einmal auf das Bankenthema kommen. Hierin liegt nun einmal ein wesentlicher Schlüssel des Wahnsinns, der uns täglich belastet.

Es gilt als »cool«, wenn schon junge Menschen mit einer Kreditkarte zahlen und als »old fashioned«, wenn man noch mit bunt bedruckten Zetteln, sogenannten Banknoten, und Münzen hantiert. Aber es gibt erfreulicherweise auch immer mehr frei denkende Persönlichkeiten jeder Altersgruppe, die das Rückgrat durchdrücken und sich gegen die schrittweise Abschaffung des Bargeldes wehren wollen. Wie heißt doch die tibetanische Weisheit? »Ein Baum, der fällt, macht mehr Lärm, als ein Wald, der wächst!« Wir werden sehen, ob diese hoffnungsfrohe Botschaft aufgeht oder nicht.

Ein wichtiger Baustein der generalstabsmäßigen Freiheitsberaubung der Menschen ist die Abschaffung des Bargeldes. Mit diesem aus meiner Sicht echten Terroranschlag gegen die Völker durch das herrschende Finanzsystem wird offenbar ein Gang höher geschaltet in der angestrebten Neuordnung der Welt. Wer in Zukunft nicht mehr im Interesse des Wahnsinns spurt, wird durch ein einfaches Abschneiden des Zahlungsverkehrs in seiner Existenz zerstört. Dass wir uns aus meiner Sicht längst nicht mehr in einem Rechtsstaat bewegen, habe ich oft gesagt, und selbst konservative alteingesessene Anwälte stimmen diesen Aussagen mittlerweile häufig zu.

George Orwell hat mit seinem Roman *1984* schon vor langer Zeit unsere Zukunft vorausgesagt. Die totale Kontrolle der Menschen wird angestrebt, dafür ist jeder erfundene Vorwand recht, ganz egal, ob er nun Massenvernichtungswaffen, Pandemien, Klimakatastrophe oder Terrorismus heißt.

Die anvisierte Abschaffung des Bargeldes macht alle Menschen völlig abhängig von den Vorgaben der Machtsysteme und ihren ausführenden Politikern. Man wird aus meiner Sicht konsequent die ersten Schritte einleiten, indem man in bestimmten Kaufhausketten oder anderen Unternehmen nur noch Kreditkarten akzeptiert. Man wird Ihnen dann sagen: »Sie haben natürlich die freie Wahl, wie Sie künftig Ihre Rechnung begleichen wollen, aber Lidl, Rewe, Edeka und Aldi haben sich entschieden, nur noch die Kartenzahlung zu akzeptieren. Ach ja, und Ihr Vermieter übrigens auch ...«

Hier wird deutlich, dass ich irgendwann gezwungen sein werde, diesem System beizutreten. Man erklärt uns natürlich gebetsmühlenartig, dass der Datenschutz ganz sicher gewährleistet sei. Na klar! Wie blind muss man sein, einer solchen Propaganda zu glauben?

Einige »Schlafmenschen« argumentieren sogar mit den Worten: »Sollen die doch machen, was sie wollen, denn ich habe ja nichts zu verbergen.« Diese primitive Denkstruktur entspricht ungefähr derjenigen von Mitmenschen, die behaupten: »Wer nicht zum Wählen geht, darf sich auch nicht beschweren, wenn es schlecht läuft.« Wer noch immer glaubt, dass die politische Klasse an dem Wohl der Menschen interessiert ist und dass der Bürger durch Wahlen etwas verändern kann, dem ist wohl kaum noch zu helfen.

Mit der Einführung eines rein bargeldlosen Zahlungsverkehrs würde ein gigantisches Problem der Banken gelöst werden, deren Machenschaften kurz davorstehen, allgemein bekannt zu werden. Ich muss hier noch einmal die Geldschöpfung aus dem Nichts heranziehen. Die meisten Menschen glauben leider, wenn sie einen Kontoauszug mit beispielsweise 5000,– Euro Guthaben sehen, dass dieses Geld auch tatsächlich vorhanden ist. Weit gefehlt!

Sehen wir uns doch einmal den relevanten Ausschnitt einer Bankenbilanz an. Keine Sorge, es wird einfach zu verstehen sein. In einer süddeutschen Sparkasse fand ich zum Beispiel die auf der nächsten Seite stehenden Bilanzdaten. Den Berechnungszeitpunkt wählte ich ein Jahr nach der sogenannten Finanzkrise (heute sieht es noch schlimmer aus). Kurze Erklärung:

Auf der Aktiva-Seite findet man die Vermögenswerte der Bank. Ein großer Part sind zum Beispiel eigene Immobilien oder der Fuhrpark derjenigen Mitarbeiter, die einen Firmenwagen fahren. Dort werden aber auch die Forderungen gegenüber den Kunden eingetragen, die ihre Kredite plus Zinsen zurückzahlen müssen.

Auf der Passiva-Seite findet man die »Finanzquellen«, wo man zum Beispiel die Schulden der Bank nachlesen kann und natürlich auch das Eigenkapital. Wesentlich sind hier die von den Kunden angelegten oder geparkten Guthaben, die aus Sicht der Bank Verbindlichkeiten sind. Ich möchte hier nur zwei Positionen gegenüberstellen, um auf ein gigantisches Problem der Banken hinzuweisen, welches man durch ein Bargeldverbot eliminieren könnte.

Wenn auf der Passiva-Seite die Summen der angelegten Kundengelder addiert werden, müssten wir auf der Aktiva-Seite natürlich einen vergleichbaren Betrag in Bargeld – oder zumindest Buchgeld – wiederfinden.

## Aktiva-Seite 31.12.2009

| | |
|---|---|
| Barreserve / Kassenbestand | 20 839 641,– |
| Guthaben bei der Deutschen Bundesbank | 65 012 445,– |
| **Summe** | **85 852 086,–** |

## Passiva-Seite 31.12.2009

Verbindlichkeiten gegenüber Kunden

Spareinlagen

| | |
|---|---|
| mit vereinbarter Kündigungsfrist von drei Monaten | 750 787 814,– |
| mit vereinbarter Kündigungsfrist von mehr als drei Monaten | 482 577 398,– |
| andere Verbindlichkeiten täglich fällig | 1 628 881 916,– |
| mit vereinbarter Laufzeit oder Kündigungsfrist | 486 761 899,– |
| **Summe** | **3 349 009 027,–** |

Diese einfache Gegenüberstellung zeigt deutlich, warum man den Menschen ständig einzubläuen versucht, sie müssten dem Finanzsystem vertrauen.

Den knapp 86 Millionen Euro tatsächlich vorhandenem Geld stehen gigantische knapp 3,35 Milliarden Euro Kundenanlagen gegenüber. Diese Diskrepanz finden wir systembedingt bei jeder Bank, da die Geldinstitute darauf bauen, dass niemals sehr viele Kunden ihr Geld gleichzeitig abheben wollen. Diese Aussagen als inkompetente Milchmädchenrechnung abzutun, wie es Banker grundsätzlich bei verunsicherten Kunden versuchen, ändert nichts an der Tatsache, dass jede Geschäftsbank quasi Konkurs anmelden müsste, wenn nur zehn Prozent der Kunden ihr Geld abheben wollten. Was meinen Sie, warum Sie größere Barabhebungen Ihres eigenen Guthabens bei Ihrer Hausbank Tage vorher anmelden müssen? Ist doch logisch, weil sie das Geld nicht hat. Die Scheine müssen dann oft von anderen Filialen oder sogar Bankhäusern herangeschafft werden. Dieser Zusammenhang reicht zum groben Verständnis für die Bürger aus, die ihr erarbeitetes Vermögen einer Bank anvertraut haben. An dieser Stelle werden einige Banker nun behaupten, dass diese Darstellung unseriös sei. Dazu nur so viel: Man könnte anhand der anderen Bilanzpositionen die Zusammenhänge noch deutlicher machen, aber ich will die Leser nicht verwirren. Das Fachchinesisch fast aller undurchsichtigen Branchen dient nur der Verwirrung, damit nicht die *richtigen* Fragen gestellt werden!

Eine Abschaffung des Bargeldes würde diese akute Konkursgefahr für die Banken eliminieren, weil niemand mehr Geld abheben könnte. Der Schwindel bliebe also für die Masse noch längerfristig unentdeckt.

Nunmehr baut man lieber auf elektronische Chips, und große Teile der Menschen laufen blind hinter diesen Machtvorgaben her. Willkommen in *1984*! »Der große Bruder« wartet offensichtlich schon darauf, uns endlich zu behandeln. Ich empfehle jedem denkenden Menschen dieses Buch oder zumindest, sich einen Spielfilm über George Orwells Roman anzusehen. Auch im Internet kann man einmal eine kurze Inhaltsangabe zu diesem Thema lesen.

Man suggeriert vonseiten der Medien natürlich eine ganz andere Story, nämlich die, wie überflüssig Bargeld sei und dass es bald abgeschafft werden soll. Um die Kriminalität zu bekämpfen, versteht sich. Wie naiv muss man sein, um zu glauben, dass sich die kriminellen Elemente in der Privatwirtschaft oder öffentlichen Hand davon abhalten lassen, zum Beispiel Waffengeschäfte in anderen Ländern abzuwickeln, nur weil es kein Bargeld mehr gibt? Dann nehmen sie eben Edelmetalle oder andere werthaltige Gegenstände. Bargeld ist übrigens ein wesentlicher Teil unserer Freiheit, und somit bedeutet seine Abschaffung auch eine Freiheitsberaubung in großem Umfang. Die Propaganda für die Bargeldabschaffung ist allgegenwärtig und spürbar erfolgreich. In Deutschland würde die Abschaffung des Bargeldes übrigens gegen das Grundgesetz verstoßen. Doch was heißt das schon? Regelmäßig wird dieses irrtümlich als Verfassung bezeichnete Regelwerk je nach aktueller politischer Lage wie eine Vereinsordnung in einem Schrebergartenverein abgeändert.

Nach der Abschaffung des Bargeldes wären wir alle auf Chip-Karten angewiesen. Auf diese Weise wird alles und jeder kontrolliert und registriert. Die Erstellung von Massen- und Einzelprofilen ist durch das nachvollziehbare Kaufverhalten jederzeit möglich. Damit nicht genug. Chip-Implantate, die unter die Haut gepflanzt werden, warten nur auf die Massenanwendung. Die sogenannten RFID-Chips sind bereits zum Zwecke der Identifizierung und Lokalisierung von Gegenständen und Lebewesen seit Langem im Einsatz. Bei Haustieren sind sie sogar die Norm.

Auf der ganzen modernen Welt wird nun mit den Propagandawaffen auf die Bevölkerung gefeuert, um vor allem junge Menschen zu einem implantierten Chip zu bewegen, damit sie nicht mehr wie der gewöhnliche »Pöbel« in Diskotheken und Nachtclubs anstehen müssen, sondern wie die VIPs hineinspazieren können. Solche Chips befinden sich schon jetzt in jeder banalen »Vorteilskarte« von Handelshäusern, auf Skipässen, Medikamentenschachteln, in Wegfahrsperren von Autos und (selbstverständlich!) im Reisepass.

Die Berliner Verkehrsbetriebe entwickeln seit 2008 sogenannte E-Tickets, welche dem Passagier durch Aufleuchten anzeigen, an welcher Haltestelle er aussteigen soll. Der Fahrschein wird zum Reiseführer. Es braucht wirklich nicht allzu viel Vorstellungskraft, um sich auszumalen, wie schnell so ein System missbraucht werden kann. Wem »Big Brother« nicht gefällt, der kann beliebig verfolgt und (um)geleitet werden. Demnächst werden es eventuell Alzheimerpatienten sein, die aus »sicherheitstechnischen und medizinischen Gründen« einen Chip eingepflanzt bekommen. Dann selbstverständlich die kleinen Kinder, um sie schnell wiederzufinden, falls sie einmal vermisst werden.

Wir sind nur noch einen kleinen Schritt davon entfernt, dass die Regierungen auf Knopfdruck wissen werden, wo sich jeder ihrer einzelnen Bürger befindet – und auch, ob er an dem betreffenden Ort allein oder in Gesellschaft ist. Die elektronische Fußfessel ist nur ein dilettantischer Vorläufer für das, was noch kommt und in der Masse angewendet werden wird. *»Wer die Freiheit aufgibt, um Sicherheit zu gewinnen, der wird am Ende beides* *verlieren«,* soll Benjamin Franklin einmal gesagt haben. Hat man nichts aus der Geschichte gelernt?

Wer sich diesem wahnsinnigen System kritik- und widerspruchslos unterordnet, der hat seine eigenen, inneren Impulse verloren, ebenso seine Verbindung zum Licht. Wer nicht mehr prüft, und zwar rücksichtslos, wer nicht mehr die Wahrheit als höchstes Ziel hat, sondern, nur um seine Ruhe zu haben, mittrottet, der muss die verheerenden Folgen offenbar selbst mit ausbaden. An dieser Stelle lohnt sich ein Blick in die Bibel. In der Johannes-Offenbarung heißt es:

*»Und es ward ihm gegeben, dass es dem Bilde des Tiers den Geist gab, dass des Tiers Bild redete und machte, dass alle, welche nicht des Tiers Bild anbeteten, getötet würden. Und es macht, dass die Kleinen und die Großen, die Reichen und die Armen, die Freien und die Knechte allesamt sich ein Malzeichen geben an ihre rechte Hand oder an ihre Stirn,* (Offenbarung 19.20) *... dass niemand kaufen oder verkaufen kann, er habe denn das Malzeichen, nämlich den Namen des Tiers oder die Zahl seines Namens.* (Offenbarung 15.2)

*Hier ist Weisheit! Wer Verstand hat, der überlege die Zahl des Tiers; denn es ist eines Menschen Zahl, und seine Zahl ist sechshundertsechsundsechzig.«* (Offenbarung 15.2)

Mit dem »Tier« wird hier übrigens der Teufel bezeichnet.

# Das Bodenrecht und seine Auswirkungen

Als der Mensch vor Jahrmillionen die Erde betrat, da war diese bereits fertig. Sie teilte sich in Erde, Wasser, Luft und wurde von den das Land bewohnenden Tieren, von Vögeln, Fischen, Bäumen und anderen Pflanzen belebt. Die Erde kam also ohne das Zutun des Homo sapiens zustande. Dies allerdings scheint dem heutigen Menschen komplett entfallen zu sein, sieht man sich nur die zahllosen Kriege um Länder, Bodenschätze und Rohstoffe an. Der Mensch hat sich längst vom Wissen der natürlichen Gegebenheiten abgelöst, er wütet auf der Erde, als sei alles sein Eigentum! Einfach unerträglich. Dabei quält er die Tiere und Pflanzen mit immer neuen Erfindungen, die nur den Quellen seiner Gier und zügellosen Leidenschaften entsprungen sind. Ein wahrer Machtrausch ist über die Menschheit gekommen, alles, aber auch wirklich alles hat sie sich unter den Nagel gerissen: Höher entwickelte Völker rauben und nutzen weniger entwickelte Länder aus, sie versklaven Menschen, lassen sie für Hungerlöhne schuften, während sie Gold- und Diamantenminen der Fremden plündern und den aufgefundenen Inhalt für Unmengen an Geld verhökern.

Dies ist die traurige Entwicklung der angeblich am weitesten entwickelten Spezies, die den Globus bevölkern darf. Fragt sich nur, wie lange noch? Denn während Tiere und Pflanzen sich einfügen in die Gesetze der Schöpfung, indem sie ihrem Lebensprinzip treu bleiben durch immer wiederkehrende(n) Geburt, Blüte, Reife und Zerfall, um dann wieder aufs Neue mit dem genannten Kreislauf zu beginnen, stellt sich der Mensch störrisch quer und will alles immer besser wissen. Damit hat er es geschafft, zum nutzlosesten Störenfried dieser Welt zu mutieren, alles Schöne, Gute, Hohe und Edle mit sich niederreißend.

Der Schöpfer übergab uns eine gesunde Erde, einst vor vielen Millionen Jahren. Dies war unser Überlebenssystem, auf welches wir dringend angewiesen sind. Blicken wir uns heute ruhig einmal um: Was ist davon übrig geblieben? Kriege, Katastrophen, Korruption, Mord und Totschlag: Das ist des Menschen Werk. Der Schöpfer hat nicht vorgesehen, dass sich Einzelne zum Eigentümer dieser Welt, des Bodens und seiner Schätze, gar der Elemente wie Luft und Wasser, erklären. Doch genauso ist es gekommen: Über Boden und Wasser herrschen heute mächtige Konzerne. Sie gehören, na, wem wohl? Richtig: den Globalextremisten.

Im Laufe unserer »Zivilisation« wurde der Grund und Boden zur Eigentumssache der Menschen entwickelt, eine Art Okkupation also. Das Römische Reich trat hier vor fast 2000 Jahren bereits energisch als Hüter und Verwalter von Feld und Flur innerhalb des Weltenplans auf: Wer den Boden nutzen wollte, musste dafür Geld beziehungsweise Gold bezahlen. Im engen Schulterschluss mit Rom befand sich später natürlich auch die katholische Kirche, die ebenfalls eisern an der Ausweitung von Macht und Einfluss arbeitete. So entstanden im ersten Jahrtausend zahlreiche unheilvolle Allianzen zwischen Staat und Kirche. Hier seien Rom und Karl der Große noch einmal erwähnt, da diese unheilvolle Verbindung das eklatanteste Beispiel abgab mit der blutrünstigen Christianisierung im 8. und 9. Jahrhundert. Heute nennt man ihn den »Vater Europas«, da Karl fast ausschließlich jene Länder eroberte, die den heutigen europäischen Kontinent bilden.

Der Karolinger unternahm seine unheilvollen Feldzüge so gut wie nie auf eigene Faust: Er hatte denselben mächtigen Verbündeten, wie ihn auch schon seine Vorgänger hatten: die katholische Kirche. Der »Heilige Stuhl« war stets seine feste Grundlage, mit deren Hilfe er die zumeist noch als Naturvölker lebenden Menschen einschüchterte, sie mit Militär und Waffengewalt jagte, dem »Christentum« unterwarf, indem er sie zwangstaufen ließ, und sich somit zum Besitzer und Herrscher sämtlicher Länder und Ländereien erklärte. Da Karl, den man auch den Frankenkönig nannte, seine Kriege stets »im Namen Gottes« führte, fiel es auch nicht besonders schwer, die Unternehmungen dieser machtvollen Allianz stets zum Erfolg zu bringen.

Wer sich aufrichtigen Herzens mit den Gesetzen Gottes, den Zehn Geboten, wie auch dem Vaterunser beschäftigt, der erkennt sehr schnell, dass nahezu sämtliche Handlungen der Mächtigen, die damals, wie beschrieben, die Völker unterwarfen, dem heiligen Willen des Schöpfers diametral entgegenstanden. Wer das »Christentum« verbreiten will, wer sich »Christ« nennt, dessen Glaubensgrundlage beruht doch auf jenen Wahrheiten, die Jesus Christus selbst den Menschen brachte. Die zahllosen Christianisierungen auf der ganzen Welt jedoch, zu denen vor allem auch die grausamen, weltweiten Kolonialisierungen der Imperialisten zu zählen sind, hatten mit der echten Christus-Lehre allerdings nur wenig zu tun.

Interessanterweise haben sich die Eroberer von einst und heute offenbar auch niemals den Kopf zerbrochen über das wichtige Schöpfungsgesetz der Saat und Ernte, welches Jesus ebenfalls verkündete: *Was der Mensch sät, das wird er vielfach ernten!* Wenn wir unseren Blick auf die heutige, völlig zerstörte Welt richten, wenn wir vor allem die schwierigen, unheilvollen Entwicklungen ins Auge fassen, die Europa derzeit in einen völlig anderen Zustand versetzen, so beginnen wir langsam zu ahnen, dass es die Folgen des unseligen Tuns unserer Vorfahren sein könnten, die uns heute einholen.

Versuchen wir, diese Zusammenhänge praxisnah zu konkretisieren. Wie ich schon schrieb, ist unser Finanzsystem zum Scheitern verurteilt und wird unweigerlich zu einer Massenverarmung auf der ganzen (!) Erde führen.

Auch die heute noch »Gutbetuchten« werden nach und nach diesen Weg in die Verelendung gehen müssen, wenn man diese Ordnung sachlich bewertet. Rein mathematisch gesehen gehören irgendwann einer Person alle Güter dieser Erde und alle anderen haben dann nichts mehr. Dieser Trend ist längst erkennbar. Spätestens bei einer großflächigen Hungersnot auch in unseren Breiten werden dann alle Zeichen auf kriegerische Unruhen stehen, wobei zu diesem Zeitpunkt wieder die Initiatoren des Bankensystems viel Geld kassieren werden.

Sehen wir aktuell nur die Ukraine an, die, bei genauer Betrachtung, durch die sogenannte westliche Wertegemeinschaft annektiert wurde, natürlich mit Unterstützung des NATO-Apparates. Das klingt völlig vermessen? Ich denke es nicht, denn wenn man sein eigenes Empfinden und den klaren Verstand zu Wort kommen lässt und sowohl die West- als auch Ostpropaganda der Medien außen vor lässt, kommt man zu recht klaren Resultaten. Doch warum sollte die Ukraine vom Westen annektiert worden sein?

Die sogenannte Schwarzerde gilt als der fruchtbarste Boden für den landwirtschaftlichen Anbau. Spannenderweise liegt ein Drittel der weltweiten Schwarzerdevorkommen … na, wo wohl? Richtig, in der Ukraine. Wenn man versteht, dass das große Geschäft schon in naher Zukunft die Welternährung sein wird und man gleichzeitig realisiert, dass internationale Investorengruppen seit Langem versuchen, in Osteuropa Land zu erwerben, schließt sich der Kreis. Zurzeit erfährt man nur in verschachtelten Nebensätzen der deutschen »Qualitätsmedien«, dass internationale Konzerne über ukrainische Strohmänner das Land übernehmen. Man muss schon alle seine Sinne verdrängen, um hier keine Zusammenhänge erkennen zu wollen. Das global agierende Saatgutunternehmen Monsanto zum Beispiel als Eigentümer internationaler Landflächen? Da wird mir, ehrlich gesagt, flau in der Magengegend.

Allein dieser »kleine« Vorgang lässt zumindest vermuten, dass die privaten Konzerne die untergeordneten staatlichen Regierungen regelmäßig »motivieren«, Länder zu überfallen, vor allem, wenn sie über Rohstoffe oder interessante Ländereien verfügen. Stellen Sie bitte immer die Machtfrage: »Cui bono?«, aus dem Lateinischen übersetzt: »Wem nutzt es?« Die uneingeschränkten Eigentumsrechte werden in jedem Falle deutlich.

Eine neue Bodenordnung ist aus meiner Sicht dringend zu diskutieren, allein schon um der heutigen Massenverarmung entgegenzuwirken. Aufgrund des industriellen Großgrundbesitzes, der letztlich aus dem Geldmonopol herrührt, fallen permanent neue Ländereien in die Hände derjenigen Personen, die auch sonst leistungslos an all das herankommen, was sie anvisiert haben. Die Erdbewohner geraten nach und nach in die Zwickmühle, auf alle Zeit den Eigentümern der Ländereien Mieten und Pacht bezahlen zu müssen. Der Punkt wird irgendwann erreicht werden, dass kein normaler Bürger außerhalb dieses Machtmonopols sich noch Grundstückseigentum oder eine Wohnung leisten kann.

Die Politiker, die diese heutigen Machtstrukturen zuließen, sind längst in die Abhängigkeit dieses privaten Machtmonopols geraten und dienen eben diesen Personen. Ausgerechnet liberal agierende Menschen neigen leider trotz der vorliegenden gegenteiligen Beweise dazu, ausgerechnet die Staaten selbst als verantwortlich zu bezeichnen, wenn sie die sozialistisch anmutenden heutigen Probleme analysieren. Die Dogmen machen offenbar vor niemandem halt, nicht einmal vor denjenigen, die eine uneingeschränkte freie Marktwirtschaft fordern. Freiheit sollte ein Gut sein, welches allen Menschen zuerkannt wird, nicht nur wirtschaftlich-strategisch agierenden Personen. Wenn hier blauäugig ein uneingeschränktes Eigentumsrecht für Boden gefordert wird, welches wir ja haben (!), und diese Forderung mit der Freiheit begründet wird, sollte man auch einmal über den Tellerrand hinausschauen. Konzerne erwerben riesige fruchtbare Landstriche und nutzen sie oft nicht, um sich über das EU-Regime »Stilllegungsprämien« einzuverleiben, die von den Steuerzahlern aufgebracht werden müssen. Neben solchen stillgelegten Flächen aber könnte ein Kleinbauer leben, der für sich und sein Dorf gern auf biologische Art Gemüse anbauen würde. Das aber darf er nicht, weil er an der Nutzung des Bodens juristisch gehindert wird. Ist das Freiheit für alle? Hier werden die Schöpfungsgesetze sträflich missachtet.

Da die Erde die Heimat aller auf ihr lebenden Menschen ist, wäre es im ersten Impuls gerecht, wenn man den Boden nach Köpfen aufteilt und jedem sein Stück Land zuordnet, von dem er leben kann und auf dem er wohnt. Aber die Menschen sind nicht gleichartig und die Erde ebenfalls nicht. Außerdem wächst die Menschheit immer weiter an, sodass diese Form der Bodenvergabe natürlich unsinnig ist.

Bleiben Sie bitte entspannt, wenn Sie diese Worte lesen, es geht bei diesen Gedanken lediglich darum, sich ganz naiv an das Thema heranzutasten, wie es auch Kinder tun, denen man die Empfindung noch nicht durch die Schulen oder anderen Indoktrinierungsanstalten aberzogen und durch einen vermeintlichen Verstand ersetzt hat.

Der Einfachheit halber möchte ich von einer regionalen, dörflichen Struktur ausgehen, damit Sie die folgenden Gedankengänge besser nachvollziehen können. Man kann übrigens auch hier einmal diskutieren, ob der Globalisierungswahn, der zum Paradigma erkoren wurde, überhaupt richtig ist. Kleine regionale Strukturen führen aus meiner Sicht zu einem Maximum an Transparenz und Autarkie. Übernahmeschlachten von Staaten, Ländern oder Unternehmen wären dann weit schwerer möglich. Hier bietet sich ein wunderbares Zitat des Augustinermönchs Abraham a Sancta Clara an, der sagte: »*Es ist nicht alles an der Größe gelegen, denn sonst wäre der Mühlstein mehr wert, als der Diamant.*«

Die Grundlage einer neuen Ordnung müsste natürlich mit einem verbindlichen Rechtssystem einhergehen, welches die Judikative – das heißt: die öffentlichen Richter – gegen die Einflussnahme durch die Politik oder Wirtschaft zu verteidigen hätte.

Stellen wir uns also vor, der Boden dürfe niemanden gehören, sondern nur Gegenstand der Nutzung sein. Es sollte natürlich nur derjenige die Bewirtschaftungsrechte haben, der mit dem Boden am meisten erzielt und somit auch zum Allgemeinwohl der Gemeinde beitragen kann, das Grundstück also am besten nutzt und pflegt. Hier entsteht schon ein erstes Spannungsfeld. Auf der einen Seite muss der Boden allen gehören, sein Wert realisiert sich aber nur durch sinnvolle Nutzung. Diese Nutzung setzt aber auf der anderen Seite ein privates Nutzungsrecht und somit einen Besitz voraus, der die anderen Mitglieder der Gemeinde von diesem Grund und Boden ausschließt.

Aber genau hier bietet sich auch eine Lösung an. Elementar muss die Voraussetzung geschaffen werden, dass die Gemeinde nicht Eigentümer des Bodens ist, sondern ihn im Interesse aller Bürger verwaltet. Derjenige, der den Boden nutzen möchte, hat schlicht und ergreifend eine Nutzungsgebühr an die Verwaltung zu zahlen, die wiederum an alle Gemeindebewohner gleichmäßig verteilt wird. Die Qualität und somit die Ertragsfähigkeit des Bodens sind entscheidend für die Höhe dieser Gebühren. Es geht hier also nicht um eine Pacht oder Miete, was man schnell verwechseln kann, denn die öffentliche Hand ist, wie gesagt, nicht Eigentümer, sondern Verwalter.

Der heikelste Punkt, der zurzeit nur theoretisch zu diskutieren ist, wäre die Umwandlung des Privateigentumsrechtes in ein öffentliches Eigentum aller Bürger, aber dazu komme ich noch. Es sollen ja gerade die privaten kleinen und mittleren Grundbesitzer keine Federn lassen müssen.

Damit Sie am Ball bleiben, liebe Leser: Vergessen wir bei all diesen Ausführungen nicht, dass es um den Versuch geht, eine

Hauptursache für den Hunger und die Armut auf dieser Welt zu eliminieren, die aus der Bodenspekulation herrührt.

Da die Nutznießer des Bodens logischerweise denjenigen gegenüber im Vorteil sind, die keine Nutzungsrechte haben, entsteht ein soziales Ungleichgewicht. Genauso sind auch die Nutzungsaspiranten als Personen unterschiedlich. Es geht also darum, dass diese Differenzen, vor allem die des unterschiedlichen Bodenwertes, genau erfasst werden müssen, woraus sich die jeweiligen Nutzungsgebühren ergeben. Diese Kosten werden dann ja wieder an die Bürger ausgeschüttet. Wie aber kann man solche Gebühren kalkulieren?

Jeder Boden hat einen potenziellen Wert, der aber nur durch eine menschliche Nutzung realisiert werden kann. Gibt es keine Nutzung der Fläche, ist dieses Land definitiv wertlos. Natürlich haben die großen Urwälder und Seen einen allgemeinen Nutzen, zum Beispiel für das Klima usw. Jedes Fleckchen auf der Erde ist einmalig. Es kann nicht vermehrt werden und besitzt deshalb selbst schon einen gewissen Monopolcharakter. Dieser realisierte Monopolwert kann als Bodenwert bezeichnet werden. Es kommt natürlich darauf an, für welchen Zweck das jeweilige Grundstück verwendet werden kann. Das könnte eine landwirtschaftliche Nutzung sein oder eine Baugrundverwendung, das Grundstück könnte aber auch als Rohstofflieferant dienen.

Ein wesentlicher Faktor für die Kalkulation des Nutzungsrechtes eines bestimmten Grundstücks ist natürlich die Bewerberzahl, die dort aktiv werden will. In einer Art »Versteigerungsverfahren« lässt sich die Höhe der Bodengebühren am besten ermitteln. Diese Höhe kommt letztlich der Allgemeinheit zugute. Dadurch, dass es sehr viel Land gibt und niemand unermesslich viel Boden zur Bewirtschaftung benötigt, wird es keine Grundstücksengpässe geben. Was der Einzelne nach dem Zuschlag für dieses Land konkret mit dem Boden unternimmt, bleibt ihm überlassen, denn es geht niemanden etwas an. Natürlich hat er den Boden zu pflegen und darf keine verbotenen Umweltschädigungen veranlassen.

Die Kosten für die Pacht des Grundstückes werden nicht unangemessen hoch sein, da sie sich an dem echten Ertragswert des Bodens orientieren. Wie aber könnte man ein solches Bodenrecht umsetzen? Ein wenig Verwaltung muss auch hier sein. Man könnte zum Beispiel eine echte Bürgerverwaltung aufbauen, die nur noch den Menschen im Ort gegenüber verantwortlich sein darf. In einer speziellen Abteilung, die für die Planung des Bodens zuständig ist, und einer solchen für die Eintragung in einer Art Grundbuch lässt sich eine Umsetzung recht einfach bewerkstelligen. Die Planungsabteilung ermittelt die Nutzungsart der Grundstücke. Sie muss dabei natürlich alle allgemeinen und besonderen Bedürfnisse und Nutzungsmöglichkeiten gegeneinander abwägen.

Mein Vorschlag: Ein entsprechendes Gremium von Fachkräften erarbeitet komplette Nutzungspläne für ein bestimmtes Gebiet aus, die natürlich mit den nahegelegenen anderen Gemeinden abgestimmt sein sollten.

Als Resultat dieser Aktivitäten entstehen dann Landwirtschafts-, Naturschutz- und Wohngebiete sowie Industriestandorte und Straßenstrukturen. Diese Infrastruktur wird anschließend der Öffentlichkeit vorgelegt, wobei vor allem die Berechnungen für die Nutzungsgebühren der jeweiligen Grundstücksarten transparent kommuniziert werden müssen. Gibt es für ein Grundstück mehrere Bewerber, wird in einem Versteigerungsverfahren dem Höchstbietenden das Grundstück zur Bewirtschaftung zugeteilt. Basis der Versteigerung sind die ermittelten Gebühren der Planungsabteilung. Je höher diese Gebühren sind, desto größer sind auch die Ausschüttungen an die Bürger, die durch die Vergabe natürlich keinen Zugriff mehr auf dieses Grundstück haben.

Bitte gehen Sie bei diesen Ausführungen nicht von den Erfahrungen mit den heutigen Behörden aus, denn diese vertreten aufgrund des hierarchischen Überbaus andere Interessen.

In diesem von mir beschriebenen Modell handelt es sich um eine transparente Gemeinde oder einen kleinen Stadtteil, in dem jeder jeden kennt. Aufgrund unserer heutigen unübersichtlichen Globalisierungsstruktur kann man gar nicht mehr ausmachen, wer eigentlich das Volk übervorteilt, da jeder potenzielle Täter zig andere Behörden und Strukturen als Schutzbehauptung verwenden kann, um sich vermeintlich reinzuwaschen.

Der Nutzer des Grundstückes ist also der neue vertragliche Besitzer des Areals, lediglich die Eigentumsrechte verbleiben beim Volk. Die Bodengebühren werden auf jeden Fall auf die Bevölkerung der Gemeinde nach Köpfen verteilt, wodurch alle Bürger gleichmäßig vom Boden partizipieren.

Mit dieser ganzen Mechanik, die ich natürlich nicht detailliert, sondern vor allem sinngemäß dargestellt habe, wären die eigentlichen Grundprobleme des Bodens gelöst. Alle Menschen sind am Boden beteiligt, der Besitzer hat ein garantiertes, nicht kündbares und vererbbares Nutzungsrecht, außerdem ist die Pflege des Bodens gesichert, weil der Besitzer davon beziehungsweise darauf leben möchte. Diese Argumente sprechen auch für eine sichere Einnahmequelle für das Volk.

Nun stellt sich die Frage, wie es möglich sein könnte, das bestehende Bodenrecht der privaten Eigentumsverhältnisse in ein gerechtes System zu überführen. Die Lösung kann natürlich niemals lauten, die Grundstückseigentümer kurzerhand zu enteignen. Das wäre das Aus eines jeden Modells. Zwar sind die Menschen im Rahmen der Einführung des römischen Bodenrechtes vor langer Zeit von den Eroberern und Diktatoren ebenfalls enteignet worden, wobei diese »Täter« sich natürlich heute nicht mehr zur Rechenschaft ziehen lassen, aber die heutigen Eigentümer haben ihre Grundstücke entweder geerbt oder sie haben sie gekauft.

Eine eiskalte Umwandlung des kriegerischen in ein friedliches Bodenrecht kann also niemals der Weg sein, da die Eigentümer die Grundstücke schließlich rechtlich einwandfrei erworben haben. Eine finanzielle Ablösung aus Steuergeldern kann aber der Allgemeinheit nicht zugemutet werden, denn das würde unglaublich hohe Summen erfordern, die eine Volkswirtschaft nicht zur Verfügung stellen könnte. Es muss also eine realisierbare und vor allem gerechtere Lösung gefunden werden. Der Start in ein neues Bodenrecht müsste mit der Einführung einer Sozialpflicht der Bodennutzer in Form einer Nutzungsgebühr gegenüber der Allgemeinheit beginnen, deren Höhe sich aus dem Bodenwert errechnet.

Gleichzeitig muss natürlich das bestehende Eigentumsrecht der bisherigen Eigentümer gewürdigt werden, indem sie das Grundstück weiterhin unbegrenzt nutzen dürfen und zusätzlich über ein Guthaben in Höhe ihres Grundstückswertes verfügen. Dieses Guthaben wird nun durch die anfallenden Gebühren verzehrt, indem die Alteigentümer bis zum vollständigen Verbrauch des Bodenwertes keine Gebühren zahlen müssen. Durch diese Eigentumsablösung, die sich »automatisch« über viele Jahre vollzieht, wird auf diesem Wege das Bodenrecht des Einzelnen sukzessive in ein allgemeines System umgewandelt.

Für diesen Vorgang gibt es bereits konkrete Berechnungen, um die heutigen Eigentümer schadenfrei zu halten, aber darüber ließe sich ein eigenes Buch schreiben.

»Normale« Grundstücksbesitzer werden jetzt massiv zusammenzucken, wenn sie darüber nachdenken, dass sie irgendwann für »ihr« Grundstück Gebühren zahlen sollen. Bitte bedenken Sie, dass nicht nur Kosten entstehen, sondern auch Einnahmen aus den Gebühren der anderen Grundstücke aus der Gemeinde, da schließlich diese Nutzungskosten auf alle Bürger aufgeteilt werden. Außerdem entfällt die heutige Grundsteuer, mit der man unter anderem die vielen widerrechtlichen Kriege finanziert.

Selbst die jetzigen Besserverdienenden mit zwei oder drei Grundstücken könnten durch diese rechtliche Veränderung mehr Einnahmen erzielen, als ihre heutigen Grundstücke in 30 Jahren an Gebühren kosten werden. Verlieren würden eigentlich nur die industriellen Großgrundbesitzer, die große Landflächen ungenutzt liegen lassen. Aber auch denen kann man erklären, dass das jetzige System letztlich ihre »Armut« bedeuten wird, wenn alles so weiterläuft wie bisher, es sei denn, sie gehören zu der ultrakleinen Elite der Hochfinanz-Milliardäre, also zum Geldmonopol.

Leider lassen sich solche Gedankengänge schwer diskutieren, ohne dass man mit Schlagworten mundtot gemacht wird. Eine besonders primitive Diffamierungsform dieses Gedankenmodells wäre im ersten Reflex, mir eine Sympathie mit einer Bodenreform sozialistischer Art zu unterstellen. Das ist natürlich falsch, denn mir geht es nicht darum, die Menschen zu enteignen, sondern im Gegenteil: Ich möchte, dass der derzeitige Enteignungswahn beendet wird, wie er ja täglich allein aus den Zwangsversteigerungen herrührt, die die Banken gegen die Menschen einleiten. Dabei dienen bestimmte Behörden des Staates sogar den Finanzinstituten, machen sich also zu Handlangern. Denken wir an die Gerichte oder an die Gerichtsvollzieher, die bis vor Kurzem noch öffentliche Bedienstete waren.

Die Motivation meiner hier niedergeschriebenen Gedanken basiert ausschließlich auf der Beobachtung der natürlichen Gesetze, wie wir sie vom Schöpfer vorgefunden und zu achten haben.

# Je mehr wir wissen wollen, desto weniger wissen wir

Seit Urzeiten befinden sich die Menschen auf der Suche nach der Wahrheit. Sie suchen in Büchern, in Religionen und Sekten, in Wissenschaften wie Physik, Biologie oder Psychologie, sie wandern tagelang auf Pilgerpfaden, um zur Erkenntnis zu kommen, sie meditieren und beten. Auch Journalisten streiten regelmäßig um das, was sie Wahrheit nennen: Die Auffassungen über diesen heiklen, dabei eigentlich so hohen Begriff sind äußerst unterschiedlich.

Da wir aktuell in jener Phase der Weltenzeit angekommen sind, in der die Lüge zur Wahrheit erhoben und die Wahrheit häufig als Lüge dargestellt wird, in der die Wahrheit also immer schwerer zu finden ist, können wir mit Fug und Recht behaupten, dass unsere Welt vollends auf dem Kopf steht. Denn zahlreiche Suchende, die der Wahrheit nahegekommen zu sein glauben, sind in Wirklichkeit ihrer *Wahrnehmung* aufgesessen, die sie irrtümlich für die Wahrheit halten. So laufen viele Menschen durch die Welt, die die Wahrheit gefunden zu haben glauben, ohne dass dies jedoch der Fall sein muss.

Unendlich viele Menschen, Gruppierungen, Parteien, Religionen, Sekten usw. beanspruchen für sich, die Wahrheit gefunden zu haben. Doch die allerwichtigste Frage können sie dennoch nicht beantworten: Was ist die Wahrheit überhaupt? Und wer kann sie wirklich bieten?

Eigentlich ist die Antwort überhaupt nicht schwer. Doch da wir Menschen uns längst völlig in unser falsches Tun verstrickt haben, sehen wir den Wald vor lauter Bäumen nicht mehr. Dabei ist sie so nah, die Wahrheit, aber leider eben auch so fern. Wir könnten sie täglich finden, sie ist zum Greifen nahe, und doch … Sie bleibt uns in den allermeisten Fällen verschlossen. Warum? Ganz einfach: Weil wir uns von jenem, der sie allein vollumfänglich kennt, der sie persönlich sogar ist, um Lichtjahre entfernt haben.

Die Wahrheit liegt allein bei Gott. Er schuf die Regeln, die die Welt förderlich lenken, vom ersten Tage an, bis zum letzten Atemzug dieses Globus. Es sind jene universellen Gesetze, welche die Welt in ihrem Inneren zusammenhalten, die wir Menschen jedoch nicht einhalten in unserem wachsenden Eigensinn.

Wer die Wahrheit sucht, kann sie finden. Doch er muss sich anstrengen, denn sie will errungen werden. Jesus gab den Menschen den wertvollen Hinweis schon vor 2000 Jahren: *Suchet, so werdet ihr finden.* Die Sehnsucht nach dem Höheren, nach dem Licht, ist in jeden Menschengeist gepflanzt. Wie ein Funke glüht diese Sehnsucht im Inneren des Selbst, der ihm genau zeigen könnte, welcher Weg der richtige wäre.

Die Naturgesetze, die wir mit unseren Augen und Ohren bewusst erfassen können, geben uns stets Antwort auf alle Fragen. In der Schule sagte uns die Klassenlehrerin noch, dass wir nur nach oben schauen müssten, wenn wir nicht weiter wüssten. Das hat der Mensch vergessen. Doch dies ist die Wahrheit. Der Mensch steht mit leeren Händen da, er weiß nichts über die wahren Geheimnisse und Fragen des Lebens. Doch nicht einmal diese Tatsache ist ihm klar: Er weiß nicht, dass er gar nichts weiß.

Nehmen wir als ganz profanes Beispiel das Mobiltelefon. Jeder kennt es, jeder benutzt es, jeder weiß, dass er damit in die ganze

Welt telefonieren kann: Man wählt eine Nummer, und nur wenige Sekunden später meldet sich jemand anderer, gleichgültig, in welchem Land er sich gerade physisch aufhält. Die Telekommunikationsspezialisten können uns sehr präzise erklären, wie das alles funktioniert. Funkwellen, Sende- und Empfangsmasten mit speziellen Antennen gehen über Sammler und Umsetzer, erreichen dann wiederum Sendemasten und Antennen; alles funktioniert mit sehr genauer digitaler oder analoger Datenfunktechnologie. Alles klar, oder? Alles ist experimentell millionenfach nachgewiesen, dass es »genauso« funktioniert. Es ist also keine Frage, dass es funktioniert, auch das Wie ist sonnenklar. Nur wenn die Frage gestellt wird, warum das so funktioniert, dann werden die Antworten holperig. Weil es nämlich niemand weiß.

So ist es übrigens mit nahezu allen Themen aus der Welt der hoch entwickelten Technik, sei es das Radio, das Fernsehen, dieses auch noch in Farbe, und vieles mehr betreffend. Wir wissen zum Beispiel auch, wie der menschliche Körper funktioniert, die Atmung, der Bewegungsapparat, die Verdauung, der Blutkreislauf, der vom Herzen angetrieben wird. Zig Bücher wurden vollgeschrieben über die Mechanik und Funktion jeder einzelnen Körperzelle. Doch wenn man fragt, welche unsichtbare Kraft es eigentlich ist, die diesen ganzen Ablauf eingerichtet hat und täglich aufs Neue, verlässlich wie ein Uhrwerk, koordiniert, so müssen wir passen: Niemand kann es erklären. Nicht einmal die Spezialisten.

Nur wer verbunden ist mit der höchsten Stelle unseres Universums, dort, wo man den Schöpfer vermutet, der all diese unglaublichen Vorgänge plante und einrichtete, der wird die wahren Zusammenhänge – auf seine irdisch-menschlich kleine Art –

erfassen. Dies ist der einzige Weg, den unerklärlichen Wundern und Werken dieser Welt überhaupt je näherzukommen.

In der Medizin ist es nicht anders. Schon allein deswegen, weil die Medizin überhaupt keine Wissenschaft, sondern eigentlich eher als experimentelle Lehre zu bezeichnen wäre. Man muss doch lächeln, wenn es heißt: »Medizinisch wissenschaftlich erforscht«, oder, noch schlimmer, »und nachgewiesen«. Dahinter verbirgt sich nicht viel mehr, als das bloße Einsammeln und, je nach Auftraggeber und Zielorientierung, das Auswerten von Daten und statistischen Werten. Immer wieder werden, wenn ein neues Präparat auf den Markt kommt, welches nicht selten in erster Linie das Pharmakartell reicher machen soll, Testergebnisse mit dem ersten Veröffentlichungstext präsentiert, denen zufolge in einer bestimmten Anzahl von Fällen nach der Verabreichung eines Präparats eine bestimmte Wirkung erzielt worden sein soll. Es ist das am verkaufsträchtigsten wirkende Ergebnis, da kann man ziemlich sicher sein. Ist die Zahl der Probanden, an denen das Medikament getestet wurde, hoch genug – eine genaue Regel gibt es meist nicht –, ist auch schon der »wissenschaftliche Nachweis« erbracht, dass das betreffende Präparat auf jeden Fall wirkt.

Doch warum es bei dem einen Patienten wirkt, bei manchen anderen aber eben nicht, bleibt ein Geheimnis. Das ist eben so – basta! Die ärztliche Empfehlung lautet: »Nehmen Sie das Medikament dreimal täglich, dann sehen wir weiter.«

Und genau das tut der Patient in der Hoffnung, wieder gesund zu werden. Er folgt meist stumpf den Anordnungen der sogenannten *Halbgötter im weißen Kittel*, er denkt selten darüber nach, was er selbst tun könnte, um seinem Leib Besserung zu bringen, indem er für mehr Bewegung des Körpers, vor allem aber auch des Geistes, sorgt: Denn hier würde er öfter fündig, als er es je für möglich halten würde, stieße er doch, nach einigem Suchen, mit Glück auf die wahren Ursachen seiner Krankheit.

Das wäre die echte Grundlage für die Wissenschaft, welche wirkliches Wissen schafft. Wahres Wissen ist exakt, präzise, verlässlich, wie wir es von den Naturgesetzen gewöhnt sind, die seit Urzeiten unzweifelhaft und haargenau arbeiten. Das, was der Mensch heute Wissenschaft nennen will, ist meist nicht mehr als eine lächerliche Überhebung über die Schöpfung. Kein Wunder, dass die Damen und Herren in Weiß oft selbst über die »unerwarteten« Nebenwirkungen der pharmazeutischen Produkte staunen. Dann verordnen sie eben Präparate dagegen, wechseln und probieren alles Mögliche aus, und mit viel Glück klappt es am Ende auch, dass ein Gebrechen vorübergehend gelindert wird, während gleichzeitig weitere bislang gesunde Organe oder Körperbereiche in Mitleidenschaft gezogen werden, wofür dann neue Behandlungen festgelegt werden müssen. Das ist doch merkwürdig, wo doch alles wissenschaftlich erprobt worden ist, oder?

Es ist ja gar nicht verwerflich, dass die Medizin eine experimentelle Lehre ist, solange dies auch so kommuniziert wird. Wichtig wäre es nur in jedem Fall, dass sie stets in Anlehnung an die Natur- und die Schöpfungsgesetze praktiziert wird. Doch genau hiervon hat sie sich in den vergangenen Jahrzehnten dramatisch weit entfernt, wie auch alle anderen Zweige der Pharma-, Lebensmittel- oder auch Saatgutindustrie, deren einzige Ziele nur noch Gewinnmaximierung und Kostensenkung heißen.

Ein Beispiel: Propolis ist ein Konzentrat, welches Imker in geringen Mengen aus den Bienenkästen herausholen. Man nennt es auch das »Herz des Honigs«. Darin sind über 600 verschiedene

Wirkstoffe enthalten, die vor allem dem Immunsystem zuträglich sein sollen, welches stabilisiert, verbessert, oder, bei regelmäßiger Einnahme, auf hohem Niveau gehalten werden kann. Ein Medikament ist Propolis trotzdem nicht. Kein Arzt, der die Schulmedizin praktiziert, wird darauf zurückgreifen. Der Grund ist einfach: Die pharmazeutische Industrie liefert die Präparate vorzugsweise einzeln oder in überschaubaren Kombinationen. Nur so könne die »Wirkung« beobachtet und kontrolliert werden, heißt es. Experimentelles Handwerk eben. Alle Dinge also, die eigentlich einfach in ihrer erkennbaren Wirkung sind, wie eben zum Beispiel das Ergebnis von Propolis, werden ins Komplizierte verkehrt, die Gaben der Natur werden zu diffizilen Präparaten erklärt, die vom Menschen kontrolliert und beobachtet werden müssen.

Weil niemand die Ursache der Wirkung kennt, wird dieses Thema auch stets im Dunkeln bleiben, die sogenannte Wissenschaft wird sich ein ums andere Mal ergebnislos daran abarbeiten. Wer nun meint, dass der Ehrgeiz der Wissenschaftler damit etwa geweckt sei und deren Ziel künftig nur noch heißt, Licht ins Dunkel zu bringen, der irrt sich allerdings gewaltig: Das monetär ausgerichtete Globalsystem duldet keine wirklichen Untersuchungen und zielführenden Experimente, zu denen vor allem die Geistesarbeit hinzuzuziehen wäre, was gleichbedeutend ist mit der Erforschung der Empfindung. Diese jedoch können wir nur dann zu analysieren beginnen, wenn wir bereit sind, uns den Naturgesetzen endlich unterzuordnen. Wie leicht dann alles gehen würde, das ahnen wir nicht einmal.

Allzu gern verlässt sich der Mensch nur auf das, was er mit seinen Ohren hören und mit den Augen sehen kann. Einer der größten Geisteswissenschaftler, den die Menschheit je hervorbrachte, Johann Wolfgang von Goethe, prägte die Aussage: »*Man sieht nur, was man weiß. Eigentlich: Man erblickt nur, was man schon weiß und versteht.*« Doch was ist mit dem großen Rest? Was ist mit der jenseitigen, der feinstofflichen Welt, die unsere irdischen Sinnesorgane niemals erfassen können, deren Existenz dennoch längst bewiesen ist?

Angesichts der Tatsache, dass spätestens seit der Erfindung des Fernsehens alles das, was wir sehen sollen, sorgfältig »vorbereitet« wird, angesichts auch des Faktums, dass riesige Horden von Soziologen und Psychologen die Werbeindustrie überfluten mit Ratschlägen, wie das Volk, ohne dass es dem Einzelnen überhaupt bewusst wird, zum Kauf verschiedenster Produkte angereizt wird, sollten wir einen Moment lang verharren bei dieser Form von Manipulation des Unbewussten. Durch Schlagsätze, Farben, Töne, Musik, durch Täuschung und Vortäuschung werden Reize geschaffen, Sinne des Menschen angeregt, dessen Verhalten damit in die gewünschte Richtung gelenkt wird: Sein Kaufverhalten wird angeregt, Bedürfnisse in ihm geweckt, von denen er vor dem Ansehen des Werbetrailers vielleicht noch gar nichts wusste.

Wer sich nun abermals hinstellen möchte mit der Aussage, er glaube nur das, was er sehen und hören kann, dem ist nicht mehr zu helfen, einmal ganz davon abgesehen, dass es um die Sehfähigkeit des irdischen Menschen gar nicht so gut bestellt ist, wie er vielleicht glaubt. Das menschliche Auge kann, wie es heißt, in Wirklichkeit nur acht Prozent des vorhandenen Lichtspektrums erfassen. Trotz dieser Tatsache glauben wir immer noch in unserem Größenwahn, dass alles das, was wir um uns herum wahrnehmen können, auch ALLES sein muss, was existiert. An Lächerlichkeit ist diese Selbstüberhebung wirklich nicht mehr zu überbieten.

Betrachten wir noch ein Beispiel, um zu verdeutlichen, wie eng es um das Spektrum unserer irdischen Augen bestellt ist: Wir können zwar sehr gut alles Gegenständliche erkennen, so es sich im natürlichen Entfernungsbereich unseres Blickwinkels befindet, denken wir uns einmal den Propeller eines Flugzeugs. Solange der Propeller stillsteht, können wir ihn von allen Seiten betrachten und werden eine Menge Einzelheiten entdecken, die es zu beschreiben gibt. Doch sobald der Motor gestartet wird und der Propeller sich zu drehen beginnt, wird für uns das Geschehen immer schwerer identifizierbar. Je höher nun die Drehgeschwindigkeit, umso undeutlicher wird das Bild. Die vielen Einzelheiten, die wir vorher erkennen konnten, sind verschwunden. Tatsache ist und bleibt jedoch, dass sie nach wie vor vorhanden sind, dass unser Auge also getäuscht wird.

Ein anderes Beispiel mit ähnlicher Wirkung: Wir stehen einige Meter vom Straßenrand entfernt und können die langsam vorbeifahrenden Autos ganz gut erkennen. Würden die Fahrzeuge allerdings mit 300, 400 oder 500 Kilometern pro Stunde vorbeirasen, dann müssten wir uns wahrscheinlich so gut wie ausschließlich auf unser Gehör stützen. Außer einem vorbeifliegenden Schatten würden wir nicht mehr sehr viel erkennen. Welchen Schluss kann man hieraus ziehen? Die Zeit, die wir für die Betrachtung zur Verfügung haben, beziehungsweise die Zeit, in welcher bestimmte Abläufe stattfinden, ist also maßgebend dafür, ob und wie wir etwas sehen. Außerhalb unserer menschlich-irdischen Vorstellung von Raum und Zeit jedoch sind wir praktisch blind. Außerhalb von Raum und Zeit ist jedoch das gesamte

Jenseits zu bezeichnen, von dem der Mensch so gut wie nichts weiß. Er könnte durchaus weiter sein mit seinen, wie es hier passenderweise heißt, *Erkenntnissen,* doch sein hartnäckiges Besserwissenwollen hält ihn von jeder positiven Entwicklung aufwärts ab.

Übrigens ist selbst die »Echtheit« des Lichts nicht einfach zu erklären. Der berühmte englische Naturforscher Isaac Newton hatte 1675 den »Beweis« erbracht, dass Licht aus kleinen Materieteilchen bestehe. Keine 15 Jahre später bekam diese Theorie Konkurrenz. Die Physiker Huygens und Fresnel stellten eine andere Theorie auf. Danach sei das Licht eine elektromagnetische Welle. Jahrhundertelang stritt die Wissenschaft um die allgemeingültige Auslegung. Gegen Ende des zweiten Jahrtausends stellten die Forscher dann fest, dass sich das Licht manchmal als Teilchen und manchmal als Welle zeigt. Tatsächlich waren die Quantenphysiker höchst verblüfft, als sie feststellen mussten, dass sich die Lichtteilchen, sie heißen in der Forschung Photonen, je nach Erwartung desjenigen, der in das Gerät hineinsieht, entsprechend verhalten. War dessen Erwartung, dass die Teilchen als Welle fließen, geschah dies auch so. Wollte man hingegen »nachweisen«, dass die Teilchen wie üblich im Kreis fließen, dann wurden sie auch so gesehen. Seither gilt es als nachgewiesen, dass sich die Photonen je nach Erwartung der Beobachter verhalten. Diese Tatsache könnte als Beweis dafür gelten, wozu der menschliche Geist wirklich fähig ist. Die weiteren Fragen müssten lauten, wie man daran weiterforschen könnte, um herauszufinden, zu welchen eventuell viel größeren Dingen der Mensch bei der rechten Einstellung fähig wäre. Kann Gedankenkraft Formen erzeugen? Offensichtlich ja, wenn wir uns die Ergebnisse der

Photonenforschung ansehen. Warum untersuchen wir diese Fähigkeit nicht weiter?

Gegenwärtig leben wir offenbar in der wohl folgenschwersten Epoche, die durch sämtliche Irrtümer, die wir im Laufe unserer Menschheitsgeschichte angesammelt haben, gekennzeichnet ist. Obwohl die Systeme ringsherum zusammenbrechen, obwohl wir kaum noch Antworten wissen auf die drängenden Fragen, glauben wir in unserem unbeschreiblichen Allmachtswahn dennoch, alles zu wissen und alles zu können. Wir bezeichnen es sogar als »Wissen«, wenn wir uns bei Google einwählen, um Begriffserklärungen zu erhalten. Wir vertrauen Wikipedia, um Informationen zu suchen, ohne jegliche Prüfung, ob diese auch stimmen. Währenddessen verbrennen wir die letzten wertvollen gedruckten Enzyklopädien, weil wir sie nicht mehr zu benötigen glauben. Doch was passiert, wenn das Internet einfach abgeschaltet wird, der Strom tage- oder wochenlang ausfällt? Unser angebliches Wissen ist flüchtig. Was für uns »wissenswert« sein soll, entscheiden inzwischen kaum noch wir selbst: Das Wissen der Welt wird digitalisiert. Bücher können bekanntlich im Nachhinein nicht abgeändert oder verfälscht werden. Sie könnten vielleicht verboten oder verbrannt werden, wie das schon öfters geschehen ist. Die digitalen Datenbanken hingegen können beliebig manipuliert werden, ohne dass wir überhaupt davon erfahren. Das heutige »Wissen« wird zur Machtfrage, unliebsame Ereignisse und Fakten, etwa aus dem Verlauf der Geschichte, können zurechtgebogen werden, je nach den Interessen der gerade Herrschenden.

Davon sind die als »frei und unabhängig« bezeichneten Datenbanken wie Wikipedia selbstverständlich nicht ausgenommen.

Wir sind vollkommen aus dem Gleis geraten, unsere Verbindung zur natürlichen Einfachheit der Gesetze ist abgeschnitten. Mit unserem Smartphone können wir uns innerhalb von Sekunden in beliebige Portale und Blogs einklinken, wir stöbern, geben vor, selbst zu »recherchieren«, und nehmen Abermillionen flüchtiger Informationen auf, die uns letztlich jedoch kaum noch weiterbringen. Denn wahres Wissen liegt ganz woanders: Es ist in unserem Inneren zu finden, wo der Geist lebt und die Empfindung arbeitet. Im Zuge unseres »modernen« Lebens stumpfen fortdauernd unsere Sinne ab. Wir konsumieren und übermitteln nicht mehr wahres Wissen aus innerer Überzeugung und Intuition heraus, indem wir die Zusammenhänge erkennen, unseren Blickwinkel immer weiter fassen, um uns einen Überblick zu verschaffen, sondern wir versenden heute Links.

Unsere Intuition ist eine der wichtigsten Einrichtungen für den Menschen, um in dieser wirr gewordenen Welt zu überleben. Dieses wunderbare Ordnungs- und Schutzsystem ist den modernen Manipulatoren jedoch schon lange ein Dorn im Auge, könnte es uns doch vor so mancher Dummheit bewahren, zu welcher wir umerzogen werden sollen. In den heutigen Zeiten von globaler Gewinnmaximierung und Kostensenkung soll der Mensch schuften und konsumieren, damit andere, die nach dem Umverteilungsmechanismus von fleißig nach reich agieren, davon profitieren können. Jedes Mittel, den Menschen auf Konsum abzurichten, scheint dabei recht: Die industrielle Steuerung wird nicht selten dreist über die für das Machtkartell völlig frei zugänglichen Sinnesorgane durchgeführt. Neben den Augen, die sehend vieles aufnehmen, spielen auch die Hörorgane, die Ohren, eine bedeutende Rolle.

Mit den Ohren hört der Mensch auf einer ganz bestimmten Schallebene. Durch das leichte Absenken des Frequenzbereiches lässt sich unser inneres Hören manipulieren, die Effektivität der äußeren Beeinflussung wird erhöht. Sogenannte Unterhaltungsmusik wird, durch Beats und Bässe angereichert, zu einem Festival der Beeinflussung, bis sogar die Sinne zu rasen beginnen. Wer sich auf manchen überlauten Rockkonzerten umsieht, wie »ausgelassen« Menschen dort »feiern«, der spürt vielleicht das Unbehagen. Nicht immer müssen hier Drogenkonsum und übermäßiger Alkoholgenuss im Spiel sein, sondern oft ist es tatsächlich die Frequenz, in der sich die Musik bewegt, die für Ausschweifungen mancher Art verantwortlich ist.

Im Dezember 2015 feierten sich in Paris Vertreter von fast 200 Nationen selbst. Ein Klimawandel wurde beschlossen. Die Temperatur darf demnach nicht weiter als plus zwei Grad Celsius ansteigen. Seit einigen Jahren schon wird die Erderwärmung als Schreckgespenst aufgebaut. Dass die Eisdecke selbst in den Alpen seit 2005 zugenommen hat, die Winter 2009, 2010 und 2011 die kältesten seit Langem in Europa und Nordamerika waren und dass selbst der Sommer 2010 in Kalifornien einer der kältesten war, bleibt unerwähnt. Die Tatsache, dass die meisten Wetterveränderungen unter anderem durch den Einfluss der Sonne stattfinden, und dass das nicht etwa eine für ewige Zeiten zunehmende Erderwärmung bedeutet, fällt ebenso unter den Tisch. Wäre das Ganze nicht Teil eines sorgsam ausgedachten Geschäftsmodells, müsste man von einer der größten Anmaßungen oder Irrtümer in der Geschichte der Menschheit sprechen. Natürlich ist es nicht zu bestreiten, dass der Mensch ökologische Gleichgewichte gefährlich verschoben hat. Wir sind dabei, Teile unseres Planeten unbewohnbar zu machen. Wir verseuchen fruchtbare Erde mit Chemie und genmanipuliertem Saatgut. Doch um diesen direkten Mord an Natur und Mensch geht es den Klimarettern nicht. Zu verlockend ist die »Kohlendioxid-Theorie«. Damit kann der Mensch schon bald offiziell als Schädling qualifiziert werden. Wie lange wird es noch dauern, bis wir eine persönliche Abgabe für den Kohlendioxid-Ausstoß verordnet bekommen?

Wie viel wird uns hingegen durch die so engagierten Massenmedien über Wettermanipulationen seit den 1950er-Jahren erzählt? Warum erfahren wir weder in den Schulen noch in den Universitäten etwas über die Anwendung von Silberjodid? Partikel, die dafür entwickelt worden sind, um in bestimmter Höhe in die Atmosphäre gesprüht zu werden, wo sie als Kristallisationskeime dienen. Silberjodid forciert so die Bildung von Eiskristallen und kann eine meteorologische Kettenreaktion auslösen. Von Menschenhand gesteuert, bilden sich so Tropfen, die als Regen, Schnee oder Hagel an (vor-?) bestimmten Orten niedergehen. Unbekannt ist das Ganze nicht, dafür gibt es sogar einen Fachbegriff: Geo-Engineering.

Im Jahre 1952 könnten solche, damals geheimen, Wetterexperimente an der britischen Küste eine verheerende Flutwelle ausgelöst haben, wie es bei unabhängig forschenden Experten heißt. Projekt »Cumulus« hieß das Spielchen, welches zeigen sollte, ob im Falle eines Krieges mit künstlichem Unwetter die Schützengräben feindlicher Soldaten überflutet werden könnten.

Bedauerlicherweise war bei diesem Experiment eine englische Kleinstadt in North Devon nur knapp 300 Kilometer entfernt.

Dort gingen im August 1952 über 24 Stunden lang ununterbrochen wolkenbruchartige Niederschläge nieder, was unter dem Begriff »Lynmouth Flood« in die Geschichte dieser Region einging. Harmlose Flüsse wurden zu reißenden Fluten. Eine Flutwelle verwüstete eine ganze Ortschaft. Die Regenmenge war um das 200-Fache über den Normalwert angestiegen. Die Frage bleibt offen, warum auf der ganzen Welt, unter anderem auch in Deutschland, vornehmlich in den vergangenen Jahrzehnten überraschend häufig Überschwemmungen und sogenannte Jahrhundertfluten stattfinden konnten.

Um das Wetter zu beeinflussen, werden neben Silberjodid regelmäßig auch weitere schädliche Substanzen in die Luft gesprüht. Ganz gut kann man dieses Phänomen beobachten, wenn bei klarem Himmel Düsenjets Kondensstreifen hinter sich herziehen. Wenn sich diese innerhalb weniger Sekunden verflüchtigen, ist dies normal. Immer dann, wenn das nicht passiert und der Kondensstreifen sich wie ein weißlicher Film ausbreitet, können wir davon ausgehen, dass dem Treibstoff ein chemischer Cocktail beigemischt worden ist. Dieser kann hauptsächlich aus Aluminium, Barium, Strontium und Titanium bestehen. Auch dafür existiert ein Fachbegriff: Chemtrails, was nichts anderes heißt als »chemische Pfade«. Natürlich gibt es laut deutschem Umweltbundesamt weder für das Ausbringen von Chemikalien noch für auffällig geänderte Kondensstreifen »wissenschaftliche Belege«. Es überrascht auch nicht, dass etliche Nichtregierungsorganisationen (NGOs) und Meteorologen staatlicher Institutionen den gezielten Einsatz der Chemtrails leugnen.

Das Hauptelement der Chemtrails ist das Aluminium. Es muss nicht weiter betont werden, dass dieses chemische Element in größerer Menge und dann als Aluminiumoxid extrem gesundheitsschädlich ist. Neben Blut und Arterien schädigt Aluminium auch das Gehirn. Nachweislich verursacht es Alzheimer, aber auch Krebs und allerlei Magen-Darm-Störungen. Gelten in manchen Gegenden ein bis zwei ppm (parts per million, zu Deutsch: Teile von einer Million) Aluminium in der Luft als normal, so wurden in Gegenden, in denen derartig fragwürdige Experimente durchgeführt wurden, fast 40 000 ppm gemessen. Bemerkenswert in diesem Zusammenhang ist, dass der Saatgut-Multi Monsanto ein genmanipuliertes Saatgut patentiert hat, welches Pflanzen auch auf mit Aluminium verseuchtem Boden wachsen lässt. Warum wohl?

Wahrlich grausam ist, dass in jenen Gegenden, in denen die Chemtrails häufig gesichtet wurden, eine gespenstische Krankheit namens Morgellons auffällig häufig vorkommt. Den betroffenen Personen wachsen schauderhafte Plastikfäden aus der Haut. Möglicherweise entsteht diese Krankheit dadurch, dass Partikel in Nano-Größe auf die Haut fallen, dann in diese eindringen und praktisch als Nano-Roboter zu wachsen beginnen. In fortgeschrittenem Stadium wachsen sie wie Haare aus der Haut, in verschiedenen künstlichen Farben, sie sind hart und hitzebeständig. Sie verbrennen erst bei über 450 Grad Celsius.

In zunehmendem Maße berichten Menschen in aller Welt von dieser mysteriösen Hauterkrankung, die extrem schmerzhaft, lebensgefährlich und auf vielfache Art ansteckend sein soll. Es ist aber immer noch eine »verschwiegene Epidemie«, die von den Medizinexperten auf dem ganzen Globus entweder ignoriert oder aber als »Delusional Parasitosis« (Dermatozoenwahn) verkannt wird. Im Jahre 2011 berichtete die American Medical Association:

»Morgellons ist auch eine systemische Erkrankung.« Wenn das wirklich zutrifft, so hieße dies, dass das gesamte menschliche Körpersystem davon betroffen wäre. Das Immunsystem ist zu schwach, um diese Eindringlinge in Schach zu halten oder zu vernichten.

Es ist ein blanker Wahnsinn, wie weit Menschen gehen können, um die Kontrolle über die Elemente, die das Leben auf der Erde beeinflussen, zu erlangen. Je weiter sie auf solchen Gebieten vorankommen, desto mehr zerstören sie.

Doch zurück zu der laufenden Massenindustrialisierung unserer Gedanken. Gut vernetzte Bürger können heute schon davon ausgehen, dass sie systematisch »begleitet« werden. Wer morgens ohne einen nennenswerten Plan in den Tag startet, kann mit einer an Sicherheit grenzenden Wahrscheinlichkeit davon ausgehen, dass »das System« seine Steuerung übernehmen wird. Dabei ist es interessant, dass höchst unterschiedliche »Lenksysteme« existieren, mit deren Hilfe wir geführt werden können. Smartphones, PCs, Tablets und viele in Autos installierte Systeme sind als Teile solcher Lenkstrukturen weitestgehend bekannt. Wir »erfahren« förmlich, wie die Konsumsteuerung vernetzt funktioniert. Längst kaufen wir nicht mehr nur das, was wir brauchen. Oft ist sogar das Gegenteil der Fall. Unsere Gedanken werden immer perfekter gelenkt. Damit wir in diesem System auch gut funktionieren, wird alles unternommen, um sicherzustellen, dass ständig die neuesten Geräte in Gebrauch kommen. Die bereits in Verwendung befindlichen Geräte werden ständig, meist ohne, dass wir es wissen, nachprogrammiert beziehungsweise – wie es im Neudeutschen heißt – geupgedatet. Die Mehrheit der Menschen findet diesen »kostenlosen Service« gut.

Nun, ob die Mehrheit es auch gut findet, dass ihr Gehirn unbewusst Bilder und Botschaften empfängt und dass sie sich danach verhält, dürfte fraglich sein. Das geschieht aber jeden Tag, diese Tatsache ist nicht einmal besonders neu. Fakt ist zum Beispiel, dass jedes LED-TV-Gerät unbemerkt auch Lichtsignale (Bilder) senden kann, welche wir über unsere bescheidenen »Acht-Prozent-Augenoptik« gar nicht bewusst wahrnehmen können. In modernen Autos werden schon LED-Scheinwerfer eingebaut, welche eine »Ausleuchtung« auch außerhalb unseres Wahrnehmungsspektrums leisten. So können wir Dinge »registrieren«, noch bevor sie für unsere Optik sichtbar werden.

Ultraschallwellen werden bekanntlich durch unsere menschliche Wahrnehmung nicht registriert. Heute sind selbst kleine Ultraschallgeräte, beispielsweise zum Verjagen von Hunden oder Mücken, im Handel für wenige Euro erhältlich. Technisch ist es ein Kinderspiel, auch uns Menschen unter bestimmte Strahlenwellen zu setzen. So können wir, wie gewünscht und programmiert, reagieren beziehungsweise funktionieren. Die Frage ist also nicht, ob bestimmte technische Verfahren möglich sind, sondern ob, wo und wie intensiv sie angewendet werden.

Immer mehr Menschen klagen darüber, ein ständiges Rauschen oder sogar Stimmen zu hören. Sie können offensichtlich überdurchschnittlich gut hören, was für sie zum Fluch wird. Kollektive Müdigkeit oder Gereiztheit kann heutzutage, ebenso wie zum Beispiel Freude, gezielt verabreicht werden. Wo das geschieht, werden solche Phänomene meist als Folge des Wetters, des Mondstandes oder eben als Folge des Biorhythmus erklärt. Vom Begriff »Mind Control« spricht dagegen kaum jemand. Stattdessen hören wir immer wieder in unseren Medien etwas über das »Bio-Wetter«. Wer sich eine solche Vorhersage bewusst anhört, der staunt nicht schlecht. Kopfschmerzen, Migräne, Schlappheit, Müdigkeit, Herzrasen, Blutdruckattacken usw., all das verursacht zurzeit also unser Bio-Wetter. Wir nehmen alle diese Informationen nickend hin, mit der Zuverlässigkeit eines Wackeldackels auf der Hutablage.

Es ist ja auch viel einfacher, alles abzunicken, als darüber nachzudenken, wofür zum Beispiel Antennenanlagen wie HAARP in Alaska, MUORS in Süditalien, LOIS in Südschweden und viele weitere kleinere dieser Installationen weltweit dienen. Ein solcher Antennenpark steht auch in Nordbosnien, in unmittelbarer Nachbarschaft des Dorfes, in dem ich geboren wurde. Ein weiterer in Mazedonien, nahe dem Kosovo, usw. Es ist kaum zu bestreiten, dass von diesen Antennenmonstern eine enorme Strahlung ausgeht. Ganze elektrische Umspannwerke bedienen solche merkwürdigen Einrichtungen mit Energie. Wo auch immer sie sich befinden, kaum jemand gibt eine brauchbare Auskunft darüber, wofür sie da sind. Auf dem Balkan werden sie *Radio Jugoslavia* genannt. Einen solchen »Radiosender« hat es aber noch nie gegeben. Kein mir bekannter TV- oder Radiosender steht damit in technischer Verbindung. Diese merkwürdigen Bauwerke scheinen niemanden zu interessieren.

Immer wieder kommt es zu mysteriösem Tiersterben. Vögel fallen einfach tot vom Himmel. Experten rätseln. Von Hagel in großer Höhe totgeschlagen? Aber das bei strahlendem Sonnenschein? Über die eventuelle Todesursache durch Strahlen wird nichts berichtet.

Auffallend häufig sind in den vergangenen Jahrzehnten plötzliche Amokdelikte, Selbstmorde und einfach sinnlose Tötungen registriert worden. Auf dem Gebiet von Ex-Jugoslawien vergeht kein Tag ohne irgendwelche Medienmeldungen über Tötungsdelikte, die faktisch aus dem Nichts heraus geschehen. Lange glaubte man in diesem Zusammenhang an die Folgen des Krieges. Doch was hat das mit dem Krieg, der über 20 Jahre zurückliegt, zu tun, wenn heute ein 20-jähriger junger Mann, praktisch aus dem Nichts, zur Wohnung seiner Freundin fährt, klingelt und tödliche Schüsse durch die Tür hindurch auf ihren Vater abfeuert? Familienmitglieder bringen sich gegenseitig um, nachdem sie vorher in einen kaum nennenswerten Streit geraten sind. Immer häufiger verhalten sich Menschen wie Killermaschinen. Sofern sie selbst überleben, bleiben sie rätselhaft, wirken wie ferngesteuert. Kurzerhand werden sie als jemand, der seinen Verstand verloren hat, diagnostiziert, fortan auch so behandelt. Psychopharmaka erledigen den Rest. Bedauerliche, aber leider doch häufige Einzelfälle, heißt es offiziell.

Nach den verheerenden Anschlägen von Paris im Jahre 2015 berichteten die ersten Augenzeugen telefonisch, wie die jungen Terroristen ruhig und nahezu regungslos die Menschen in einem Konzertsaal exekutierten. Der Reporter fragte mehrfach nach, ob diese Menschen etwas sagten oder das berüchtigte »Allahu akbar« riefen. »Nein«, antwortete der Augenzeuge, »sie sagten nichts«. Am nächsten Tag berichtete die Presse unisono, wie die Terroristen ihren Gottesruf geschrien haben sollten.

Konnte je einer der vielen Amokläufe in der vergangenen Zeit wirklich aufgeklärt werden? Doch ja, die Geschichten der verhaltensgestörten, meist männlichen Killer kennen wir. Seltsam nur, dass ihr abnormaler Verhaltenszustand kaum jemandem zuvor aufgefallen war. Mag der German-Wings-Kopilot im Frühjahr

2015, als er gezielt die voll besetzte Maschine in das Bergmassiv der französischen Alpen steuerte, psychisch auch noch so belastet gewesen sein, sein gesamtes Verhalten im Cockpit während des Todesfluges bleibt in wesentlichen Teilen rätselhaft. Die Aufklärungsgeschwindigkeit dieses Unglücks war übrigens als einmalig schnell zu bezeichnen.

Mind Control heißt zu Deutsch »Gedanken- und Bewusstseinskontrolle«. Niemand bestreitet die Existenz von Mind-Control-Aktivitäten. Aber keiner gibt zu, Gedanken und Bewusstsein der Menschen maschinell zu manipulieren. Hinter vorgehaltener Hand wird aber so einiges geflüstert. Seit sich bereits im ersten Irak-Krieg die Elitesoldaten von Saddam Hussein kampflos jedem ergeben hatten, der auf sie zukam, ist bekannt, dass das Töten mit konventionellen Methoden heute kaum noch einen Sinn ergibt. Mind-Control ist nicht eine Geheimwaffe der Zukunft. Es ist jenes System, welches in der Gegenwart bereits verwendet wird. Das ist jede Art von direkter oder indirekter Hirnwäsche, insbesondere durch die Einwirkung von Folter, durch Einsatz bestimmter Drogen oder durch »Psychochirurgie«. Psychochirurgie? Darunter wird die chirurgische Zerstörung von Hirngewebe verstanden, sodass das Denken, Verhalten und sogar die ganze psychische Identität einer Person verändert werden. Man spricht davon, dass damit die Fantasie zerschmettert, Gefühle abgestumpft und abstraktes Denken vernichtet wird. Walter Freeman, ein amerikanischer Psychiater und Entwickler von Psychochirurgie, sprach offen aus, dass Roboter auf diese Weise ähnliche kontrollierbare Individuen erschaffen könnten. Es erscheint mehr als logisch, dass Menschen, die eine derartige Behandlung erfahren haben, nie darüber sprechen werden. Gegenwärtig ist es keine Seltenheit, dass für bestimmte anspruchsvolle Jobs die dafür rekrutierten Personen für einige Wochen oder gar Monate in sogenannte Trainingszentren geschickt werden.

Es ist auch nicht unbekannt, dass manche Tätigkeiten die Menschen förmlich verändern. Müssen wir befürchten, dass bereits jetzt Menschen, welche für den Betrieb und die Bedienung von mysteriösen Anlagen »ausgebildet« werden, auch psychochirurgisch behandelt worden sind? Unbestritten können viele Menschen über Personen in ihrem persönlichen Umfeld berichten, die über ihren Job kein Wort verlieren. Mit Schaudern denke ich auch hierbei an die seltsamen Vorgänge in Bezug auf den German-Wings-Piloten.

Wenn wir voraussetzen, dass mehr oder weniger nachgewiesen ist, wie mithilfe der monströsen Antennenparks, wie bereits beschrieben, Erdbeben, Tiefseebeben und Tsunamis verursacht werden können, dann ist es tatsächlich schwer vorstellbar, dass Menschen, die solche Anlagen bedienen, ohne psychochirurgische Behandlung in Ruhe weiterleben könnten. Sie wissen, welche Verbrechen sie dadurch mit verursachen, wer soll so etwas verarbeiten? Haben wir heute schon gefühlsmanipulierte Wesen in unserer Nachbarschaft? Wer kann diese Frage mit einem absolutem Nein beantworten angesichts der bewiesenen Machbarkeit?

Noch eine Beobachtung löste in mir tiefes Unbehagen aus: Ich meine das Verteilen von modernen Smartphones in riesigen Mengen. Einfache Mobiltelefone benutzen nur noch wenige. Ich war sehr erstaunt, als ich beobachten musste, dass in einer meiner Firmen in Bosnien kistenweise Smartphones angeliefert wurden, um dort verteilt zu werden. Nach dem Blick in die Buchhaltungszahlen wurde offensichtlich, dass die kleinen Telefonrechnungen keine so großzügige »Beschenkung« rechtfertigten. Mit den Paketen kamen auch die offensichtlich »richtigen« Informationen. Die neuen Geräte wurden den Mitarbeitern regelrecht schmackhaft gemacht. Auch mir wurde angeboten, auf ein neueres Modell zu wechseln. Man legte mir gleich drei nagelneue Smartphones zur Auswahl auf den Schreibtisch! Zeitgleich erfuhr ich, dass die riesigen Antennenparks abgeschaltet würden. Was diese sendeten, war ohnehin nie öffentlich bekannt geworden. Mich überkam ein sehr mulmiges Gefühl. Nun beobachten Sie Ihr Umfeld und sich selbst. Von dem Smartphone trennen sich viele nicht einmal im Schlaf. Vielleicht sind die großen Antennen deswegen überflüssig geworden.

Mit dem Eingriff in die Gedanken und das Bewusstsein des Menschen überschreitet der intelligente zweibeinige Erdbewohner deutlich die vom Schöpfer vorgegebene Grenze. Wir haben unser Bewusstsein unter anderem dafür erhalten, um nicht alles zu tun, wozu wir in der Lage sind. Jede Ausblendung dieser Begrenzung ist ein direkter Angriff auf das göttliche Werk. Jede solcher Manipulationen ist ein grausames Verbrechen. Die wissenschaftliche Spur dafür hat kein Geringerer als Albert Einstein mit seiner Aussage »*Wir sind Schöpfer und das Geschöpf gleichzeitig*« gelegt. Damit ist das Böse in das Paradies gelockt worden.

Und nun möchte ich noch ein Beispiel anbringen, welches von vielen Lesern eventuell misstrauisch betrachtet werden wird: Glauben Sie an die Existenz der uns meist nur aus Fabeln und Märchen bekannten Wesen wie Elfen oder Riesen? Wenn Sie jetzt den Kopf schütteln, so befinden Sie sich in bester Gesellschaft: Nur ein Bruchteil der Menschheit hält sie als real existierend für möglich. Wer derartige Erwähnungen macht, läuft schnell Gefahr, ausgelacht und diffamiert zu werden. Doch Achtung: Bei nicht gerade wenigen Urvölkern gehören diese Wesen immer noch zum täglichen Leben wie selbstverständlich dazu. Sie sind Helfer, Ratgeber in Sachen Natur, Wetter, Landschaftsbau und bei vielem mehr. Auch für den größten Bevölkerungsteil Islands gehören diese Wesenhaften zur Realität. So gibt es dort gar speziell zuständige Beauftragte für feinstoffliche Wesen, Erstere werden bei allen möglichen Bauvorhaben von der Regierung eingesetzt. Sofern bestimmte Infrastrukturprojekte die Lebensräume der für uns übernatürlichen und meist unsichtbaren Wesen beeinträchtigen könnten, werden die Bauvorkommen erst nach Anhörung und Prüfung durch die dafür beauftragten Fachleute realisiert, oder sie werden eben verhindert. In unserer »hoch entwickelten« westlichen Welt braucht man mit solchen Fakten erst gar nicht aufzuwarten: wie schade. Sollte sich eines Tages herausstellen, dass es diese Wesen doch gibt, so würde die Menschheit nichts verlieren, sondern, im Gegenteil, viel gewinnen: Die Welt würde reicher, bunter, schöner werden.

Hier fällt mir wieder das berühmte Geleitwort des Gottessohnes Jesus Christus ein, der da sagte: *Wahrlich, ich sage euch: Wenn ihr nicht umkehrt und werdet wie die Kinder, so werdet ihr nicht in das Reich der Himmel kommen!*

Ist dies eigentlich wirklich so schwer? Wohl kaum. Das Einzige, was uns daran hindert, dieser Weisung nachzukommen, ist unser vom Materialismus schwer gepeinigter Verstand, dessen freiheitliche Sehnsucht arg beschnitten und eingeengt wurde: durch uns selbst ganz alleine. Jeder kann doch selbst bestimmen, was er glauben möchte und was nicht. Warum tut er es dann nicht? Aus Sorge um sein Ansehen? Gewiss, in der von Globalextremisten verwalteten Welt läuft ja nichts mehr rund, in den Naben der vielen kleinen und großen Räder hat sich eine Menge Reibesand angesammelt. Wir selbst müssen ihn wieder entfernen, um der Sache der Natur wieder näherkommen zu können.

Ein paar andere Beispiele: Es wurde erforscht, dass sich Pflanzen schon einmal kollektiv zur Wehr setzen können, wenn sie sich und ihre Art bedroht sehen. WWW – Wood Wide Web sozusagen. Bekannt ist unter anderem, dass zunehmend mehr Waldarbeiter verunglücken, obwohl die Sicherheitsmaßnahmen immer moderner, umfangreicher, zuverlässiger, die eingesetzten Maschinen immer sicherer werden. Diese »Unfälle« sind oft so rätselhaft, dass einem das Wort im Halse stecken bleibt, wenn man darüber sprechen will. Es scheint, als ob eine unsichtbare Kraft zuweilen eingreift und das Schicksal in eine andere Richtung lenkt: Bäume fallen plötzlich ohne erkennbaren Grund um und treffen zielgenau Menschen, Autos oder Häuser. Hin und wieder ist zu beobachten, dass dies in der Nähe eines Platzes eintritt, an dem der Wald zuvor rücksichtslos abgeholzt wurde. Oder Erdrutsche finden völlig unerwartet statt, denen nicht immer Erklärungen zugrunde liegen wie etwa Eingriffe durch den Menschen. Oder was ist mit den vielen kleinen Inseln, die sich plötzlich aus den Meeren erheben und, wie neugeboren, ihren Platz einnehmen? Wer tut das? Welche Naturkräfte kommen hier zur Wirkung?

Welche Gründe für derartige Phänomene ausschlaggebend sind, darüber könnte man lange diskutieren. Tatsache ist, dass viele Unerklärlichkeiten durch ihre regelmäßige Folge uns anregen müssten, uns mit den vielen Geheimnissen mehr und mehr auseinanderzusetzen. Verfügen die Bäume vielleicht über ein globales Verständigungssystem, das möglicherweise durch die Erde verläuft, über die Wurzeln, die als Sende- und Empfangsantennen dienen? Oder ist es das Eingreifen unsichtbarer, wesenhafter Elemente, die ja auch für uns im Schutz der Erde arbeiten, für den förderlichen Fortgang sorgen in Natur und Klima? Gibt es eventuell Handlungen ihrerseits, die feinstofflicher Art sind und die sich damit unserem Beobachtungsvermögen entziehen?

Zum Glück befasst sich zunehmend auch manche Wissenschaft mit Ereignissen dieser Art. So wird seit einigen Jahren ein merkwürdiges Phänomen bei Tieren beobachten, welches neu zu sein scheint: Manche Arten rotten sich immer häufiger zusammen, um Menschen anzugreifen, um sie auch zu töten. (Eigentlich kein Wunder, oder?) Dafür wurde eine statistische Kategorie unter dem Kürzel HAC (Human Animal Conflict) eingeführt. Vielerorts kämpfen die Tiere gegen ihren einzigen wirklich gefährlichen Feind – den Menschen. Gorillas in Kamerun haben gelernt, sich zu bewaffnen, sie greifen gezielt jeden Menschen an, der in ihr Revier eindringt. Elefanten vernichten in Afrika und Indien ganze Dörfer. Dabei versuchen sie ebenfalls, die Menschen gezielt zu töten.

Dass aber selbst Pflanzen Rachepläne schmieden können und zurückschlagen, ist verhältnismäßig neu. Nun spricht die Forschung schon darüber, dass Pflanzen mehr Sinneswahrnehmungen als Menschen haben. Sie sollen tatsächlich eine Art Gehirn in ihrem Wurzelwerk besitzen. Doch haben sie auch ein Bewusstsein? Sind sie intelligent im Sinne der Schöpfung? Oder sind es eventuell wieder die Wesenhaften, die die Pflanzen und Bäume aufziehen, zur Blüte und Reife bringen, die durch ihr eigenes Schöpfungsbewusstsein in einer Art Informationsaustausch miteinander in Verbindung stehen, sowohl regional als auch global?

Großbauern wissen, dass sich manchmal ganze Maisfelder selbstständig gegen eine bestimmte Schädlingsart verteidigen. War so eine Plage an einem Ende des Feldes erfolgreich, kam es schon einmal vor, dass am anderen Ende die Pflanzen begannen, einen abwehrenden Geruch sowie Giftstoffe zu produzieren. Ein Teil des Feldes konnte sich somit retten. Leider ist nun der gierige Mensch mit all seiner monetär ausgerichteten Motivation dabei, auf der ganzen Erde die Pflanzen durch die zu Recht höchst umstrittene Genveränderung zu verblöden. Alle seriösen Forschungen sprechen von katastrophalen Ausblicken auf die Zukunft – sowohl für die Pflanzenwelt als selbstverständlich auch für Mensch und Tier.

Der Mensch steht heute am Ende seines Wissens. Alles, was heutzutage überhaupt als *Wissen* bezeichnet wird, sind in Wirklichkeit aneinandergereihte Fakten, die niemand mehr in der Lage ist, in die richtige Reihenfolge zu bringen. Zwar gibt es viele verschiedene sogenannte Wissenschaften, doch wo finden wir die universelle Wahrheit, die sozusagen durch das Weitwinkelobjektiv schaut, die alles von oben überblickend und zusammenfassend und, im Sinne der Schöpfungsgesetze, richtig zu bewerten in der Lage wäre? So, dass wir Menschen endlich einen Nutzen davon hätten, endlich auch weiterkämen auf dem bislang so holperigen und steinigen Weg der Erkenntnis.

Das gänzliche Erschauen einzelner Dinge und Gegebenheiten in unserem Leben ist uns Menschen also derzeit nur bedingt möglich, unter anderem deswegen, weil wir die Verbindung zur Natur verloren haben. Dementgegen sollen wir manches aber auch nicht täglich erschauen, es würde uns sonst vielleicht verrückt werden lassen. Würden wir beispielsweise alle Partikel in der Luft sehen können, die herumflimmern, so würden viele von uns nur mit einer Atemschutzmaske herumlaufen.

Die berühmten Dunstwolken über unseren Großstädten zeigen uns, mit wie viel Ignoranz der Mensch ausgestattet ist, wenn es um die Selbsttäuschung geht. Wir sehen den Wahnsinn der von uns vergifteten Welt zwar nicht im Einzelnen, doch deswegen herrscht er trotzdem. Mit nur etwas mehr Realitätsbewusstsein müssten wir wissen, wie arg es nun um den Globus und seine Luft- und Wasserqualität bestellt ist: Das alles nur wegen unserer mangelnden Fähigkeit, uns den Schöpfungsgesetzen anzupassen. Wir vergiften, lassen vergiften, wir verpesten und lassen zu, dass die Mächtigen dieser Erde gewissenlos mit den uns zur Verfügung gestellten Naturressourcen herumprassen. So gehen wir hinaus an die »frische Luft«, wir spüren fast Atemnot, wir wissen, dass die Luft längst nicht mehr überall frisch, sondern in vielen Teilen der Welt schwer belastet ist; dennoch machen wir weiter wie bisher gewohnt.

Unsere Städte wachsen sich inzwischen zu Horror-Hochburgen aus, sie werden überbevölkert, Stress und Hektik zerstören Gesundheit und Frohsinn, während die ländlichen Gebiete vielerorts veröden. Beton statt Bäume. An heißen Sommertagen vermischt sich in manchen Millionenstädten stickiger Smog mit dem ekelerregenden Geruch moderiger und von Chemie-Cocktails geschwängerten Ausdünstungen, welche durch die Schächte der Abwasserleitungen hochsteigen. In Tokio lässt man gebietsweise die Vögel digital aus den Lautsprechern zwitschern, um noch eine Ahnung, was Natur ist, herzustellen.

Weltweit hastet und rennt alles durcheinander, die Menschen sehen sich kaum an, ihre Haltung ist meist vornübergebeugt, als trügen sie die Lasten und Probleme der ganzen Welt auf den Schultern. Andere wiederum sitzen teilnahmslos in von Computern gesteuerten Bussen und U-Bahnen, die meisten starren in ihre Smartphones und Tablets, nichts Natürliches, Schwingendes, Schönes lässt sich in ihrem Umfeld ausmachen.

Ganz anders ist es draußen in der Natur, die möglichst unberührt von Menschenhand noch schwingen kann in den Gesetzen des Kosmos, angetrieben durch die unsichtbare Kraft des Schöpfers, der für uns Menschen doch nur Gutes erdacht hat. Doch wir manipulieren das ganze Leben und richten es nach fragwürdigen Zielen aus, und all dies nennen wir auch noch Fortschritt.

Doch wovon schreiten wir eigentlich fort? Richtig: Von der einzigen Lösung, die uns noch retten könnte – von der Rückkehr zu den Naturgesetzen. Tief in unserem Inneren wissen wir, was richtig oder falsch ist. Wir wissen genau, wie unpassend derzeit nahezu alles läuft. Trotzdem dünken sich die meisten Leute heutzutage immer noch stolz angesichts dieses »fortschrittlichen« Dilemmas, unserer künstlichen Welt, der gestellten Bilder, des manipulierten Geistes, der unterdrückten Kraft, die doch in jeder Sekunde für uns bereitgehalten wird, damit wir sie endlich fluten lassen und uns wieder erholen und genesen könnten.

Noch sehen wir Menschen derzeit nur das, was wir sehen wollen. Insofern hatte Goethe wohl recht, als er sagte: »*Man sieht nur, was man weiß. Eigentlich: Man erblickt nur, was man schon weiß und versteht.*« Gemeint dürfte damit vor allem das Eingeschränktsein des Menschen sein, die fehlende Fähigkeit, den Geist weiter zu öffnen, um das Unmögliche in Erwägung zu ziehen. Bislang muss der Mensch noch auf der Stelle treten, wenn er sagt: »Ich glaube nur das, was ich sehen kann.« Ein armseliger,

beengter, winziger Blickwinkel angesichts des unendlichen, herrlichen Universums, in welchem wir nicht einmal die Größe eines
Stecknadelkopfes erreichen können.

Oder sehen wir uns das Verhalten der Tiere an. Jeder, der
schon mit Pferden oder Hunden zu tun hatte, kennt das: Die
Tiere laufen zielgerichtet des Weges. Plötzlich halten sie inne, das
Pferd scheut, es weigert sich, auch nur noch einen einzigen
Zentimeter weiterzugehen. Warum wohl? Für uns Menschen ist
das Verhalten unerklärlich, es macht uns sogar ungeduldig, und
wir würden am liebsten das Tier mit Gewalt zwingen, unserem
Befehl nachzukommen, damit es endlich weitergeht. Doch haben
wir uns schon ein einziges Mal die Mühe gemacht, zu hinterfragen, ob da nicht doch etwas sein könnte, etwas Feinstoffliches
vielleicht, was wir mit unseren Menschenaugen nicht wahrnehmen können? Eventuell könnte dieses Verhalten ja auch eine
Warnung für uns selbst sein, den eingeschlagenen Weg fortzuset-
zen, eine Warnung vor einem bevorstehenden Unglück etwa oder
etwas Ähnlichem.

Mehr und mehr Forscher, Physiker, Psychologen, von denen
einige zu Grenzwissenschaftlern werden, bekennen sich inzwischen dazu, derartige paranormale Phänomene ernst zu nehmen.
So werden seit Jahrzehnten sogenannte Spukfälle von ausgewiese-
nen Physikern geprüft, renommierte Einrichtungen wie das Max-
Planck-Institut begleiten so manches »Projekt«, da sich unter den
wirklichen Forschern längst herumgesprochen hat, dass da noch
eine Menge nicht erklärbarer Vorgänge existiert, die der Mensch
in seiner grenzenlosen Einfalt sich zu entdecken bislang weigerte.

So ist auch die Reinkarnation ein immer wichtigeres Thema
geworden, welches beschreibt, dass der Mensch nach dem irdi-

schen Tod zwar seinen toten Körper verlassen muss, jedoch sein Geist im Jenseits weiterlebt. Jeder Mensch kehrt in gewissen Abständen wieder auf die Erde zurück, Ziel mehrerer Inkarnationen ist die Aufwärtsentwicklung der Seele beziehungsweise des Geistes zum Guten, Hohen und Edlen.

In der katholischen Kirche in Rom war man über so viel eigenständiges Denken der Schäfchen schon vor 1500 Jahren nicht erbaut, da verantwortungsvoll denkende Menschen sich nun einmal nicht so leicht manövrieren und manipulieren lassen, und schon bald wusste man Abhilfe zu schaffen, indem man kurzerhand sämtliche Grundlagen zum Verstehen der Reinkarnationslehre aus den Lehrbüchern entfernte – damals basierten diese Informationen auf Grundlagen des Kirchenlehrers Origines von Alexandrien und seiner Feststellungen zur Prä-Existenz der Seele. Doch nicht nur dessen Lehren wurden auf Nimmerwiedersehen gestrichen, sondern man belegte den großen Meister bis heute mit dem Kirchenbann, damit auch ja niemand mehr an diesem Beschluss rütteln sollte.

Während man im Mittelalter auf dem Scheiterhaufen gelandet wäre für solche Aussagen, ja, wahrscheinlich sogar »im Namen Gottes« dafür hätte brennen müssen, ist heute, wie erwähnt, die Wissenschaft zunehmend bereit, über diese Art spiritueller Themen zu reden. Weit über drei Millionen Nahtod-Berichte gibt es inzwischen auf der Welt, doch hängen damit noch weitere ungezählte Phänomene zusammen, wie unter anderem Jenseitsbegegnungen, Besuche von Verstorbenen, Besetzungen durch jenseitige Geister und vieles mehr.

Spannend in diesem Zusammenhang ist es auch, dass gerade manche hochrangigen Kirchenvertreter seit einiger Zeit öffentlich ihre Sorge um die mangelnde geistige Entwicklung der Menschen äußern und dabei ungewohnte Töne anstimmen. Sie scheinen viel mehr zu wissen über die Zusammenhänge und Vorgänge im Diesseits und Jenseits, als es allgemein bekannt ist und als es die Vatikanpolizei erlaubt.

Ein beeindruckender Beweis hinsichtlich ganz offensichtlich höheren Wissens wurde vom ehemaligen Papst Johannes Paul II. in seiner Generalaudienz vom 28. Oktober 1998 deutlich gemacht. Hier formulierte dieser wörtlich: »*Man darf nicht glauben, dass das Leben nach dem Tode erst mit der endzeitlichen Auferstehung beginnt. Ihr geht jener spezielle Zustand voraus, in dem sich jeder Mensch vom Augenblick des physischen Todes an befindet. Es handelt sich um eine Übergangsphase, bei welcher der Auflösung des Leibes das Überleben und die Fortdauer eines geistigen Elementes gegenübersteht, das mit Bewusstsein und Wille ausgestattet ist, sodass das Ich des Menschen weiter besteht, auch wenn die Ergänzung seines Körpers fehlt.*«

Ebenso wirken denn auch jene Worte des Schreibens der Kongregation für die Glaubenslehre zu einigen Fragen der Eschatologie vom 17. Mai 1979, denen man unter anderem entnehmen kann: »*Die Kirche bekräftigt das Überleben und Fortbestehen eines geistigen Elementes nach dem Tod, das mit Bewusstsein und Willen ausgestattet ist, sodass das ›Ich‹ des Menschen fortbesteht. Um dieses Element zu bezeichnen, verwendet die Kirche das Wort ›Seele‹, welches durch Schrift und Tradition sanktioniert ist.*«

Es ist doch eigentlich nicht schwer, sich vorzustellen, dass jeder Mensch, ebenso wie jeder Baum, im ewigen Kreislauf der Natur die wichtigen Vorgänge der Geburt, der Blüte, der Frucht und Ernte und des Verfalls durchschreitet, bevor die Reise dann wieder von vorne beginnt. Aus diesen natürlichen Vorgängen ergeben sich übrigens weitere wichtige Schlussfolgerungen, welche heutzutage immer öfter auch in die neuwissenschaftlichen Kreise Eingang finden: So können die Seelen von Verstorbenen über bestimmte Menschen mit den noch Lebenden kommunizieren, was sowohl zum Nutzen der noch Lebenden wie auch zur Hilfe für die Seelen der Verstorbenen sein kann. Gerade durch die Kirche wurden in den zurückliegenden Jahrhunderten diese Zusammenhänge nicht selten jedoch als Scharlatanerie und Teufelswerk bezeichnet. Viele Menschen wurden für solche Kenntnisse gemordet.

Nun ahnen Sie, wie sich die Menschen irren, wenn sie sagen: »Ich glaube nur das, was ich sehe.« Es ist aber unumstößlich richtig, dass wir nur das sehen, was wir wissen und glauben. Deswegen wird ein enormer Aufwand betrieben, unsere Gedanken industriell zu kontrollieren und unser Bewusstsein zu manipulieren. Deswegen: Drehen sie sich um, um die Wahrheit zu erkennen. Wenn Sie in einem Tal als Erster den Sonnenaufgang sehen wollen, dürfen Sie nicht auf den Berg blicken, hinter welchem die Sonne aufgehen wird. Sie müssen sich umdrehen und die Bergspitze auf der anderen Seite gegenüber betrachten, denn dort erscheinen die Sonnenstrahlen zuerst.

# Mensch, sind wir zu viele?

Seit der Besiedelung des amerikanischen Kontinents durch den »weißen Herrenmenschen«, vor allem durch die weltweite Kolonialisierung, die durch die Imperialisten vorangetrieben wurde, plagt diese Leute augenscheinlich immer wieder dieselbe Frage: Wie kann man die Anzahl der Sklaven auf seinen eigenen Bedarf abstimmen, am besten erhöhen? Einerseits sind sie als Arbeitskräfte ja durchaus wertvoll, vor allem ihre Länder mit den wertvollen Ressourcen sind unbezahlbar, doch andererseits könnten sie durch eine unkontrollierte Vermehrung zur Plage werden. Die feinen Kolonialherren, die bis heute sich alles unter den Nagel reißen, was sie ergaunern und durch Kriege sich unrechtmäßig aneignen können, fragen weder nach den Gesetzen des Schöpfers, noch bitten sie um Erlaubnis für ihre Vorgehensweise. Sie nehmen sich, was sie kriegen können.

Schon seit geraumer Zeit geistert der Begriff »Migrationswaffe« durch den Raum. Er birgt den Grundgedanken, dass Flüchtlingsströme, die sich in fremde Länder bewegen, ob sie nun vorsätzlich ausgelöst wurden oder »zufällig« entstanden sind, wenn man davon überhaupt reden kann, sich wie kriegerische Angriffe auswirken können. Aber auch wie eine manövrierbare Masse, deren Mitglieder erst gegeneinander aufgehetzt werden, spätestens durch Militär- und Polizeigewalt jedoch in ihre Schranken gewiesen werden könnten. Wenn Hunderttausende Migranten einen anderen Staat »überschwemmen«, wie Deutschland dies seit spätestens 2015 auf beeindruckende Weise erlebt, so werden dort die öffentliche Ordnung und die Gesetze recht schnell ausgehebelt. Es sind Ausnahmesituationen, die mit diesen Fakten geschaffen werden. So, wie es derzeit aussieht, werden Deutschland und andere europäische Länder, wie zum Beispiel Österreich, Schweden oder Norwegen, sich wohl noch eine ganze Weile im Ausnahmezustand befinden.

Schon mehrere Male hatte die Bundesrepublik in jüngster Zeit mit verhältnismäßig hohen Zuwandererströmen zu kämpfen, so beispielsweise unmittelbar in der Zeit des Wirtschaftswunders der 1950er- und 1960er-Jahre, wie auch nach dem Fall der Mauer Ende der 1980er, als zahlreiche mitteldeutsche Landsleute in den Westen kamen. Auch nach der Einrichtung des Schengener Abkommens 1995, als viele Grenzübergänge geschlossen und die innereuropäischen Grenzen quasi beseitigt wurden, und ebenso, als die Freizügigkeitsregeln im osteuropäischen Raum zur Entfaltung kamen, erhöhten sich die Zahlen der Einwanderer stetig.

Es ist interessant, sich die Entwicklung des letzten halben Jahrhunderts genauer anzusehen. Schnell wird man feststellen, dass sich innerhalb dieses verhältnismäßig überschaubaren Zeitraums Land und Leute dramatisch verändert haben. Man fragt sich, ob diese Veränderungen einer natürlichen Entwicklung unterlagen oder ob hier nachgeholfen wurde, um bestimmte Ziele zu erreichen. Sehen wir uns die Faktenlage einmal an.

Der Großteil des Aufschwungs Westeuropas, der nach dem Beginn des deutschen Wirtschaftswunders zu verzeichnen war, soll angeblich nur durch die Hilfe einiger Millionen Gastarbeiter bewältigt worden sein. So heißt es jedenfalls bis heute offiziell. Die Menschen strömten damals aus Südosteuropa, Griechenland, der Türkei, aus Jugoslawien, Spanien und Italien sowie aus dem asiatischen Raum in den Westen. Es sollten möglichst viele

Arbeitskräfte kommen. Zumeist waren es zeugungsfähige junge Männer. Manche brachten ihre jungen Familien mit, zum großen Teil aber gründeten die Gastarbeiter, wie sie fortan genannt wurden, neue Familien im Westen. In beiden Fällen brachten sie ihr kulturelles Verständnis über die Größe einer Familie hierher. Die Kinderzahl der ausländischen Familien lag bei vier bis acht, manchmal waren es auch noch mehr.

Die Entwicklung der Familie seitens der einheimischen Bevölkerung verlief in Europa beziehungsweise in Deutschland völlig anders: Hier hatte man gerade die freie Liebe entdeckt, die mit einem frivolen, sorglosen Lebensstil verbunden war. Oswalt Kolle setzte mit seinen ersten Sexfilmen neue Maßstäbe. Der schon zu Beginn recht aggressive Feminismus, dem durch Alice Schwarzer und Co. immer mehr Leben eingehaucht wurde, machte sofort klar, dass der Sinn des Lebens von Frauen eine neue Qualität erhalten würde: Fortan wurde die Arbeit der Hausfrau und Mutter schlechtgeredet, die Frau sollte sich nun unabhängig vom Mann machen. Auch das Kinderkriegen verlor den Glorienschein, denn jedes Baby fesselte die moderne Frau ja an den Ehemann und Vater des Kindes, auch an den ungeliebten Herd, was zunehmend unerwünscht war. Die gleichzeitig auf den Weltmarkt geworfene Anti-Baby-Pille half, auch die letzten Hemmungen abzulegen. Die Begriffe »Sex« und »Liebe« wurden zunehmend voneinander getrennt; Schwangerschaften, die zuvor mit Freude begrüßt worden waren, wurden nun als Problemfall diskutiert.

Innerhalb von etwa 50 Jahren veränderte sich so das Straßenbild in den meisten westeuropäischen Städten auf unglaubliche Weise: Sah man früher ein Ehepaar mit vielen Kindern, so wurden es nun immer mehr »coole, moderne« Erwachsene, die hin und wieder einmal einen Kinderwagen im Schlepptau hatten.

Das Kräfteverhältnis ausländischer zu deutschen Familien begann, sich rasch zu verändern. Dennoch sank die Geburtenrate mit dem Anfang dieser Entwicklung in den 1960er-Jahren: Die Deutschen bekamen so wenige Kinder, dass auch die ausländischen Familien diesen demografischen Missstand nicht mehr ausgleichen konnten. Inzwischen, also im Jahre 2016, hat sich die Situation derart zugespitzt, dass Deutschland weltweit die niedrigste Geburtenrate aufweist. Offiziell sind es etwa 1,3 Kinder, die ein Paar hier noch sein Eigen nennen kann, wobei die Überlebensrate einer Gesellschaft mindestens 2,1 Kindern pro Paar erfordert. Man muss nicht Pythagoras heißen, um sich auszurechnen, wann Schluss mit lustig ist – lange dauert es sicher nicht mehr.

Die meisten Fremden von damals sind heute nicht selten integrierte Europäer. Durch ihre doppelte Staatsbürgerschaft erhalten sie das Privileg, auch in Deutschland wählen zu können. Doch was so verlockend klingt, birgt auch erhebliche Nachteile, denn was als Stärkung für die ausländischen Mitbürger hervorgehoben wird, klingt bei genauerem Hinhören viel mehr als Schwächung. Zwar wird die Schlagzeile *Mobile Arbeitskräfte aus anderen EU-Ländern bringen Wohlstand* gebetsmühlenartig in den Massenmedien wiederholt, doch was bedeutet sie eigentlich? Im Januar 2014 stimmte der ehemalige EU-Kommissar László Andor ebenso das Lied der wachsenden Wirtschaftskraft durch Migranten an: »*Mobile Arbeitskräfte aus anderen EU-Ländern bezahlen mehr Steuern und Sozialbeiträge in die Kasse ihrer Gastländer, als sie an Sozialleistungen von diesen Ländern bekommen. Je mehr*

*Arbeitskräfte ein EU-Land aus anderen EU-Ländern hat, desto zahlungskräftiger ist sein Wohlfahrtssystem.«*

Doch trotz Einbürgerung nach ein paar Jahren, nach diversen Sprachtests und dem sich Einlebenmüssen in die fremde Kultur und Gesellschaft, bleibt die wichtigste Frage: Wie mögen sich wohl die ausgetauschten Menschen fühlen in dem fremden Land? Wie läuft ihr Leben? Ein wichtiger Punkt ist die soziale Verankerung. Sie muss doch am fremden Wohnort schwächer sein, der Ausländer steht für lange Zeit nicht in seiner Vollkraft, wie auch? Es ist nicht seine Heimat, die es mit den Jahren allerdings durchaus werden kann, wenn er sich nach allen Kräften bemüht und hart daran arbeitet.

Der Integrationsprozess, der leider nur in seltenen Fällen wirklich gelingt, braucht Zeit, er erfordert viel Fleiß des Zuwanderers, auch seiner Familie, vor allem braucht es auch gute Vorsätze in Bezug auf das fremde Umfeld. Dieser langwierige Prozess bringt immer Rückschläge, Hoffnungslosigkeit, eine Menge Stress. Zuweilen stellen sich natürlich auch Freude und Zuversicht ein, ein recht wechselhafter Prozess, der von allen Beteiligten viel abverlangt. Über die zuweilen qualvolle Trennung innerhalb der Familien ist seit Menschengedenken schon viel geschrieben, gesungen und berichtet worden, Ehefrauen bleiben mit den Kindern zurück, Mütter beweinen die ausgezogenen Söhne, Väter fühlen sich im Stich gelassen. Der innere Kern der Familie wird zerrissen, sobald ein Mitglied beschließt, seine Heimat zu verlassen, um in einem fremden Land sein Glück zu suchen. Wenn dies in Kulturen geschieht, in denen die Familie als wichtigste gesellschaftliche Zelle einen hohen Rang genießt, so sind die Folgen noch heftiger. Auch wird natürlich die Kraft der Heimatstrukturen geschwächt, da die jungen Menschen, die für den Zukunftsaufbau wichtig sind, ausgewandert sind und einem anderen Land ihre Arbeitsleistung zur Verfügung stellen.

Fakt ist, dass der Migrant in der Fremde – zumindest in den ersten Jahren – niemals in seine Vollkraft gelangen kann, da er die Gesetze, die Bräuche und Gepflogenheiten des anderen Landes erst erlernen und sich anpassen muss, entgegen seiner eigenen Prägung und Lebensweise. Wer will hier behaupten, dass dies ein einfacher, leicht zu bewältigender Prozess sein soll? Ein griechischer oder ein türkischer Arbeiter würde beispielsweise ebenso wenig gegen die Politik in Deutschland auf die Barrikaden gehen, wie es ein deutscher Arbeiter in Griechenland tun würde. Sie sind doch viel zu unsicher, kennen sich nicht aus, schweigen lieber, bevor sie etwas Falsches äußern. Je mehr einzelne, sich gegenseitig fremde, aus der Heimat geflohene Menschen an jedem Wirtschaftsstandort um Arbeit konkurrieren, desto weniger muss sich das Machtkartell mit revoltierenden, womöglich gar noch organisierten Arbeitern eines Volkes auseinandersetzen. Das *Teile-und-herrsche-Prinzip* kommt hier wieder einmal voll zur Geltung: Schmerzvoll wird es den ausgewanderten Menschen in der Fremde immer wieder klar, dass sie hüben wie drüben zu Fremden geworden sind.

Diese Fremdheit äußert sich nicht selten ganz sichtbar: Viele Migranten haben sich inzwischen in Paralleluniversen eingerichtet, je fremder die Kultur, umso abgeschnittener leben sie in ihren eigenen Kreisen. Mit der Zeit wird die Kluft zwischen den verschiedenen Kulturen immer größer, Unruhe, Feindschaft entstehen, die nicht selten zum Schluss Hass erzeugen. Beispiele konnte man in Deutschland seit 2015 mehr als genügend sammeln.

Alle diese beunruhigenden Fakten, die der »Zusammenschluss« fremder Kulturen auf engstem Raum mit sich bringt, sind den Regierungen übrigens lange klar: Sämtliche aktuellen Probleme, welche die wachsende Zahl fremder Menschen in unseren europäischen Ländern mit sich bringt, sind offenbar sogar einkalkuliert, wie es zum Beispiel der zehnte Kinder- und Jugendbericht, der bereits im Jahre 1998 veröffentlicht wurde, beweist. Dort nahm die Bundesregierung wie folgt Stellung:

*»So, wie es Fremdenfeindlichkeit der Deutschen gibt, gibt es Deutschenfeindlichkeit bei Zugewanderten, nicht selten unterstützt und geschürt durch fundamentalistische Organisationen. Dazu zwei Klarstellungen: Auch wenn aufgrund der Literaturlage und der öffentlichen Diskussion sich die Beispiele auf die türkischen Zuwanderer richten, sind ähnliche Abwehrhaltungen und Distanzierungen von den ›deutschen Vorstellungen‹ auch bei einem Teil der anderen Zuwanderer vorhanden, bei den Arbeitsmigranten anderer Nationalität und den Flüchtlingen ebenso wie bei den Aussiedlern.«*

Auch ist in sämtlichen Politiketagen die Tatsache bekannt, dass Migration, wie erwähnt, die betreffenden Menschen enorm schwächt in ihrem Selbstbewusstsein, ihrem Durchsetzungsvermögen, in ihrer persönlichen Identität, vor allem dann, wenn diese aus ihrer Heimat vor Krieg und Zerstörung fliehen mussten, wie es in jüngster Zeit der Fall gewesen ist. So nahm die Bundesregierung in einem Familienbericht hierzu wissend Stellung:

*»Hinweise auf Fallanalysen, Auskünfte von Ärzten und Ärztinnen sowie Fachkräften in psychosozialen Beratungsdiensten verstärken den Eindruck, dass Kinder ausländischer Herkunft psychische Auffälligkeiten zeigen, die in Zusammenhang mit der Wanderung und den Belastungen ihrer Situation in einem fremden Land stehen.*

*In vielen Beiträgen erscheinen Kinder in psychischer und psychosomatischer Hinsicht als Risikogruppe.*«

Hinzu kommt, dass die aktuelle Flüchtlingswelle, die seit 2015 nach Deutschland schwappt, unzählige traumatisierte Menschen hierher bringt. Mehr als 70 Prozent der Flüchtlinge, die derzeit nach Deutschland kommen, haben nach Schätzungen der Bundespsychotherapeutenkammer (BPtK) Traumatisches erlebt, hieß es Ende 2015 offiziell. In Deutschland seien die Menschen zwar in Sicherheit, doch viele bräuchten eine psychotherapeutische Behandlung. Am häufigsten seien posttraumatische Belastungsstörungen sowie Depressionen bis hin zu Suizidgefahr. Neben Kriegsereignissen in der Heimat »spielen auch traumatische Erfahrungen auf der Flucht eine Rolle«, so die Experten. Wie erwähnt, ist es eine Tatsache, dass sich diese Menschen nach langer Flucht dann in einem fremden Land, meist in ungeordneten Verhältnissen wie Camps und Zeltstädten lebend, einer zusätzlichen Unsicherheitsgefahr ausgesetzt sehen. Es herrschen teilweise unvorstellbare Zustände auf engstem Raum, Schmutz, Aggression, Perspektivlosigkeit, Verzweiflung.

Während die amtierende Bundeskanzlerin immer noch mehr Menschen ins Land holen will, weiß sie doch längst, dass sie die zum Teil bitterarmen Menschen zielsicher in Höllenqualen lotst. Dies alles geschieht in aller Öffentlichkeit, doch niemand schreitet wirklich ein. Es wächst ein Potenzial von Orientierungslosigkeit, Wut und Gewalt, hier, im einst beschaulichen Deutschland. Unvorstellbar.

Auch in diesem Fall fragt der Mensch selten nach den Naturgesetzen: Wie hat der Himmel es wirklich gemeint? Schwingt diese Entwicklung richtig? Hat der Schöpfer so viele verschiedene

Arten von Menschentypen entwickelt, hat er sie, ihren körperlichen Eigenschaften entsprechend, einfach so in verschiedenen Klimazonen angesiedelt, ohne Grund? Wir müssen uns als Beispiel nur die Beschaffenheit des Organismus dunkelhäutiger Menschen im Vergleich zu den Hellhäutigen ansehen: Die dunkle Haut ist viel besser in der Lage, starke Sonneneinstrahlung »zu verarbeiten«, während diese für blasse Menschen recht schnell zu einer gesundheitlichen Gefahr werden kann. Und: Müssen wir uns nicht fragen, ob dem sonnengewöhnten Organismus in nördlichen Ländern diese Lichtzufuhr fehlt, um sich gesund weiterzuentwickeln?

Wir wissen so wenig über die Funktionen von Körper und Seele des Menschen, vor allem, wenn diesem eine derart drastische Lebensumstellung zugemutet wird: Wie stellen sich die mittel- und langfristigen Auswirkungen auf die körperliche und seelische Gesundheit dar? Wäre es nicht grundsätzlich besser, auf seiner heimatlichen Scholle, aber zumindest auf demselben Kontinent, zu bleiben, um sein Leben zu verbringen? Wie steht es mit den heimischen Speisen, den Früchten der eigenen Erde? Ist der Organismus nicht gerade auf diese Lebensmittel eingestellt? Wohlgemerkt, ich stelle diese Fragen in den Raum als eine Anregung der Gedanken, ohne dabei an dieser Stelle erneut die Fluchtgründe zu benennen.

Doch noch einmal zurück zur jüngsten deutschen Geschichte und ihrer bedeutsamen Entwicklung bis heute: Es waren also einige Millionen Ausländer, die ab den 1960er-Jahren nach Deutschland fluteten. Viele von ihnen sind längst integriert, etliche auch nicht. Doch welche Migrantenflut biblischen Ausmaßes Deutschland seit 2015 heimsucht, ist mit Worten nicht mehr zu beschreiben. So hieß es im März 2016 in *Welt Online*: *»Nach Angaben des Statistischen Bundesamts sind 2015 insgesamt zwei Millionen Ausländer nach Deutschland gekommen. (…) Nicht nur für Flüchtlinge und Armutsmigranten ist Deutschland das attraktivste Land Europas, auch auf regulärem Wege zieht es viele Ausländer in die Bundesrepublik.«* Und um die Katastrophe offiziell zu vollenden, hieß es dann weiter, dass nach Erkenntnissen des Statistischen Bundesamte davon ausgegangen werden müsse, dass diese Ergebnisse zu niedrig bemessen seien, da die Nichtregistrierten noch nicht eingerechnet seien. Da andere Veröffentlichungen Zahlen zwischen 500 000 und einer Million nichtregistrierter Migranten nennen, liegt die offizielle Zahl der 2015 Eingereisten demnach bei knapp drei Millionen! Der im Bundesamt für die Ausländerstatistik zuständige Mitarbeiter wurde mit folgenden Worten zitiert: *»Die zwei Millionen beschreiben die Untergrenze. Wir wissen, dass die tatsächliche Zahl der Ausländer und Zugewanderten höher liegt, wir wissen aber nicht wie hoch genau.«*

Angesichts dieser extrem schnell steigenden Zahlen sogenannter Flüchtlinge ist es immer wieder sinnvoll, sich mit der Ursache der Flucht zu beschäftigen. Warum verlassen diese Menschen ihr Land und setzen sich einer ungewissen Zukunft aus? Wer dreht an diesem Rad, bringt es immer schneller in Schwung? Und: Wem ist damit wohl gedient? Eine kurze Rückschau ist erforderlich, um die geostrategischen Zusammenhänge dieses Globalkrieges zu begreifen.

Wir schauen zurück in das nordafrikanische Land Libyen noch vor dem Krieg 2011: Libyens Staatschef Gaddafi erhielt für lange Zeit immense, regelmäßige Zahlungen von der Europäischen Union – man spricht von fünf Milliarden Euro –, die Italien jedes Jahr überwies, damit Gaddafi die Grenzen seines Landes nach Europa hin geschlossen hielt. Auf diese Weise wurde für viele Jahre ein gewaltiger Migrantenstrom nach Europa verhindert, der genau genommen bereits existierte, da die Heimat von Millionen Menschen in Afrika durch skrupellose Plünderungen seitens der westlichen Allianz in den zurückliegenden zwei, drei Jahrhunderten schon lange unbrauchbar gemacht worden war.

Als die NATO im Jahre 2011 das wirtschaftlich und gesellschaftlich gefestigte und blühende Libyen zu bombardieren begann, warnte Gaddafi vor einer Destabilisierung des gesamten europäischen Kontinents. Er prophezeite Europa nie da gewesene Katastrophen, wenn der Bann erst einmal gebrochen sein sollte und sich Millionen mittellose Afrikaner auf den Weg nach Norden machen würden. Genau so ist es gekommen. Die NATO, die Vereinten Nationen, die US-Administration und Brüssel, sie alle wussten, was sie taten, als sie einen Bürgerkrieg in Libyen vorgaben als Grund zum Angriff, den es jedoch niemals gegeben hatte. Im Gegenteil: Gaddafi hatte einen einstigen Bettelstaat in eine blühende Republik verwandelt. Davon will allerdings heute niemand mehr etwas wissen.

Westliche Kriegspropaganda seitens unserer Medien leistete ganze Arbeit und hetzte die Menschen in Europa und den USA mit täglich neuen Gräuelmeldungen auf. Marodierende Todesschwadronen, durch westliche Geheimdienste »ausgebildet«, waren – genauso wie vorher zum künstlich inszenierten Bürgerkrieg des sogenannten Arabischen Frühlings in Tunesien, Marokko und Ägypten – auch durch Libyen gejagt worden, um die Unruhen anzuzetteln. Sie mordeten, zündeten ganze Dörfer an und lösten zahlreiche Stammeskriege aus. Das waren dann die »Bürgerunruhen«, die natürlich das Eingreifen des Westens »erforderten«.

Diese Informationen zur westlichen kriegerischen Einflussnahme in ganz Nordafrika – und nicht nur dort – sind natürlich längst genauso bekannt wie die einst aufgestellte Lüge des globalen politischen Medienkartells, der Irak hätte Massenvernichtungswaffen gehabt, die zu der beispiellosen völkerrechtswidrigen Militärinvasion der USA, Großbritanniens und der sogenannten »willigen Koalition« in diesem Land führte, mit bis heute mehr als einer Million Toten. Noch einmal, das alles ist belegt und bekannt – es gab keine Massenvernichtungswaffen! Man gibt es zu. Ganz lapidar! Bis heute forderte der Irakkrieg über 1,5 Millionen Tote, die auf unser Konto gehen. Das Land liegt brach! Auch daran tragen wir eine Mitschuld. Nur in unseren Massenmedien erfahren wir so gut wie nichts über diese unbeschreiblichen Vorgänge, die die Ursache dafür sind, wenn die irakischen Einwanderer nun nach Europa herüberfluten. Natürlich wollen sie alle am liebsten nach Deutschland!

Diese Vorgänge, die die totale, meist völkerrechtswidrige Zerstörung der nordafrikanischen Länder und natürlich gleichermaßen auch der danebenliegenden arabischen Welt, inklusive des so schwer gemarterten Syriens, durch die westliche Allianz betreffen, konnten nur zu der heutigen Flüchtlingssituation führen. Man muss die Frage nach dem Vorsatz stellen, ob die Zerstörung Europas, vor allem auch Deutschlands, wie wir sie nun als Folge erleben müssen, geplant wurde.

Vieles weist darauf hin. So veröffentlichte das Magazin *Cicero* im Mai 2013 folgende Zahlen: *Mindestens 50 Millionen Afrika-*

*ner wollen bis 2050 nach Europa.* Wenn man sich vorstellt, dass der allergrößte Teil der Migranten, mindestens 90 Prozent, derzeit nach Deutschland möchten, ahnt man die Dimensionen. Dann aber, im Jahre 2050, sollen über 9,1 Milliarden Menschen auf der Erde leben. Doch während Deutschland und Europa altern und immer weniger Menschen hier leben, werden in Afrika dann 14 Mal mehr Bürger als in den beiden EU-Kernländern Frankreich und Deutschland zu Hause sein (2,1 Milliarden zu 150 Millionen). Laut Prognose würden hier dann bereits 15 bis 20 Millionen Afrikaner leben. Wenn man davon ausgeht, dass deren Auswanderungswünsche unverändert bleiben, dass ebenso die wirtschaftliche Lage in ihrer Heimat desolat bleibt, werden innerhalb von 35 Jahren also rund 1,4 Milliarden Afrikaner in die Erste Welt streben.

Hier sprechen wir allein über Afrika. Hinzu kommen jedoch noch etliche Flüchtlinge mehr: Im Januar 2016 meldete das russische Portal *Sputnik News*: »*Laut einem aktuellen Bericht des Internationalen Währungsfonds (IWF) dürfte der Flüchtlingsansturm aus Syrien noch eine Weile andauern – potenziell könnten bis zu zwölf Millionen Menschen zu Flüchtlingen werden.*«

Allein aus den arabischen Ländern wollen – gemäß einer Studie des Doha-Instituts – nicht mehr nur 23 Prozent, wie noch nach einer Gallup-Untersuchung im Jahre 2000, sondern nun schon 35 Prozent weg, schreibt der Wirtschaftswissenschaftler Gunnar Heinsohn von der Universität Bremen. Das wären momentan über 130 Millionen von insgesamt 380 Millionen Menschen. Aus Pakistan streben 30 Millionen nach Europa. Im gesamten Rekrutierungsraum, der von Marokko über Kapstadt bis hin nach Indonesien reicht, soll es 2015 600 Millionen Migrationswillige gegeben haben, deren Zahl bis zum Jahre 2050 auf fast 1,2 Milliarden ansteigen soll.

Als würden diese Horrormeldungen nicht genügen, meldet das Doha-Institut noch folgenden Fakt: 85 Prozent aller Araber träumen, so heißt es, von der Judenvernichtung. Das bedeutet: Wer zum Beispiel eine Million von ihnen ins Land holt, der flutet dieses mit 850 000 Antisemiten.

Mitte 2016 befinden sich also bereits viele Millionen Menschen auf der Flucht – und Hunderte Millionen träumen davon, ihre Heimatländer zu verlassen. Das sind apokalyptische Größenordnungen. Es dürfte sich jetzt schon um die größte Völkerwanderung handeln, die diese Welt je gesehen hat. Auslöser sind korrupte Idioten, auch Globalextremisten genannt, die fast ausnahmslos mit westlichen Waffen morden (lassen). Es wird im Auftrag des Bösen gehandelt, es wird vertrieben, getötet, Angst und Schrecken verbreitet. Die Zehn Gebote interessieren die machtlüsternen Handlanger des Todes nicht, sie sehen nur sich selbst und ihren nie enden wollenden Machtdrang!

Aktuell fluten also jährlich mehrere Millionen Einwanderer nach Europa, wobei die meisten von ihnen nach Deutschland zu gelangen versuchen. Wie berichtet, handelt es sich zu über 80 Prozent um junge, starke Männer. Diese Zahl bestätigte unlängst sogar der Chefredakteur der ARD-*Tagesschau*, Kai Gniffke. Nachdem *Tagesschau* und *Tagesthemen* über Wochen und Monate hinweg einen falschen Eindruck zu erwecken gesucht hatten, indem man in den zahlreichen Filmbeiträgen, die die Flüchtlingsströme zeigten, meist Frauen und Kinder darstellte, musste der Top-Journalist des öffentlich-rechtlichen Mainstream sich entschuldigen. In einer öffentlichen Stellungnahme des *Tagesschau*-Chefs hieß es wörtlich: »*Wenn Kameraleute Flüchtlinge filmen, suchen sie sich Familien mit kleinen Kindern und großen Kulleraugen aus. Tatsache ist aber, dass 80 Prozent der Flüchtlinge allein reisende Männer sind. Wir bedauern das.*«

Mit der mitgebrachten Geburtenrate und bei anhaltender Tendenz der Zuwanderung könnte die Zahl dieser aus der Fremde eingewanderten Menschen, die sich in Europa beziehungsweise Deutschland niederlassen, in kurzer Zeit leicht auf über 20 Millionen ansteigen.

Ich habe die Flüchtlingstrecks der vertriebenen Serben aus Kroatien in den 1990er-Jahren und ebenso die Bilder aus dem Zweiten Weltkrieg vor Augen: Alte Frauen und alte Männer, halb verhungerte Kinder, ausgemergelte Gesichter und unterernährte, völlig entkräftete Leiber einiger Männer mittleren Alters waren da zu sehen. Aber kaum junge, kräftig gebaute, kampffähige Männer, wie wir sie jetzt hierzulande zu Hunderttausenden erblicken. Und immer wieder drängt sich mir die Frage auf: Was wird hier eigentlich gespielt? Migranten als Waffe? Wie und wann werden diese Waffen zum Einsatz kommen?

Ein kurzer Exkurs: Woanders gibt es sie tatsächlich, diese als wirkliche Flüchtlinge erkennbaren Menschen: Man sieht sie an den Grenzen Makedoniens, Serbiens, am Stacheldrahtzaun an der ungarischen Grenze, in überfüllten Booten auf dem Mittelmeer. Es gibt sie auch in der Ostukraine. Meist handelt es sich bei ihnen um Frauen, alte, junge, zum Teil schwangere, und um alte Männer wie auch viele Kinder. Über diese Flüchtlinge wird medial kaum berichtet. Auffanglager, Registrierstätten, Flüchtlingsheime oder Ähnliches gibt es dort nicht. Dort sind die Flüchtlinge auf die Hilfe der Einwohner angewiesen.

Ein merkwürdiges Gefühl beschleicht den Beobachter immer wieder angesichts der nicht enden wollenden Massen junger, kräftiger Männer, die nun nach Deutschland kommen. Sie stammen aus Nordafrika, ebenso aus den arabischen, stark muslimisch geprägten Ländern. Viele dieser Einwanderer machen inzwischen längst keinen Hehl mehr daraus, dass sie, als *die* fruchtbare Menschengruppe dieser Erde, deutsche Frauen, die kaum noch Kinder bekommen, schwängern werden und das Land auf diese Weise übernehmen. Genau das gehört ja offenbar auch zu den Plänen der Vereinten Nationen, die schon Anfang 2001 beschlossen, dass massenweise Flüchtlinge in das aussterbende Europa geschleust werden müssten, um in den demografisch abstürzenden Ländern angeblich die Wirtschaftskraft zu erhalten.

Doch das ist eine Lüge. Schließlich verzeichnet Europa seit Jahren eine dramatische Arbeitslosigkeit unter jungen Menschen: Die Arbeitslosenquote der bis 25-Jährigen liegt in Griechenland derzeit bei 49 Prozent, in Spanien bei 47 Prozent, in Italien bei über 35 Prozent usw. Man nennt sie die verlorene Generation! Und nun kommen Millionen junge, männliche Afrikaner und Araber, um die Wirtschaftskraft Europas anzukurbeln? Welch eine Farce! Und welch ein Konfliktpotenzial! Was wird aus den jungen Italienern, Spaniern, Griechen, Franzosen?

Noch übler klingen in diesem Zusammenhang Informationen aus dem Bundesministerium für Migration und Flüchtlinge, BAMF, die im März 2016 veröffentlicht wurden. Da hieß es bei *Welt Online* wörtlich: »*Eine reguläre Arbeitserlaubnis erhalten Asylbewerber frühestens nach drei Monaten. Es gibt Schätzungen, wonach 50 Prozent von ihnen Analphabeten sind. Auf dem Arbeitsmarkt haben sie keine Chance, wenn selbst Ahmed und Mohammed*

*– die Arabisch schreiben und schon deutsche Phrasen können –*
*keinen Job bekommen. Laut Bundesagentur für Arbeit werden nach*
*einem Jahr zehn Prozent der Flüchtlinge arbeiten.«*

Wie bitte? Sollen dies die Leute sein, die Europas Wirtschaftskraft ankurbeln? Mindestens 50 Prozent Analphabeten? Das ist
eine systematische Zerstörung Europas, Deutschlands. Doch welcher Journalist untersucht diesen Irrsinn? Kaum einer! Weshalb?
Sie dürfen es nicht! Es ist nicht im Interesse der Globalextremisten.

Angesichts der überwältigenden Anzahl der Flüchtlinge, die
überwiegend islamischen Glaubens sind und die sich derzeit
Staaten im Nordwesten Europas als »Gastländer« ausgesucht haben, stellt sich schon einmal die Frage, was in dieser Zeit eigentlich die erzkonservativen, doch sehr reichen, islamischen Staaten
am Persischen Golf tun? Die Antwort lautet: Sie genießen ihren
Luxus und lassen die Migrantenströme weiter nach Europa ziehen. Fremdarbeiter lassen sie zwar in ihre Länder, aber dort
dürfen diese mit kaum nennenswerten Rechten für geringes Geld
schuften. Einen Ort, an dem beschäftigungslose Flüchtlinge ihr
monatliches Taschengeld und weitere Unterstützungen abholen
können, werden wir vergebens suchen. Merkwürdigerweise fallen
die sogenannten Ölstaaten eher durch direkte oder indirekte
Unterstützungsmaßnahmen der einen oder anderen Terrororgani-
sation auf. Diese sorgen unter anderem dafür, dass Millionen
Menschen ihre Heimat verlassen, fliehen müssen, um nicht getötet zu werden. Es mutet fast zynisch an, dass im Gegenzug als
»Hilfsmaßnahme« die Errichtung Hunderter Moscheen im Westen Europas angekündigt wird.

Die westlichen Regierungen unterhalten übrigens zu eben
diesen Staaten glänzende Beziehungen, und das auf vielen Ebe-

nen. Unter anderem werden dort auch die weltgrößten Sport-Events ausgerichtet. Das dient alles der besseren Völkerverständigung, so suggerieren es uns die Verantwortlichen. Dass es dabei schlicht um das Einsammeln von Milliarden geht, wird dezent verschwiegen. So bleiben die superreichen arabischen Staaten die noblen Gastgeber für alle, die Geld mitbringen. Für alle anderen, also die Vertriebenen, unter denen sich auch Zehntausende Kriminelle befinden, sind die Westeuropäer, allen voran Deutschland, als Gastgeber festgelegt.

Ja, es scheint alles ziemlich professionell vorbereitet worden zu sein. Durch das zerbombte Libyen hindurch wurde ein Korridor nach Europa geschaffen, den es vorher so nicht gab. Aus dem Südosten strömten die Menschenmassen ziemlich genau entlang der geplanten südlichen Gasroute nach und über den Balkan. Dort, wo die Lunte am leichtesten brannte, wurden die Flüchtlinge schon mal zu Demonstranten »umfunktioniert«. Die meisten von ihnen wollten zu Frau Merkel, nach Deutschland, in das gelobte Land der reichen Gastgeber.

Die »Gastgeber« waren (und sind es nach wie vor) jedoch ganz offensichtlich völlig überfordert. Hastig wurden abgeschottete Camps, Auffanglager eingerichtet, die nicht selten umfunktionierte Turnhallen, Gemeindesäle und Schulgebäude waren, welche man den bisherigen Nutzern ungefragt wegnahm. Massenhaft wurden die sogenannten Flüchtlinge hier »konzentriert«, so lange, bis auf Gemeinde- oder Kommunenkosten neue Wohngebäude oder gar ganze -blocks emporgezogen werden konnten, die man den Einwanderern dann großzügig zur Verfügung stellte. So soll(t)en die Fremden »integriert« werden, wie auch immer Frau Merkel sich das vorstellen mag. Ihre pathologische Zuversicht trennt sie täglich mehr vom Rest der deutschen Bevölkerung, vor allem, wenn wieder einmal Terroranschläge in Europa realisiert wurden, die Dutzende Menschen in den Tod rissen. Die islamistisch-extremistischen IS-Terroristen sind nachweislich in nicht unbedeutender Zahl im sogenannten Flüchtlingsstrom nach Europa gekommen – wer dies thematisiert, wird allerdings schnell als »Nazi« bezeichnet. Seit der massiven Einwanderungskrise hat in Deutschland ein Spaltungsprozess innerhalb der Bevölkerung begonnen, der mittlerweile bedenklich ist und jeden Tag tiefer gehende Risse in der Gesellschaft erzeugt.

Um Migranten unterzubringen, wurden Containerstädte gebaut, ebenso temporär zu nutzende Gebäude in Leicht- und Schnellbauweise, die bald schon wieder abgerissen werden müssen. Mühselig errungene Bauvorschriften wurden plötzlich ohne Not ausgehebelt, ein Vorgang, der kurz vorher noch undenkbar gewesen wäre.

Im Prozess der Einwanderung entstanden übrigens immer neue Geschäftsmodelle erfindungsreicher »Unternehmer«. Waren sie einmal zum Leben erweckt worden, bescherten sie deren Betreibern unerwartete Einnahmen, auf welche diese natürlich auch künftig nicht mehr verzichten wollten: Denkmalgeschützte Häuser, sogar alte Schlösser, aber auch leer stehende Supermärkte oder brachliegende Gewerbeflächen, die anschließend bebaut werden, konnten beispielsweise zu Spitzenpreisen an den Staat vermietet werden. Vorschriften, die sicherheitstechnische Belange betreffen, wurden dabei in nicht wenigen Fällen einfach außer Kraft gesetzt. Ein Großteil der einheimischen Bevölkerung kam aus dem Staunen nicht heraus, wie viel staatliche Ordnung im Handumdrehen ignoriert werden konnte.

Gleichzeitig liefen und laufen im (noch) wohlbehüteten Europa, namentlich in Deutschland, täglich auf mehreren Kanälen gleichzeitig unzählige Debatten und Talkshows zum Thema »Einwanderung«. Die Verunsicherung der Bevölkerung wuchs und wächst angesichts der fremden »Kulturen«, die so gar nicht zu der eigenen passen wollen, während die politisch korrekte Medienmeute den Menschen weiszumachen versucht(e), dass alles in bester Ordnung sei.

Dennoch wirkt(e) das Gestammel der verantwortlichen Politiker alles andere als vertrauenerweckend. Die einen woll(t)en die Grenzen dichtmachen oder zumindest Auffanglager außerhalb Europas errichten, um schon dort die Flüchtlinge zu konzentrieren. Die anderen verbreite(te)n ein grenzenloses Gutmenschentum: alles kein Problem! Unterdessen flogen den Menschen in Europa zunehmend mehr Projektile und Bomben um die Ohren, gezündet von hasserfüllten Selbstmordattentätern, die bereits Hunderte Menschen in den Tod rissen.

Doch die deutsche Bundesregierung hält an dem eingeschlagenen Kurs fest: Einwanderer strömen ins Land, viele werden einfach nicht registriert, sie können untertauchen und sich den kriegerischen, islamischen Extremisten anschließen, um zu Kämpfern »für die Gerechtigkeit« zu werden, selbstverständlich im Namen Allahs! Man baut auch munter weiter Häuser für »die armen Flüchtlinge«, und das in einer Zahl und Schnelligkeit, die der deutschen Bevölkerung nicht zu vermitteln ist.

Der bundesdeutsche Finanzminister meint derweil, dass das alles finanziell kein Problem für Deutschland sei. Es müssten auch keine neuen Schulden dafür aufgenommen werden. Die Kanzlerin spricht davon, dass für Deutschland die Chancen größer seien, als die Risiken, und wir, die Deutschen, sollten mehr Flexibilität beweisen. Immer noch werden Willkommenspartys veranstaltet, Politiker und Schauspieler (sorry, das ist ja dasselbe) lassen sich imagewirksam mit den jungen und fröhlich wirkenden Einwanderern ablichten. Aus dem Irak erreicht uns die Nachricht, dass dort weitere Flüchtlinge für Deutschland vorbereitet werden. Auch aus dem kurdischen Teil des Irak und der Türkei sollen sie kommen. Und aus dem Libanon. Und dem Jemen. Und aus Nordafrika. Und so weiter.

Auf der anderen Seite des Kanals fragten zwischenzeitlich die ersten Engländer, ob die Deutschen noch ganz dicht seien, die Dänen stoppten die Zugverbindung zwischen Deutschland und ihrem Land. Italienische Medien titelten, dass Deutschland es seit jeher verstanden habe, Kriegsmaschine zu sein, und dass der Pakt des Vertrauens von Führung und Volk merkwürdigerweise immer noch funktioniere. Die *New York Times* berief sich auf Deutschlands unverarbeitete Geschichte, ein kanadischer Journalist tat dies ebenso, nicht ohne festzustellen, dass Merkel und ihr Vorgänger Schröder kinderlos seien und einen feuchten Kehricht auf die Zukunft gäben. Deutschland wurde weltumspannend kopfschüttelnd bemitleidet, doch auch Ärger und Wut brachen sich Bahn: Die südosteuropäischen Staaten Ungarn, Mazedonien, auch Tschechien, die Slowakei, selbst Polen, kündigten angesichts der grenzenlosen Verantwortungslosigkeit Deutschland die Freundschaft auf. Historische Entwicklungen biblischen Ausmaßes!

Der Normalbürger hat mittlerweile längst jede Orientierung verloren. Über die Fernsehbildschirme werden vorwiegend die Bilder hilfsbedürftiger Frauen und Kinder gezeigt, vor allem mit toten Kindern hält man die Bevölkerung in der Zange. Die wirklich Hilfesuchenden, und davon gab und gibt es durchaus etliche, sind stets die ersten Verlierer gewesen. Viele überleben die unendlichen Strapazen nicht, oder sie werden krank, körperlich und psychisch. Sie müssen erkennen, dass sie noch tiefer in die Sklaverei gerutscht sind, seit sie ihre Heimat verließen. Die anderen jedoch, die jungen und durchaus kampfbereiten Männer unter den Flüchtlingen, immerhin sind es immer noch gut zwei Drittel, wirken bestens organisiert, ein großer Teil verweigert jede Registrierung. Warum? Wer weiß, was sie vorhaben?

Die Einwanderungswelle offenbarte zunächst, dass selbst die als stabil angesehenen Staaten Europas die letzten Reste ihrer nationalen Souveränität aufgaben. Bei kaum nennenswerten Kontrollen strömten Hunderttausende Menschen durch die Balkanstaaten nach Österreich und Deutschland. Die Polizei verrichtete nicht selten reine Schleuserdienste. An der griechischen und italienischen Küste übergaben die kriminellen Schleuser die Menschen sozusagen an die staatlich organisierten. Die Einhaltung der geltenden Gesetze spielte für beide keine Rolle.

Mittlerweile ist die Situation in Teilen eine andere geworden. Einige Staaten haben ihre Grenzen dichtgemacht, was zu erheblichen Spannungen innerhalb der EU führte, aber auch dazu, dass sich die Migranten andere Routen suchten, um nach Europa zu gelangen.

Zeitgleich wird wieder aufgerüstet. Beste Präzisionsgewehre müssen her. Folgt am Ende nach den blumigen Empfängen eine bleierne Verabschiedung, weil es einfach zu viele sind, die gar nicht zu Europa beziehungsweise Deutschland passen?

Ständige Stimmungswechsel kennzeichnen die Lage, nichts ist mehr verlässlich, nicht einmal das Schlechte: Während Merkel sagte, die Grenzen blieben offen, versuchte ihr Innenminister de Maizière, sie still und leise zu schließen und stellte dabei die (Noch-) Regierungschefin bloß.

Währenddessen scharen sich die Menschen immer mehr um ihre religiöse oder ethnische Zugehörigkeit. Radikale Moslems auf der einen, verfolgte Christen auf der anderen Seite. Clevere Asiaten gegen bodenständige Westler. Farbige gegen Weiße. Trotz des zu erkennenden Konfliktpotenzials scheint jeder willkommen zu sein in Deutschland, Hauptsache, das Ganze unterstützt das seit Ewigkeiten währende Menschengesetz, welches rein gar nichts mit den Schöpfungsgesetzen zu tun hat: *Teile und herrsche!*

Diese Strategie wird bestätigt durch den US-amerikanischen Militärstrategen und ehemaligen Regierungsberater Thomas P. M. Barnett, der bekannt ist für seine Durchsetzungsfreudigkeit und seinen ständig wachsenden Einfluss, der bis in die höchsten Ämter der US-Regierung reicht. Dieser offenbarte schon vor Jahren in zwien seiner Bücher, wohin die Reise mit Deutschland, mit Europa, ja, mit der ganzen Welt geht. In The *Pentagon's New Map* und *Blueprint for Action* erklärt Barnett, was dazu führen werde, dass Nationen wie auch die einzelnen in ihnen lebenden Menschen nicht mehr selbstbestimmt agieren, sondern nur noch durch Einflüsse von außen gesteuert werden. Barnett meint, dass das absolute Primat die Wirtschaft sei, die international agieren müsse, was zur Folge hätte, dass sich die Nationalstaaten letztlich auflösen müssten. »Der Mensch als einzelner Individualist wird damit abgeschafft – die Menschheit zu einer manövrierfähigen Masse ohne eigenen Willen gemacht«, schrieb der freie Autor Thomas Mehner schon 2008 in einem Bericht dazu. Nationale Grenzen, unabhängige Staaten, sich voneinander abschottende

Religionen und alles, was mit Traditionen zu tun habe, würden beseitigt. Er zitierte Barnett wörtlich: »*Das Endziel ist die Gleichschaltung aller Länder der Erde. Sie soll durch die Vermischung der Rassen herbeigeführt werden. Mit dem Ziel einer hellbraunen Rasse in Europa. Hierfür sollen in Europa jährlich 1,5 Millionen Einwanderer aus der Dritten Welt aufgenommen werden. Das Ergebnis ist eine Bevölkerung mit einem durchschnittlichen IQ von 90, zu dumm, um zu begreifen, aber intelligent genug, um zu arbeiten.*« Wer Widerstand gegen die Globalisierung leiste, müsse mit dem Schlimmsten rechnen – der Militärstratege Barnett wörtlich: »*So yes, I do account for nonrational actors in my worldview. And when they threaten violence against global order, I say: Kill them.*«

In einem Vortrag vor der L'Ecole Polytechnique im französischen Palaiseau sagte am 17. Dezember 2008 der damalige französische Staatspräsident Nicolas Sarkozy wörtlich zu Europas Zukunft beziehungsweise zu den Plänen einer Neuen Weltordnung:

»*Was ist also das Ziel? Das Ziel ist die Rassenvermischung! Die Herausforderung der Vermischung verschiedener Nationen ist die Herausforderung des 21. Jahrhunderts. Es ist keine Wahl, es ist Verpflichtung. Es ist zwingend. Wir können nicht anders. Wir riskieren sonst die Konfrontation mit sehr großen Problemen. Wir werden uns wandeln müssen, und wir werden uns wandeln. Wir werden uns alle zur selben Zeit verändern: Unternehmen, Regierungen, Bildung, politische Parteien. Und wir werden uns zu diesem Ziel verpflichten! Wenn das nicht vom Volk freiwillig getan wird, dann werden wir staatliche, zwingende Maßnahmen anwenden.*« Zitatende.

Weitere Fakten: Der Rat für Nachhaltige Entwicklung, dessen Sitz bei der Gesellschaft für Internationale Zusammenarbeit (GIZ) zu finden ist, hat eine mehr als 200-seitige Publikation herausgegeben mit dem Titel *Dialoge Zukunft, Vision 2050*. Hierin werden die Zukunftsaussichten geschildert, welche man bei der GIZ, die übrigens die Bundesregierung regelmäßig bei der Verwirklichung ihrer Ziele der internationalen Zusammenarbeit für nachhaltige Entwicklung unterstützt, in wenigen Jahrzehnten für Deutschland in einer Art »Neuer Weltordnung« prognostiziert. Alles wird gleich sein: Menschen, Länder, Hautfarben. In der Rubrik »Verbarium« wird ein fiktives Wörterbuch für ausgestorbene Begriffe im Jahre 2050 dargestellt. Unter der Bezeichnung »Menschen mit Migrationshintergrund« heißt es: »*Nicht mehr benötigt, da Menschen so ›gemischt‹ sind, dass jeder einen Migrationshintergrund hat.*« Auch Ausländer soll es 2050 nicht mehr geben: »*Wegen der Gründung des* Europäischen Staates. *Es spielt keine Rolle mehr, wo jemand herkommt.*« So heißt es in der GIZ-Darstellung.

In diesem inzwischen an Wahnsinn grenzenden Zusammenhang sagte der tschechische Präsident Zeman in seiner Weihnachtsansprache 2015: »*Falls Sie in einem Land leben, in dem Sie für das Fischen ohne Angelschein bestraft werden, jedoch nicht für illegalen Grenzübertritt ohne gültigen Reisepass, dann haben Sie das volle Recht zu sagen, dieses Land wird von Idioten regiert.*«

Dieses Land? Nein – ganz sicher nicht nur dieses Land. Sondern die ganze Welt! Wenn diese Entwicklung tatsächlich auf einem Reißbrett politischer Abenteurer und der Globalextremisten entstanden sein sollte, wie es leider immer mehr den Anschein hat, so scheint die Rechnung am Ende der Tage aufzugehen: In weniger als 30 Jahren werden in Europa die Christen eine Minderheit sein. Ebenso wie die Weißen in Amerika in etwa drei

Jahrzehnten zahlenmäßig von den Farbigen überholt worden sein dürften. Flüchtlingsströme werden bei dieser Entwicklung wie Brandbeschleuniger wirken. In diesem Chaos werden privatwirtschaftliche Maßnahmen durchgepeitscht. Das können auch Projekte mit holperiger Benennung wie TTIP sein. Den wirtschaftlichen Interessen wird nach und nach so gut wie alles unterworfen.

Leider reden wir allzu oft, wenn es um all diese grausamen und weltverändernden Fakten geht, nur über die Symptome, statt die Ursachen zu benennen. Diese finden sich immer und immer wieder an derselben Stelle: im weltweiten Finanz- und Bankensystem. Eine verschwindende Minderheit regiert den Rest der Welt, unterwirft alle Strukturen auf eigenmächtige, größenwahnsinnige Weise. Diese Vorgänge können für einen normal denkenden und gesund empfindenden Menschen kaum mehr verstanden oder nachvollzogen werden, weswegen es den meisten Menschen schwerfällt, diese Tatsachen zu glauben. Es verstößt doch gegen jedes normale Maß. Von Gerechtigkeit ist längst nicht mehr die Rede, ebenso nicht von den Schöpfungsgesetzen.

Nun leben also ganz offenbar, insbesondere nach der Meinung einiger mächtiger Gutmenschen, nicht nur zu viele weiße und schwarze Menschen, sondern generell einfach auch zu viele Menschen auf der Erde. Es heißt, dass die Pläne der mächtigen »Elite« eine Dezimierung vorsehen. Aber wie, auf welchem Wege? Von mehreren Möglichkeiten, die jeweils eine Art Versuchsballon waren, war in diesem Zusammenhang schön des Öfteren die Rede, wie etwa der Schweinegrippe, Ebola oder AIDS. Auch die Aussage des Multimilliardärs und Gutmenschen Bill Gates sollte aufhorchen lassen, der im Februar 2010 sagte: »*Gegenwärtig leben 6,8 Milliarden Menschen auf der Welt, bald könnten es neun Mil-*

*liarden sein. Nun, wenn wir bei den neuen Impfstoffen, bei der Gesundheitsvorsorge, der Fortpflanzung und Medizin ganze Arbeit leisten, dann können wir diese Zahl vielleicht um zehn bis 15 Prozent verringern!«* Das wären dann über eine Milliarde Menschen: ein Pakt mit dem Teufel.

Wer heute, gesellschaftlich gesehen, ganz unten ist oder im »Prekariat« geboren wird, hat kaum noch eine Chance, wirklich nach oben zu kommen. Umgekehrt ist es auch so, Milliardäre fallen selbst dann nicht tief, wenn sie überhaupt einmal fallen sollten. Hart aufschlagen tun sie sowieso nicht.

Das weltweit dominierende kapitalistische Wirtschaftssystem ist krank. Diese Krankheit wird auf die darin gefangenen Menschen übertragen. Ein einfaches Beispiel: Wir alle wissen, dass die erste Million, die verdient werden soll, bekanntlich die schwerste ist. Danach geht es leichter. Wie krank diese Aussage ist, wird daran erkennbar, dass vermutlich die meisten diese Feststellung als normal und richtig ansehen. Dabei müsste es genau umgekehrt sein. Die erste Million müsste die am leichtesten zu verdienende sein. Das würde nämlich bedeuten, dass die Menschen mit ihrer engagierten Arbeit schnell zu einem ansehnlichen Wohlstand kommen können. Danach sollte es – um eine sinnlose Kapitalanhäufung zu verhindern – schwerer werden. Das wäre gesünder und gerechter. Stattdessen ist es umgekehrt.

Wer es schafft, die erste Million zu erreichen (erben, stehlen, betrügen gehören dazu), der schafft die zweite schon sehr viel leichter. Die dritte geht noch besser. Ab der vierten kann man sich fast nicht mehr vor den weiteren Millionen retten. Das globale Kapitalverzinsungsprinzip, insbesondere der Zinseszinseffekt, wirken ab einer bestimmten Größenordnung Geld so gut wie automatisch.

Zurück zu der offenbar bevorstehenden Selektion. Ganz oben stehen die Reichen, Einflussreichen und Mächtigen. Das ist sicher. Weiter unten, insbesondere ganz unten, befinden sich die Armen, Nutzlosen. Dazwischen stehen die Nützlichen. Die wahre Selektion findet deswegen im unteren Bereich statt. Die Fleißigen, Talentierten und Nützlichen schaffen es zu einem bescheidenen wie trügerischen Wohlstand. Ihnen werden hohe Kredite gewährt, sie können sich auf diese Weise viel mehr kaufen als die anderen. Ihre schicken Häuser und Wohnungen finanzieren sie zwar 25 Jahre oder länger, sie haben aber genug Geld, um alle Raten zu bezahlen. Diese Leute gelten als solvent, sie besitzen goldene Kreditkarten und sind in ihrer Umgebung angesehen. Sie haben genau genommen eindrucksvoll bewiesen, nützlich zu sein. Sollte einmal die Selektion unerwartet zuschlagen, werden sie auf jene Seite geschoben werden, auf der es etwas höflicher zugeht.

Wo immer man herumschaut, wird die Vor-Auslese schon erkennbar. Elite-Restaurants oder edle Einkaufsboutiquen betritt das »normale Volk« kaum. Während die einen sich an der Gourmet-Theke bedienen lassen, kaufen die anderen beim Discounter ein. Der eine ein Stück vom besten Fleisch für über 25 Euro, der andere die gleiche Menge für 2,99 Euro, angereichert mit Wasser, Chemikalien und giftigen Konservierungsstoffen. Hauptsache lange haltbar, versteht sich. In den Mittagspausen gönnen sich die Zahlreichen einen Burger für einen Euro, während die Reichen für eine Zwischenmahlzeit auch schon mal 100 Euro ausgeben.

Natürlich: Der Billigesser pumpt sich seinen Verdauungstrakt andauernd mit krankmachenden Genprodukten, Konservierungsmitteln, Geschmacksverstärkern und Farbstoffen voll. Im untersten Teil der Nahrungskette ist die Auswahl an gesundheitsschädlichen Nahrungsmitteln besonders groß. Deswegen wird man hier sicher weder gesünder, schlanker noch klüger werden. Das körperliche Ungleichgewicht sucht der verzweifelte Kleinverdiener nicht selten dann mit frei käuflichen oder verschreibungspflichtigen Arzneimitteln auszugleichen. So konsumiert er sich in der Regel in seinen frühzeitigen Tod hinein. Vorzugsweise soll ihn dieser spätestens kurz nach dem Gang in den Ruhestand ereilen.

Wer sich aber aus dem Feinkostbereich versorgen kann, sich sein Dinner vom Sternenkoch erklären lässt, sauberes Wasser und edle Weine anstelle von hoch dosierter Zucker-Cola und Billigfusel trinkt, der hält sich gesund, lebt länger und tut währenddessen alles dafür, dass der Abstand zu dem vulgären Mob auch groß genug bleibt.

Unglaublich? Ja, es klingt so, aber es ist nun meist auch wie beschrieben. Übrigens, die Staatsmacht, von der sich viele erhoffen, sie würde die bestehende Situation ändern, wird kaum etwas für das Wohl der Zahlreichen tun. Sie gehorcht den Mächtigen, zumal sie ohnehin die Angst vor der außer Kontrolle geratenen Masse – vor dem Mob – eint. Und das seit Jahren mehr denn je. Hierzu nur wenige Beispiele:

Von der Öffentlichkeit weitestgehend unbemerkt wurde in Deutschland bereits im Jahre 2004 eine Erweiterung der Notstandsgesetze von 1968 durch das Parlament geschleust. Die *Wirtschaftssicherungs-Verordnung* und das *Verkehrsleistungsgesetz* ermöglichen bei Bedarf tiefe Eingriffe in die bürgerlichen Freiheiten. Darunter fallen die Zwangsarbeit, die Beschlagnahme von Wertsachen bis hin zu ganzen Betrieben und selbst die Einführung von Zuteilungsscheinen. Das alles verabschiedete gleichwohl eine sozialdemokratische Regierung.

Pünktlich zum Ferienbeginn Ende Juli 2015 versendeten in Deutschland zahlreiche Geschäftsbanken an alle ihre Kunden Infobriefe. Darin wurde – für einen Normalbürger kaum verständlich – darüber informiert, dass sich aus aktuellen Anlässen die Geschäftsbedingungen geändert hätten. Damit sich die meisten mit dem Inhalt nicht gründlich beschäftigten, wurde im Text mit fett gedruckter Schrift hervorgehoben: »Für Sie als Kundin/Kunde ändert sich am bewährten Schutz ihrer Einlagen durch die Institutssicherung nichts.« Ok, Ablage, hieß es bei den meisten danach. Dabei wurde mittels dieses Infobriefes in Wirklichkeit darüber informiert, dass alle Guthaben ab 100 000 Euro jederzeit eingezogen werden können. Eine unglaubliche und beispiellose Ankündigung, welche dem Mittelstand schon bald endgültig das Rückgrat brechen kann.

Die österreichische Hauptstadt Wien gilt allgemein als eine multikulturelle, weltoffene und lebensfrohe Stadt. Seit dem letzten Finanzcrash 2008 sorgen sich aber ihre reichen Bewohner, dass der Sozialstaat zusammenbrechen und danach der Mob außer Kontrolle geraten könnte. In den reichen Vierteln der Stadt werden geheime Bürgerwehren gegründet. Die Menschen besorgen sich Waffen, treffen sich an Schießständen, organisieren Treffen in ihren privaten Villen und besprechen, wie sie sich im Notfall gegen den außer Kontrolle geratenen Massenansturm verteidigen können. Spätestens seit 2015 fühlen sie sich in ihren Annahmen und Vorsorgemaßnahmen bestätigt.

Mitte 2015 wälzte sich tatsächlich eine Lawine von Menschen aus Ungarn in Richtung österreichischer Metropole: Flüchtlinge, doch diesmal vorwiegend mit klar definierten Reisezielen. Weiter nach Norden, nach Deutschland und Skandinavien, sollte es gehen. Das Ganze mutete an wie eine militärisch durchdachte Strategie: Erst die weiter entlegenen Gebiete besetzen, und dann mit dem Nachsturm die nähergelegenen auffüllen. Sollten am Ende die paranoiden Reichen in Wien doch recht behalten?

Die Vorwarnung zu dieser Entwicklung kam aus Frankreich bereits im November 2005. Dort wurde für mehrere Monate der Ausnahmezustand verhängt. Rund um Paris und im Umfeld anderer französischer Städte kam es zu Unruhen und Ausschreitungen. Zehn Jahre später folgten die massiven Terroranschläge. Danach kamen immer mehr Informationen ans Licht, denen zufolge es in einigen Städten Frankreichs ganze Ortsteile gibt, in die sich die Polizei nicht mehr hineintraut. Anarchie und Gesetzeslosigkeit herrschen dort schon seit Jahren, die Bevölkerung hat mehrheitlich einen Migrationshintergrund. Solche Zustände existieren nicht nur in Frankreich, wie wenig später offenkundig wurde, sondern in nahezu allen größeren Städten Europas. Für Deutschland sind hier beispielsweise Berlin, Essen, Dortmund, Köln, Düsseldorf und Hamburg zu nennen.

In Griechenland kam es ab dem Jahre 2010 immer wieder zu Ausschreitungen mit Toten und Verletzten. Anfang 2011 brannten die Straßen auch in Ägypten, Tunesien, Libyen und anderswo. Danach löste sich die Flüchtlingslawine in Richtung Europa. Erst kam sie über das Mittelmeer, dann über die Balkanroute. Europa wurde in kurzer Zeit von Flüchtlingen und jenen, die sich dafür ausgaben, in die Zange genommen.

Bei so vielen negativen Vorzeichen und Ereignissen reagierte die Supermacht USA entsprechend. Die Befugnisse der FEMA (Federal Emergency Management Agency) waren schon zuvor drastisch ausgeweitet worden. Über das gesamte US-Territorium wurden mehrere Hundert Konzentrationslager gebaut. Diese sogenannten FEMA-Camps werden streng bewacht und sind mit modernster Technik ausgestattet. Sie sind zudem an das Schienennetz angeschlossen (welche Bilder haben Sie jetzt wohl vor Ihrem geistigen Auge?), obwohl sie bislang leer stehen. Insgesamt können diese Lager mehrere Millionen Gefangene aufnehmen. Wer glaubt, dass derartige Anlagen gebaut werden, wenn dafür nicht ein Bedarf bestünde?

An dieser Stelle lohnt es sich, etwas gründlicher hinzusehen. Die FEMA würde die völlige Kontrolle über die Bürger und das Land übernehmen, wenn der Präsident der Vereinigten Staaten beispielsweise im Falle eines nationalen Notstands das Kriegsrecht ausrufen würde. In einer derartigen Situation verlören alle Bewohner der Vereinigten Staaten ihre verfassungsmäßig verbrieften Bürgerrechte. Ohne weitere Zwischenstufen könnte die FEMA alle Medien und die gesamte Kommunikationshoheit übernehmen. Die Institution wäre Herrscherin über jede Art von Energie, Strom, Treibstoff etc. Was auch immer man in diesem Zusammenhang für wichtig erachtet, Wirtschaftsgüter, ganze Unternehmen und jeden privaten wie betrieblichen Besitz, könnte sie beschlagnahmen. Fast selbstverständlich würde man auch alle Gelder und Konten beschlagnahmen sowie die volle Kontrolle über jede finanzielle Transaktion übernehmen können. Falls notwendig, könnte die Bevölkerung in Arbeitsdienste gezwungen werden.

Offenbar ist in den Computern des US-Militärs die gesamte US-Bevölkerung in drei Kategorien unterteilt worden, nämlich in »Green Flagged People«, »Red Flagged People« und »Black Flagged People«. Im Falle der Sondermaßnahmen gilt die grüne Kategorie als sauber, sie bleibt weitgehend unbehelligt. Rot markierte Personen sind vermutlich als potenzielle Gefahr eingestuft und sollen in die nächstgelegenen FEMA-Camps gebracht werden. Dort dürfte eine weitere Nachselektion stattfinden. Ohne jede Chance scheinen aber die schwarz markierten Personen zu sein. Diese können dann auch von Soldaten sofort eliminiert werden, das würde auch »helfen«, alle anderen abzuschrecken, um jeglichen Widerstand zu unterdrücken.

Als ich von diesem FEMA-System und seinen Einrichtungen gehört hatte, wollte mich eine Vermutung nicht loslassen: Sind sie etwa der Grund dafür, dass die USA nach wie vor gesetzlose Camps wie Guantanamo unterhalten? Werden dort Soldaten an Realobjekten trainiert, wie sie Befehle bedingungslos ausführen, ohne Rücksicht auf irgendein ziviles Gesetz? Es heißt, dass dort die Soldaten buchstäblich abgerichtet werden, dass sie auf Befehl hin alles tun. Sie werden darauf gedrillt, nur den Anweisungen ihrer Vorgesetzten zu gehorchen, ohne sie zu hinterfragen. Sie müssen imstande sein, jeden jederzeit und ohne zu zögern auf einen Befehl hin zu töten.

Zweifelsfrei sind die USA trotzdem ein sehr freies Land. Millionen ihrer Bürger denken nicht einmal im Traum daran, ihre verfassungsrechtlich garantierten Freiheiten aufzugeben und bewaffnen sich deshalb bis an die Zähne, um so auf den Tag X, der von vielen, die die Aktivitäten der US-Administration beobachten, erwartet wird, gut vorbereitet zu sein. Möglicherweise ist das auch der Grund, warum die FEMA derartige gigantische Lager gebaut hat und sich auf eine Art Bürgerkrieg vorbereitet.

Doch aufgerüstet wurde nicht nur in den USA. Wer Anfang 2016 in einem Schweizer Waffengeschäft war, konnte nur staunen. Gedränge in den Räumen und Schlangen an den Kassen. Eine derart massive Nachfrage nach Feuerwaffen gab es noch nie. Allerorten beklagten Händler während dieser Zeit eine Verknappung von Produkten zur Selbstverteidigung.

Einige in diesem Zusammenhang kursierende Informationen hierzu gelten übrigens offiziell als nicht bewiesen. Das ist auch mehr als verständlich. Wer würde sich öffentlich hinstellen und diese gruseligen Sachverhalte so bestätigen wollen? Hier muss man der Logik in Verbindung mit dem gesunden Menschenverstand sowie der inneren Stimme folgen. Die Anzeichen sind deutlich, es gibt nur wenige Zweifel daran, dass uns möglicherweise die größten Verwerfungen in der Menschheitsgeschichte bevorstehen.

# Die Macht der Gedanken

Die Gedanken des Menschen bergen eine viel größere Kraft, als die meisten es sich vorstellen können. Manchmal sind sie die reine Sprengkraft. Doch es sind nicht allein die Gedanken, da ist auch noch die Empfindung. Sie ist feiner als die Gedanken, sie sitzt im hinteren Bereich des Hirnes und sie steuert uns in der richtigen Weise, da sie die Intuition ist, während die Gedanken vom Vorderhirn, dem Verstand, produziert werden. Die Intuition, die innere Stimme, ist die Verbindung des Geistes nach oben, zum Himmel, zu den guten Geistern. Wer *von allen guten Geistern verlassen* ist, der hat verlernt, dem wichtigsten Ratgeber, der inneren Stimme, Gehör zu schenken. So kommt es vor, dass wir so manches Mal meinen, etwas zu denken, während es in Wahrheit die Empfindung ist, die zu uns spricht.

Nehmen wir irgendein Beispiel, um das Ganze besser zu verstehen: Wir sind bei einer Veranstaltung, bei einer Geburtstagsfeier, zu Gast. Viele Menschen strömen herein, die uns unbekannt sind. Der Gastgeber kommt auf uns zu, neben ihm steht ein uns unbekannter Mann. Dieser wird uns nun vorgestellt. Den ersten Impuls, den allerersten Eindruck, den wir jetzt bekommen, gilt es festzuhalten: Dies ist die Empfindung, die sich niemals täuscht. Weswegen der Volksmund immer recht hat, wenn er behauptet: *Der erste Eindruck ist der richtige.*

Doch schon nach wenigen Augenblicken, dieser Zeitraum muss nicht einmal ein paar Sekunden andauern, meldet sich schon das Vorderhin, es sind diesmal die Gedanken. Nehmen wir einmal an, dass unser allererster Eindruck des Mannes negativ war, was wir tief in unserem Inneren spüren können, so wir uns denn aufmerksam beobachten. Unser erster Eindruck ist also nicht sonderlich gut, obwohl der Mann eigentlich ganz sympathisch daherkommt, obwohl er lächelnd uns die Hand gibt, freundlich »Hallo« sagt. Er ist ordentlich und gut angezogen, eventuell trägt er sogar anspruchsvolle und teure Markenkleidung.

Der erste Eindruck, die wichtige Empfindung, verfliegt in dem Augenblick, in dem sich der Verstand davorschaltet. Ab jetzt betrachten wir den Fremden, ohne den Unterschied dabei bewusst zu registrieren, mit unserem Verstand: Wir bemerken die teure Uhr am Arm, die braun glänzenden Budapester Schuhe, den edlen Zwirn. Gerade berichtete der Gastgeber, dass sich dieser Gast einen neuen BMW kaufte, das teuerste Modell. Und dass er ein erfolgreicher Unternehmer sei. Vielleicht hat er noch einen Doktortitel, umso besser passt er nun ins Bild. Schritt für Schritt lassen wir uns für diesen Mann einnehmen, die erste Empfindung ist längst um die Ecke, weg. Vielleicht befreunden wir uns sogar mit diesem Unternehmer, lernen ihn näher kennen. Erst viel später erleben wir dann die Überraschung: Sein Charakter lässt in dem einen oder anderen Bereich zu wünschen übrig.

Man muss hier gar nicht weiter ausholen, denn die Sache ist klar: Jeder Mensch hat so etwas schon erlebt, und zwar nicht nur einmal. Aha, denkt dann so mancher, mein erster Eindruck hatte mich doch nicht getäuscht, hätte ich mal nur darauf gehört. Genau: Wir sollten immer auf den ersten Eindruck achten!

Es ist wichtig, dass wir den Unterschied zwischen der Empfindung und den Gedanken erkennen lernen, dass wir um diesen bedeutenden Unterschied überhaupt wissen. Ja, man kann diese Art Selbstbeobachtung sogar trainieren, um hierin sicherer zu werden. Unsere Vorfahren beherrschten diese »Geheimnisse« eindeutig noch besser, doch heutzutage, wo der materialistische Verstand über alles gestellt wird, fällt es immer schwerer, die eigene innere Stimme zu beachten.

Wichtig ist es dabei zu wissen, dass wir mit unseren Gedanken, die wir bewusst formen, egal, ob sie gut oder böse, wohlwollend oder neiderfüllt daherkommen, erheblich mehr in Gang setzen, als dies allgemein bekannt ist. Denn wie ich es hier schon beschrieb, wir *formen* etwas damit, man nennt dies Gedankenformen. Und diese Gedankenformen können einzelne hellsichtige Personen sogar bei so manchen Menschen erblicken.

Die Gedankenformen können entweder hell und licht aussehen oder dunkel und hässlich, je nachdem, in welcher Qualität sie der Verursacher selbst erschaffen hat. Diese Tatsache ist längst bekannt bei medial veranlagten Menschen, die sich mit diesen paranormalen Phänomenen beschäftigen. Auch die Wissenschaft lehnt es heutzutage nicht mehr einfach kategorisch ab, über solche Vorkommnisse zu forschen, sondern die als Grenzwissenschaftler bezeichneten Experten befassen sich zunehmend mit den für viele noch unerklärlichen Vorgängen.

Diese Gedankenformen sind übrigens ständig dabei, sich zu vermehren: Nach dem Schöpfungsgesetz der Anziehung der Gleichart, welches im gesamten Universum schwingt, können sich durchaus auch Formen unbekannter, also fremder Erzeuger anschließen, so sie nur in der Art gleich sind. Versuchen wir wieder, dieses anhand eines Beispiels zu verdeutlichen:

Ein Mann hat einen schlechten Tag. Vom frühen Morgen an geht alles schief, mittags bringt der Briefträger eine unerwartete hohe Rechnung, die er bezahlen soll. Nun geht es dem Mann noch schlechter, da er nicht weiß, woher er das Geld nehmen soll. Alle üblen Nachrichten und Ereignisse des Tages türmen sich plötzlich vor ihm auf wie ein riesiger, stetig wachsender Berg, der für ihn inzwischen unüberwindbar geworden ist. Am liebsten würde er sich in seinem Bett verkriechen. Hin und her wälzt er die Probleme nun, grübelt immer wieder im Kreis herum, denkt stets dieselben belastenden Sätze, wie in einer Gedankenspirale geht es hoch und runter. Seine Gedankenformen werden dunkel und schwer.

Anstatt dass der Mann ganz schnell hinausgeht in die Natur, um sich etwas zu bewegen, um vor allem den Kopf freizubekommen, anstatt sich selbst zu zwingen, erst einmal an etwas anderes, möglichst Schönes zu denken, dreht er sich weiter gramvoll in seinem selbst geschaffenen, düsteren Kreis.

Genau in diesem Moment geht es etlichen, ihm völlig fremden Menschen in allen Teilen dieser Erde ganz ähnlich. Auch ihre sorgenvollen Gedanken wachsen, werden immer größer, schließlich fügen sie sich unsichtbar zu einer Art Kraftzentrale zusammen, die immer mächtiger wird: Ein übles, dunkles Feld lagert nun über der Erde. Nach dem Gesetz der Anziehung der Gleichart werden diese Kraftzentralen jetzt zu jedem dieser Grübler hingezogen, sie lagern über ihm, drücken ihn herunter, sie finden Anschluss bei ihm.

Die Sorgenwolke wächst, sie wird immer größer, man kann sie auch als morphogenetisches Feld bezeichnen, das erstmals von dem britischen Biologen Rupert Sheldrake beschrieben wurde. Er bezeichnete das morphogenetische Feld als eine Art hypothetisches Feld, welches als »formbildende Verursachung« für die Entwicklung von Strukturen sowohl in der Biologie, Physik und

Chemie, als auch in der Gesellschaft verantwortlich sein soll. Zwar versuchen manche Naturwissenschaftler, diese Erkenntnis als pseudowissenschaftlich einzustufen, doch wird durchaus die wissenschaftliche Überprüfung der Hypothese immer öfter gefordert. Auch in der Sozialwissenschaft wird sie ernsthaft diskutiert.

Doch zurück zu dem Unglücklichen: Seine im Verhältnis zu diesem morphogenetischen Ungeheuer ursprünglich kleinen Sorgen von vorher drücken seine Stimmung jetzt derart herunter, dass Verzweiflung, Depression über ihn kommt. Er ist am Boden zerstört und hat kaum noch die Kraft, sich innerlich wieder aufzurichten. Es wird immer schwerer, sich aus dieser dunklen und belastenden Umklammerung zu befreien.

So manche langwierige Depression ist auf diesem Wege entstanden. Und wir können nur ahnen, wie viele dieser riesigen Gedankenwolken derzeit gewaltig über uns lagern, denn mit allen anderen Gemütsverfassungen verhält es sich ähnlich, als da wären Angst, Neid, Hass, Wut, Trauer, Hilflosigkeit und so vieles mehr.

Selbstverständlich funktioniert dieses beeindruckende System auch andersherum: Wer Schönes denkt, wessen Visionen in Richtung Erfolg, Leistung, Glück und Wohlstand ausgerichtet sind, dessen Kraftzentralen sind wohltuender, lindernder, genesender Natur. Nach dem Schöpfungsgesetz der Anziehung der Gleichart wird sein Weg erheblich leichter sein, seine täglichen Aufgaben wird er locker schaffen, ohne sich dabei besonders anstrengen zu müssen.

Es ist unendlich wichtig, dass wir die Naturgesetze endlich begreifen, sie aber vor allem auch anzuwenden lernen, damit wir nicht in diese gefährlichen Fallen laufen, die schon so manchen zum Stürzen gebracht haben.

Ein fröhliches Lachen, ein heiteres Gemüt, eine sonnige Veranlagung, die stets genährt und am Leben gehalten wird durch fördernde, positive Gedanken, sind wahrlich unsere besten Lebensbegleiter, vor allem beschützen sie uns, damit es uns nicht geht wie dem gerade beschriebenen armen Unglückswurm.

Wüssten die Betroffenen, dass sie sich bei schlechten Nachrichten im Prinzip nur zu Beginn zwingen müssten, die Sorgen und Gedanken vorerst einmal abzustreifen, und dass sie sich schöneren und helleren Gedanken zuwenden sollten, so würde es erheblich weniger Elend auf der Welt geben. Damit ist aber nicht gemeint, dass Sie Ihre Probleme ab sofort verharmlosen sollen. Man sollte natürlich alles in seiner Macht Stehende tun, um ein Problem so schnell wie möglich aus der Welt zu schaffen, mit anderen Worten, konstruktiv an die Sache herangehen. Wer dies kontinuierlich tut, kommt der Meisterschaft des Lebens näher. Wer aber vor dem inneren Auge ein Horrorszenario ablaufen lässt, indem er geistig schon den Gerichtsvollzieher vor der Türe stehen sieht, der zieht das Negative, Dunkle magisch an. Nicht selten verwirklichen sich diese trüben Visionen wie in einer Art selbsterfüllenden Prophezeiung. Umgekehrt gilt dasselbe: Wer sich siegen sieht, wer sich mit freudigem Gesicht schwierigsten Herausforderungen gegenüberstellt, wessen Gedanken bewusst an den Problemen vorbeigeleitet werden, der macht seinen Weg. Es ist eine Form der Gedankenkontrolle, die man selbst lernen kann auszuführen frei nach dem Motto: Ich lenke meine Gedanken selbst und lasse sie nicht von anderen Kräften lenken.

Wenn der Volksmund sagt: *Jeder ist seines eigenen Glückes Schmied*, so sind damit nicht nur Fleiß, Ausdauer, Geschäftssinn und Fairness gemeint, sondern durchaus auch das Wissen um jene Gesetze, jene stillen Geheimnisse, die unser Schicksal in der feinstofflichen Welt je nach eigener Befindlichkeit weben.

Doch wir wollen noch andere Vorgänge durchdenken, welche, sollte der Mensch das Wissen um die Naturgesetze besitzen, von diesem bewusst gesteuert werden können. Bleiben wir beim Gesetz der Anziehung der Gleichart. Hier sagt der Volksmund: *Gleich und gleich gesellt sich gern.* Auch hier können wir wieder auf die Weisheit unserer Vorfahren vertrauen. Der Satz gilt für Geschäftsbeziehungen und Vertragspartner ebenso wie für Freundschaften und Beziehungen. Vor allem, wenn es um die Entscheidung für eine möglichst lebenslange Beziehung oder Ehe geht, sollte man lieber einmal mehr auf diese Feinheiten achten, um nicht schon bald unglücklich zu werden.

Viele Menschen, die noch nicht darüber nachgedacht haben, glauben oft, dass eine Partnerschaft ihre beste Basis in tiefer Freundschaft und Sympathie, in der körperlichen Anziehung hat. Nehmen wir an, ein Mann und eine Frau finden zusammen, sie schaffen sich ihr eigenes soziales Umfeld, sie bekommen Kinder, übernehmen Verantwortung. Das alles nennt man dann, zusammengenommen, meist *Liebe.* In vielen Fällen läuft es so ab, bis sich die ersten Bewährungsproben einstellen. Meinungsverschiedenheiten, Belastungen vielleicht durch Krankheit oder Arbeitslosigkeit, aber vor allem durch Angewohnheiten des Partners, die man nicht mehr hinnehmen möchte, verändern den Blick auf das Gegenüber. Die Unterschiede der beiden Charaktere, die man bislang zu überbrücken in der Lage war, indem man sie durch die rosarote Brille betrachtete, treten nun immer deutlicher hervor.

Während Vertreter vorausgegangener Generationen häufig noch die Tugenden der Selbstlosigkeit und Rücksichtnahme besaßen, die in solchen Notlagen so manches lindern und mildern konnten, ist dies in der heutigen modernen Zeit immer weniger der Fall: Egoismus und Selbstverwirklichung stehen als Hauptpunkte auf dem Programm. Das Ende vom Lied ist, dass der Himmel, der vorher noch voller Geigen hing, auf einmal weint: Das Ende der Partnerschaft ist eingeläutet. Dies geschieht dann sehr häufig, wenn die beiden Partner grundsätzlich nur wenige Gemeinsamkeiten haben, was ihr Weltbild, ihre Lebenseinstellung, das Moralgerüst, den Kulturgeschmack, die Erziehung, Ausbildung, aber auch und vor allem das Alter usw. angeht. Hingegen haben jene Paare, deren Gemeinsamkeiten größer sind als die Unterschiede, meist eine bessere Chance für eine langfristig gute Verbindung.

Und dann gibt es noch jene geheimnisvollen Verbindungen, die unerklärlich günstig und schön verlaufen. Da stehen zwei Menschen voreinander und scheinen von Beginn an füreinander geschaffen zu sein: Sie denken gleich, sie verstehen sich ohne Worte, sie können fast gegenseitig ihre Gedanken lesen. Es herrscht meist beeindruckende Harmonie um diese Menschen herum, ihre Beziehung, die Ehe scheint offensichtlich im Himmel geschlossen worden zu sein. In der Tat geschieht es in solchen Fällen nicht selten, dass beide davon überzeugt sind, nicht zum ersten Mal gemeinsam ihr Leben zu bestreiten, sondern sich »schon lange« zu kennen. Sie lieben sich über den körperlichen Tod hinaus. Ihre Liebe scheint anspruchslos, selbstverständlich. Diese geheimnisvolle Ebene ist für andere Menschen meist nicht so einfach zugänglich. Sie lieben sich, ob ihr Umfeld ihre Liebe akzeptiert oder ablehnt, ob sie gleich oder unterschiedlich zu beten gelernt haben. Sie lieben sich, ob sie nun einen kaum nennenswerten oder einen großen Altersunterschied haben. Ihre Liebe ist unsterblich, sie überwindet alle Hürden und Probleme dieser Welt.

An dieser Stelle wird vielleicht so manchem ein Stich durch die Brust gehen, der eine solche Harmonie bislang niemals hat selbst erleben dürfen. Es gibt nun einmal kein Monopol auf dauerhaftes Glück. Wer weiß schon all die unsichtbaren Vorgänge und Geheimnisse, die eine solche vom Himmel gesegnete Beziehung erst möglich machen. Dauerhaftes Glück in der Partnerschaft ist kein billiges Serienprodukt, welches jedermann besitzen kann. Es hat vielmehr mit dem, was man Segen nennt, zu tun. Allerdings stehen viele Menschen Segen und Glück – und sich selbst – häufig im Wege, weil sie nie gelernt haben, das Glück auch ertragen zu können. Das liegt meist daran, dass sie es niemals kennenlernen konnten in der Kindheit und Jugend. Und bekanntlich sucht sich der Mensch immer wieder das im Leben aus, was er kennt und mit dem er sich auskennt: Manchmal ist dies eben auch das Unglück.

Natürlich sind dies niemals bewusste Entscheidungen, sondern das Handeln entspringt nicht selten verborgenen Kräften, die tief in unserem Unterbewusstsein schlummern. Häufig erst im Nachhinein, in einer Art Lebensrückschau, wird dann plötzlich klar, welchem unsichtbaren roten Faden man folgte, ohne dies überhaupt gewusst und gewollt zu haben.

Man kann davon ausgehen, dass nahezu jeder Mensch wohl schon mindestens einmal im Leben das Glück hatte, einen Menschen zu treffen, mit dem eine ewig glückliche Partnerschaft hätte zustande kommen können. Denn für jeden stehen diese Lebenstüren offen. Die Frage ist, ob er durch diese Türe hindurchgeht.

Deswegen Obacht: Glück ist wie ein scheues Reh. Es taucht unerwartet auf, ist äußerst schreckhaft und verschwindet blitzschnell, wenn es gestört wird.

Manche Menschen sind so unglücklich veranlagt, oder sie wurden dazu erzogen, dass sie jede gute Schicksalsfügung, die ihnen das Leben immer wieder einmal bietet, ohne Not selbst zerstören. Sie überlegen, kalkulieren, beraten sich mit anderen, probieren aus und so weiter. Die Wahrscheinlichkeit, dass solche Menschen eine echte, glückliche Beziehung finden können, tendiert gegen null. Wieder existiert auch hier das alte Problem des Verstandes, welcher die Empfindung einfach zurückdrängt, weil nur er regieren will. Man kritisiert, grübelt, denkt sich ein Loch in den Kopf – und überhört wieder einmal die innere Stimme, die einem etwas anderes zuraunt.

Wenn Sie nun annehmen, dass ich selbst in einer langjährigen und rundherum glücklichen Partnerschaft lebe, nur weil ich so selbstverständlich darüber schreibe, muss ich Sie enttäuschen. Was das angeht, gehöre ich offenbar zu den vielen Leuten, die ohne Mühe sich selbst im Wege stehen, wenn es um das Thema »Lebensglück« geht. Mehrere Partnerschaften hielten so lange, bis feststand, dass wir so gut wie keine vernetzten, kooperierenden Gedanken einer Gleichart hatten. Dabei halten solche Bindungen auch schon einmal eine ganze Weile, vielleicht sogar zehn Jahre und länger. Denn es gibt etliche Faktoren von außen, die zwei Menschen manchmal länger zusammenbleiben lassen, als eigentlich beabsichtigt. Sobald diese Faktoren jedoch wegfallen, wie etwa das Aufziehen gemeinsamer Kinder, Schulden, ein strengreligiöses Umfeld oder Ähnliches, trennt man sich und geht eben wieder eigene Wege.

Wir können uns noch so verbiegen, am Ende nutzt es alles nichts: Wenn die Gedanken zweier Menschen nicht miteinander vernetzt sind (ähnlich wie die Armierung eines Gebäudes), um sich gegenseitig gleichermaßen zu stützen, so bricht die Beziehung eines Tages wieder auseinander. Im Volksmund spricht man von der *Seelenverwandtschaft*, die eine ungeheure, immerwährende Kraft darstellt.

Solange wir in dieser grobstofflichen Form auf der Erde leben, beeinflussen wir unsere eigene Welt hauptsächlich durch unsere Empfindungen und Gedanken, die schließlich zu handfesten Taten werden können. Wir selbst entscheiden über Glück und Unglück, über Freundschaft und Feindschaft, über Erfolg und Misserfolg. Wir wollen uns einmal die Reihenfolge anschauen, die unser Eigenwollen schließlich in die Tat, desgleichen in die Eigenverantwortung führt. Dabei ist es wichtig zu beobachten, dass es bei jeder neuen Stufe immer wieder aufs Neue die Möglichkeit für uns Menschen gibt, innezuhalten, zu überlegen, was richtig und falsch ist, diese Frage mit unserem Gewissen abzugleichen, um dann am Ende die hoffentlich richtige Entscheidung zu treffen.

Diese Reihenfolge sieht folgendermaßen aus: Am Anfang steht die Empfindung. Sie ist der Ausgangspunkt des Geistes, die innere Stimme. Wir wollen wieder mit einem Beispiel arbeiten:

Ein Unternehmer steht vor der Entscheidung, mit einem möglichen Geschäft, welches ihm angeboten wird, viel Geld verdienen zu können. Allerdings ist dies kein sauberes Geschäft, er würde damit gegen das Gesetz verstoßen. Doch aus Erfahrung weiß er, dass die Prüfbehörden ein derartiges Vergehen so gut wie nie ahnden, auch bei ihm waren ähnliche Vorgänge schon mehr-

mals ohne Folgen geblieben. Die innere Stimme des Geschäfts-
mannes warnt ihn zwar, doch er hört nicht darauf, da er meint, es
besser zu wissen. Auf der nächsten Stufe, auf der nun seine
Gedanken wirken, nimmt er bereits die Planung vor, immer noch
wissend, dass das Geschäft nicht dem Gesetzes-, Moral- und
Ehrenkodex entspricht. Seine Planungen werden nun zum Leben
erweckt, er spricht mit anderen darüber, erteilt Aufträge und
übernimmt die Verantwortung. Wohlgemerkt, die innere Stimme
hört während des Prozesses niemals auf, zu warnen, und wenn er
nur einmal stutzen und nachdenken würde, wenn er zur Besinnung käme, könnte er den Prozess noch verhindern. Doch nun
hat der Mann einen echten Vorgang daraus gemacht, er hat
andere Menschen in ein verbotenes Geschäft involviert. Ob diese
davon wissen oder nicht, spielt auch eine Rolle. Denn während
seine Geschäftspartner, die durchaus im Bilde sind über das
»schmutzige Geschäft«, in der eigenen Verantwortung ihrer persönlich getroffenen Entscheidung stehen, trifft denjenigen, der
nichts darüber weiß, keine Schuld.

Unser Geschäftsmann hat sich nun vollständig eingewickelt
in echtes Fehlverhalten, dem zwar eventuell ein flüchtiger Erfolg
beschert sein kann, auf welchem jedoch mittel- und langfristig
kein Segen liegen wird. Nach dem Schöpfungsgesetz der Saat und
Ernte muss jeder Mensch das, was er gesät hat, eines Tages
vielfach ernten. Wie diese Ernte im Einzelnen aussehen wird,
muss und kann an dieser Stelle nicht beschrieben werden, denn
die Möglichkeiten sind vielfältig. Aber eines ist sicher: Es wird der
Tag kommen, an dem der Geschäftsmann angesichts gewisser
unerfreulicher Entwicklungen Gelegenheit haben wird, darüber
nachzudenken, wie das Unglück entstanden sein könnte. Viel-

leicht hört er dann auf seine innere Stimme, die sich auch in diesem Augenblick wieder treu und verlässlich melden wird.

Der Mensch hat das große Geschenk noch nicht erkannt, welches ihm vom Schöpfer gegeben wurde mit der Empfindung. Würde er ihr folgen, was übrigens gleichzusetzen ist mit dem Befolgen der Zehn Gebote, also dem echten, richtigen, guten Handeln sowie vor allem auch der Nächstenliebe, so wäre es bald keine Frage mehr, ob er Glück oder Unglück, Erfolg oder Misserfolg hätte: Endlich würde er zu seines eigenen Glückes Schmied werden.

Es ist wichtig für uns, den Unterschied zu lernen zwischen der Empfindung und den Gedanken. Noch einmal: Die Empfindung, die innere Stimme, entspringt dem feinstofflichen Geist, während die Gedanken dem grobstofflichen Verstand zuzuordnen sind. Aus welchem Stoff sind jetzt aber zum Beispiel die Entdeckungen großer Erfinder aus Physik und Biologie? Oder die Kompositionen berühmter Musiker? Oder die Balladen und Gedichte bedeutender Dichter? Oder die geistigen Erkenntnisse prominenter Denker und Nobelpreisträger? Entstammen all diese Werke der Empfindung oder dem Verstand? Oder sind diese herausragenden Persönlichkeiten einfach nur besonders fleißig und ehrgeizig gewesen? Waren sie von Anfang an gute, engagierte Schüler? Welche Ziele leiteten sie? Woher hatten sie ihre Veranlagung und ihr Talent, welche(s) zu ihrer Berufung wurde?

Renommierte Physiker wie beispielsweise Nikola Tesla oder Nobelpreisträger Albert Einstein waren ihrer damaligen Zeit weit voraus, um Hunderte Jahre. Woher kamen ihre Fähigkeiten? War es Einsteins Glück, war es Zufall, die Relativitätstheorie entdeckt zu haben? Und wer wies Tesla die verschlungenen Wege zu seinen grandiosen Entdeckungen des Systems zur elektrischen Energie-übertragung?

Lassen Sie uns, um eine schlüssige Antwort zu finden, einen Ausflug in die Tugendlehre von Aristoteles, eines der größten Philosophen, machen, der mit seinen weitreichenden Überlegungen ethische und moralische Maßstäbe für das Handeln der Menschen setzte.

Die sogenannte aristotelische Tugendethik orientiert sich an der Natur des Menschen. Einziges Ziel ist seine Glückseligkeit – also genau das, von dem wir uns heute zunehmend zu entfernen scheinen. Tugend ist nach dem berühmten Griechen eine vorzügliche und nachhaltige Haltung, die durch die Vernunft bestimmt wird und die man durch ständige Einübung beziehungsweise Erziehung erwerben muss, mit festem Vorsatz, eigenem Willen, täglich wieder aufs Neue. Richtiges und ethisch gutes Handeln kann und muss man erlernen, also auch abschauen, um fortschreitend richtig und gut zu leben. Dies gilt für Eltern wie auch für Kinder gleichermaßen. Wenn Tugenden schließlich verinnerlicht sind, so handelt der Mensch um der Tugend willen, und er tut dies gern, also mit Lust. Lust ist dabei jedoch für Aristoteles nicht das Ziel der Handlung, sondern eine wunderbare Begleiterscheinung, die sich mitfolgend einstellt. Sein Ziel ist die Vervollkommnung der menschlichen Natur – zum Zweck der Harmonie des Menschen mit sich selbst. Sein Ziel ist Glück!

Für sein Glück muss der Mensch hart arbeiten: irdisch, mit allem, was dazugehört, und geistig. Er muss lernen, seine innere Stimme, die Empfindung, wieder zu aktivieren, die doch ständig vom lauten Verstand übertönt werden will. Sie ist die jedem Menschen als Funke lodernde, innewohnende Lichtsehnsucht, die ihn hierzu antreiben kann, so er es denn überhaupt zulässt. Diese Arbeit ist nicht zu unterschätzen, sie verlangt Ausdauer, stets nur das Gute und Richtige tun zu wollen, gleichgültig, welche Verführungskünste sich das Schicksal auch ausdenken mag. Doch wer diesen Weg einschlägt und darauf immer weiter schreitet, der ringt! Er ringt sich hoch, ins Licht. Und dies wird zweifellos honoriert, Erfolge unterschiedlichster Art stellen sich nach und nach ein: Der Mensch verändert sich dabei in günstiger Weise, auch werden seine Antennen nach oben schärfer, sensitiver. Wer dauerhaft über sein eigenes Tugendverhalten nachdenkt, sich korrigiert, um das Rechte zu tun, der geht richtig.

Wer dies nicht tut, wer auch eine höhere Macht wie den Schöpfer ausschließt, dessen Weg wird anders verlaufen. Unsere moderne Zeit der Versuchung lässt die meisten Menschen von ihren eventuellen guten Vorhaben schnell wieder abkommen: Durch das Gesetz der Saat und Ernte erhalten sie dann regelmäßig die Abrechnung vom Schicksal. Während der Mensch in früheren Zeiten Schicksalsschläge nicht nur erlitt und erduldete, sondern sie meist als Deutung einer höheren Macht annahm, die ihn zum Umdenken bewegen wollte, finden wir heute selbst kaum noch zu derartigen Überlegungen. Eine höhere Macht, die uns in die Knie zwingen will, damit wir künftig anders handeln, tugendhafter, moralischer werden und die uns an uns selbst arbeiten lässt, ist selten Bestandteil unseres Denkens. Im Gegenteil: Heutzutage wird eine solche Haltung eher milde belächelt oder verspottet, denn wir sind ja fortschrittlich, modern und »hoch entwickelt«.

Nun zu Albert Einstein. Im 19. Jahrhundert geboren, ging er von einer kosmischen Religiosität als stärkster und edelster Triebfeder für die Grundlage seiner Arbeit aus. Er sprach von einem tiefen Glauben an die Vernunft des Weltenbaues und der Sehnsucht nach dem Begreifen derselben. Dass Gott »nicht würfelt«, wie Einstein einmal sagte, zeigt, dass er von dessen genau durchdachtem Weltenplan ausging. Ebenso wie sein berühmter Kollege Max Planck äußerte auch Einstein die Ansicht, dass die Energie, welche die Atome in Bewegung hält, allein die Kraft Gottes sei. Einsteins tiefe Ehrfurcht vor den geordneten Weltgesetzen war die Hauptgrundlage der Arbeit für seine allgemein bekannte Gravitationslehre und Relativitätstheorie, für die er schließlich mit dem Nobelpreis ausgezeichnet wurde.

Werfen wir einen Blick auf weitere Genies der Menschheit, die allesamt neben ihrer Arbeit auch naturwissenschaftliche und religiöse Überlegungen anstellten, wie zum Beispiel der weltberühmte Mathematiker Pythagoras, der von der Harmonie in der Natur ausging, die durch die göttliche Weltlenkung geschaffen wurde. Oder Galileo Galilei, von dem das Zitat stammt: *»Ich fühle mich nicht zu dem Glauben verpflichtet, dass derselbe Gott, der uns mit Sinnen, Vernunft und Verstand ausgestattet hat, von uns verlangt, dieselben nicht zu benutzen.«*

Wie tief die Demut des großen Malers und Bildhauers Leonardo da Vinci vor dem Schöpfer war, zeigt folgende kleine Geschichte: Als der Künstler an seinem weltbekannten Gemälde vom Heiligen Abendmahl arbeitete, hatte er nur das eine vor Augen, nämlich, dass die Gestalt Christi sogleich alle Blicke auf sich ziehen und die Menschen fesseln mochte. In einem Teil des Bildes befand sich aber ein ganz kleines Schiff, an dem er drei Wochen lang gearbeitet und auf das er viel Mühe verwendet hatte. Als nun das Gemälde fertig war und das Volk herbeiströmte, bemerkte Leonardo, dass die Leute sich hauptsächlich an der Ecke des Bildes zusammendrängten, wo das kleine Schiffchen zu sehen war. »Seht nur, wie wundervoll«, sagten sie zueinander, »da sieht man, welch ein großer Maler er ist!« Da nahm da Vinci, als er abends allein war, den Pinsel in die Hand und löschte mit einem kräftigen Strich das Schiff für immer aus. Denn er sagte: »Niemand soll je wieder in meinem Bild auf etwas anderes seine Bewunderung richten als auf den Gottessohn!«

Oder sehen wir uns Jahrhundertkomponisten wie Bach, Händel oder Beethoven an und viele andere schöpferisch arbeitende Menschen, die uns bis heute mit ihrer Arbeit beeinflussen. Sie alle einte ein Gedanke als Triebfeder: Es existiert eine höhere Schöpferkraft, die uns lenkt und zuverlässig durch eine Form von Wechselwirkung mit uns umgeht, frei nach dem biblischen Grundsatz der Saat und Ernte. Es einte sie darüber hinaus die Überzeugung, dass jene urewige Macht eine unerschöpfliche Kraft sein muss, die stets zuverlässig arbeitend mit strengen, unumstößlichen Gesetzen uns Menschen zur Rechenschaft zieht, uns belohnt oder auch straft.

Wäre es vielleicht sogar möglich, dass alle diese beeindruckenden Persönlichkeiten den Zugang zu ihrer genialen Kraft überhaupt nur allein durch ihre feste Überzeugung erhielten, dass jene übergeordnete Weisheit und Macht existiert – nicht nebulös, sondern real und damit zuverlässig wirkend? Gab es durch die sichere Erkenntnis also eine Verbindung nach oben? Gut möglich! Klar ist, dass all diese Menschen unsterblich wurden durch ihre außergewöhnlichen Werke. Sie wurden zu Genies!

Warum besitzt unsere Jetztzeit Schaffende dieser Klasse so gut wie überhaupt nicht mehr? Wo sind die Dichter und Denker, wo die weisen, starken Persönlichkeiten, denen wir nur zu gern vertrauen würden, an die wir uns anlehnen wollten in dieser wirren, schwierigen Zeit? Müssen wir uns nicht fragen, ob wir den Anschluss verloren haben?

Die Überzeugung vom Wirken dieser höchsten Urkraft lässt uns erkennen, dass die dabei wirkenden Gesetzmäßigkeiten lückenlos gerecht funktionieren. Sie sorgen für die wichtige Einsicht, dass wir Menschen nur eine Chance haben, sicher und glücklich durchs Leben zu kommen, indem wir uns ethisch, moralisch und tugendhaft verhalten, so, wie wir es auch von unserem Gegenüber in dieser Menschengemeinschaft erwarten, so, wie der Schöpfer es von uns erwartet, wie er es uns vorgab in den Zehn Geboten.

Imanuel Kant nannte dies den kategorischen Imperativ – und meine Mutter lehrte uns das Gleiche, wenn sie sagte: »*Was du nicht willst, dass man dir tu, das füg auch keinem anderen zu.*« Jesus Christus brachte uns als Gottessohn den Weg, die Wahrheit und die Liebe. Er sprach von der Liebe zum Nächsten als einem der wichtigsten Lebensgesetze, um Gnade finden zu können vor dem Schöpfer auch unserer Erde, vor Gott!

Das, was wir unsere moderne, insbesondere westliche Zivilisation nennen, hat uns jedoch weit davon entfernt, auf viele Fragen wirklich schlüssige Antworten zu finden. Krampfhaft versuchen wir alles zu erklären, suchen wissenschaftliche Beweise, durchstöbern Wikipedia, Google und Co., und bezeichnen das, was wir dort finden, als »unser Wissen«. Dabei wissen wir heute so wenig wie selten zuvor. Aus vielem, was wir finden, nehmen wir die Erklärung, die unser Verstand am besten versteht. Die Empfindung, die innere Stimme, verklingt.

Alles, was je gefunden, erfunden, entdeckt und erforscht wurde, ebenso wie alles, was noch folgt, entstammt nicht unserem kleinen Menschenhirn. Sondern dem Wissen des Universums. Wer etwas erfinden darf, der darf es finden in geistigen Sphären. Es ist sein Geist, der genährt wird, gespeist von oben, dem es gegeben wird. Es gibt kaum einen Entdecker, der nicht in der Verbindung mit der Schöpferkraft stand und sein Wissen hier entlehnte. Viele große Geister haben diese Tatsache nicht in die Öffentlichkeit getragen, sie bewahrten sie als ihr persönliches Geheimnis. Wir wüssten heute noch weniger davon, wenn wir nicht in einigen Berichten ihrer Lebensbegleiter und -gefährten diese Tatsachen überliefert bekommen hätten.

Alles Wissen der Welt wurde uns mitgegeben, als sie erschaffen wurde. Wir können nur das entdecken, beleihen, was schon längst existiert. Doch heute sind wir weniger denn je in der Lage, an das wertvolle Wissen heranzukommen, denn unsere Verbindung zur geistigen Welt ist unterbrochen. Wie stellte Goethe so richtig fest: *Die Geisterwelt ist nicht verschlossen. Dein Sinn ist zu, dein Herz ist tot.*

Unser Geist ist als leistungsfähiger Empfänger und natürlich auch als Sender konzipiert. Ob und wie jeder einzelne Mensch diese Gaben nutzt, liegt jedoch ganz allein bei ihm. Nichts denken wir uns aus, null und nichts. Daran zu glauben ist ein großer Irrtum. Vielmehr liegt das Wissen »in der Luft«. Wer aber diese Tatsache von vornherein kategorisch ausschließt, wird nur geringe Chancen haben, den Kosmos »anzuzapfen«. Er schneidet die Verbindung selbst ab. Eines Tages wird dann ein anderer kommen, ein starker Geist, ein Hochleistungsempfänger sozusagen, und wird Entdeckungen machen, die eventuell auch uns zugänglich gewesen wären. Dieser kann als Wissender Schöpfung einfangen, sortieren, übersetzen und weitertransportieren, nach unten senden. Wir nennen diese Menschen dann Genies, Erfinder, begnadete Forscher und so weiter. Diese Genies aber gehen ihren vorbestimmten Weg, ohne sich selbst etwa herausgehoben zu fühlen. Es ist ihre Demut vor dem grandiosen Schöpfungswerk, welche sie leitet. Dabei erleben sie durchaus zahlreiche Menschen um sich herum, die härter, vielleicht auch disziplinierter arbeiten. Trotzdem wissen sie mehr, selbst dann, wenn sie keine Vorstellung darüber haben, warum sie mehr wissen.

Nun senden solche Menschen natürlich auch ihre Gedanken aus, da sie nicht nur Empfänger, sondern zugleich eben auch Sender sind. Nicht nur an die, welche ihren Vorträgen direkt zuhören. Die, die zuhören, sowie alle anderen, die sich bemühen, die neuen Gedanken und Theorien zu verstehen, wirken wie ein kollektiver Verstärker. Wir denken in diesem Zusammenhang wieder an das morphogenetische Feld, welches sich durch unsere Gedanken stetig anreichert und erweitert, gleichgültig, welcher Art und Qualität die Gedanken auch sein mögen. Auf diese Weise wird das Wissen auch unsichtbar in die Welt getragen, die dafür empfänglichen Menschen werden nach dem Gesetz der Anziehung der Gleichart von den Informationen »gefunden«, sie schließen sich zusammen.

Die Kraft der Gedanken, die zuvor dem genialen Menschengeist entsprangen, wird auf diese Weise erhöht. So werden diese Gedanken auf der ganzen Welt empfänglich, im Raum, in der Zeit. Zukunft und Vergangenheit, so wie wir sie irdisch messen, spielen dabei keine Rolle. Unser Verstand bleibt zwar dabei an Raum und Zeit gebunden, während unser Geist, der womöglich schon einige Erdenwanderungen hinter sich hat, unabhängig bleiben muss von Raum und Zeit. So will es das Gesetz.

Um jedem Missverständnis vorzubeugen, möchte ich an dieser Stelle noch einmal darauf hinweisen, dass alle Gedanken, ob sie gut oder schlecht sind, auf die gleiche Art wirken und wandern. Bedauerlicherweise haben die guten Gedanken keinerlei energetischen Vorteil. Sie können in diesem Buch einiges über die Macht und Handlungsweise der in höchsten Positionen befindlichen Menschen erfahren. Sie sind unzweifelhaft clever und kennen auch die energetische Macht der Gedanken. Sie verfügen auch über mediale und technische Manipulationsmöglichkeiten. Deswegen ist es von überlebenswichtiger Bedeutung, dass die Kraft der positiven Gedanken weiter ausgebaut wird. Dafür braucht es fast nichts mehr, als positiv und das Gute fördernd zu denken und dann auch entsprechend zu handeln.

Den meisten von uns ist und bleibt es verwehrt, zu erfahren, wie viel Einfluss unsere Gedanken an allem haben, was alles Lebendige in Bewegung hält. Betrachten wir deswegen kurz auch die Materie, das eben, woraus alles besteht – inklusive wir selbst. Die Täuschung ist ähnlich wie beim Licht. 92 Prozent des Lichtspektrums sehen wir nicht und glauben doch, alles zu sehen. Nicht viel anders ist das bei der Wahrnehmung aller festen Materie. Nehmen wir zur Visualisierung ein Atom als Beispiel: Wenn wir uns dessen Kern in der Größe einer Erbse vorstellen, dann ist seine Elektronenhülle 170 Meter entfernt. Darin rasen mit einer unglaublichen Geschwindigkeit von 900 Kilometern pro Sekunde die Elektronen. Alles bewegt sich, alles ist Bewegung. Den größten Raum nimmt, materiell betrachtet, das Nichts ein – eine materielle, eine absolute Leere. Das ist ausnahmslos so, mag es uns in allem, was wir sehen, auch ganz anders, eben als feste Materie, erscheinen.

Aus Asien stammt eine Weisheit, die über 2000 Jahre alt ist: *»Form ist Leere und die Leere ist Form. Essenz aller Dinge ist Leere.«* Albert Einstein muss als Physiker wohl fast verzweifelt gewesen sein, als er einmal die Materie als »geronnene Energie« bezeichnete. Tatsächlich sind sich die wenigsten von uns der Tatsache bewusst, dass allem Anschein nach die feste Materie eine Illusion ist. Wie das Innere eines Atoms, so besteht jeder physische Körper zu fast 100 Prozent aus leerem Raum. Das ist Fakt. Merkwürdig erscheint, wie unser Verständnis dafür verkümmert ist. Demgegenüber findet sich – als Bezeichnung für die Materie – in den Tausende Jahre alten heiligen Schriften der indischen Veden der Begriff »Maya«, der so viel wie »Illusion« oder »Täuschung« bedeutet.

Ein bemerkenswerter und trotzdem vielen unbekannt gebliebener Wissenschaftler war Ettore Mojorana. Seiner »Theorie« zufolge sind bestimmte Elementarteilchen Materie und Antimaterie zugleich. Keineswegs also, wie üblicherweise angenommen wird, entweder oder. Nachdem er 1937 diese Erkenntnis beschrieb, verschwand er ein Jahr später, 1938, mit nur 31 Jahren von einem Schiff – spurlos und für immer. Heute gilt seine Theorie als bestätigt. Wir wissen nur noch nicht, was damit anzufangen ist. Mich haben seine Erkenntnis und sein spurloses Verschwinden gleichermaßen fasziniert und nie losgelassen. Hatte er womöglich die geistige Kraft, die über alles Materielle herrscht, entschlüsselt?

Der tatsächliche »Treibstoff« des Lebens befindet sich in der von uns wahrgenommenen Leere. Ist es die für uns unvorstellbare wie auch unendliche Kraft der Gedanken oder die Geisteskraft? Ist das der »Stoff«, der in jedem einzelnen Atom die Leere zwischen dem Atomkern und der Elektronenhülle ausfüllt? Ist es möglicherweise am Ende so, dass alles, was wir mit unseren Augen sehen, lediglich die Auswirkung aller Gedanken, die Auswirkung der Geisteskraft ist? Würde womöglich alles in sich zerfallen und alles Leben enden, wenn die Kraft aus unseren Gedanken entweichen würde? Wir lassen an dieser Stelle die polarisierenden Thesen in Form von Fragen so stehen – mit einem einzigen Wunsch: Denken Sie darüber nach!

# Empfindsames Unternehmertum

An dieser Stelle möchte ich ein klein wenig aus dem Nähkästchen plaudern und versuchen, aufgrund meiner Biografie Zusammenhänge darzustellen, die sich mit dem Vorhergesagten decken beziehungsweise Erklärungen dazu geben können. Denn klar ist: Es genügt nicht, immer nur von den Naturgesetzen zu sprechen, sondern man sollte sie in die Praxis umsetzen, muss sie lebendig machen, um diese Eindrücke als eigenes Erlebtes bezeichnen zu können. Manchmal geschieht dies auch erst in der Rückschau, wenn man die Zusammenhänge erkennen und begreifen darf. Erst diese Bestätigung ist für uns dann der Beweis, wie die Welt wirklich funktioniert, gleichgültig, wer jetzt aufstehen und eine Gegenrede halten will. Das eigene Erlebte ist die wertvollste Basis für wahres Wissen, da es durch lebendiges Begreifen erstand. Natürlich befinde ich mich, wie viele andere Menschen, immer noch in den ersten Gehversuchen, da ja das geistige Wissen in unserer modernen Zeit eher bekämpft als zugelassen wird. Und so ist der Weg nach oben stets einsam, da man selten mit einem anderen Menschen in aller Klarheit darüber sprechen kann.

Ganz sicher denken wir Menschen auf verschiedenen Ebenen. Wir fühlen, wir empfinden und wir erfassen sämtliche Eindrücke in unterschiedlicher Art, je nach unserer Sozialisierung. Wir denken von unserer eigenen Position heraus und glauben zumeist, dass die anderen Menschen ähnlich ticken. Doch das ist natürlich falsch, denn jeder sieht die Welt etwas anders, empfindet Töne und Klänge verschieden zu seinem Nachbarn, hat bei Düften und Gerüchen zuweilen völlig andere Assoziationen als sein Gegenüber. Deswegen sieht man die Welt selbst oft anders als andere. Betrachten wir einen UKW-Sender: Auf seiner Skala gibt es unendlich viele Frequenzen, doch uns bleiben aufgrund unseres beschränkten Empfangssystems nur wenige Sender, die wir klar hereinbekommen können. Während wir sie anhören, fehlt uns meist die Vorstellungskraft, wie viele andere Programme es noch gibt, die man mit feineren, besseren Empfangsanlagen erkunden könnte.

Mag sein, dass viele es nicht wahrhaben wollen, dennoch ist es wahr: Unser Gegenüber ist nicht selten eine Art Projektionsfläche unserer eigenen Gedanken.

In diesem Moment, in dem ich diesen Text schreibe, sind es genau 29 Jahre, die ich als selbstständiger Unternehmer arbeite. Ich darf nicht ohne Stolz anmerken, dass meine Arbeit zumeist von Erfolg gekrönt (gewesen) ist. Doch nichts, was ich in diesen langen Jahren beruflich ausübte, hatte ich je von der Pike auf gelernt. Um in meine Tätigkeit als Unternehmer hineinwachsen zu können, musste ich mir brauchbare Kenntnisse in höchst unterschiedlichen Bereichen erwerben, als darunter zum Beispiel waren: kaufmännische Fähigkeiten für den In- und Auslandshandel, Finanzbuchhaltung, Organisation und Verkauf, Grundkenntnisse in Maschinentechnik, Chemie, Tribologie, Jura, Lebensmittelproduktion, Großhandel mit Lebensmitteln, Kreditwesen, Immobilienvermietung und -verpachtung usw. Die eine oder andere Fremdsprache musste ich ebenso zumindest so weit beherrschen lernen, dass ich mich mit ihr brauchbar verständigen konnte.

Das hört sich wahrscheinlich gewaltiger an, als es wirklich ist. So, wie sich der jeweilige Bedarf auftat, lernte ich das Notwendige sehr schnell. Zu keinem Zeitpunkt hatte ich ernsthaft das Gefühl, dass mir Bildung dazu fehlte. Heute sage ich manchmal flapsig, dass ich froh darüber bin, nie ausgebildet worden zu sein, da ich damit auch nicht mit unnötigen Dogmen vollgestopft wurde, die ich im Bedarfsfall jeweils mühsam wieder hätte beseitigen müssen. Ich bildete mich einfach, meinem Bedarf entsprechend, immer weiter. Meine Muttersprache ist nicht Deutsch, ich lernte diese Sprache erst in meiner Jugend. Sie ist, wie ich auch heute immer wieder lernen darf, erbarmungslos direkt, wenn man ehrlich sein will: Man spricht zum Beispiel von einer abgeschlossenen Ausbildung oder von einer Ausbildung mit erfolgreichem Abschluss. Besser kann man ein Ende sprachlich nicht markieren: *Mit der Bildung ist es aus!* Wenn man sich so manche langjährige Studenten ansieht, die fast die Hälfte ihres Lebens in der Hochschule verbrachten und denen jegliche Lebenserfahrung fehlt, so wird einem deutlich, wie sicher es nach diesen Jahren mit dem Aus der Bildung ist. Eine solche Erfahrung blieb mir zum Glück erspart.

Nach dem Ende der Hauptschule, die ich acht Jahre lang besucht hatte, kam ich nach Deutschland mit dem Gefühl, dass ich mich am Anfang und nicht am Ende meiner persönlichen Entwicklung befinde. Per Fernschule schaffte ich noch weitere drei Jahre, ich erwarb sogar ein Diplom. Damit war ich einem Abiturienten gleichzusetzen und stand irgendwie wieder am Anfang. So lernte ich einfach immer zu gegebener Zeit weiter, je nachdem, was ich gerade brauchte.

Warum fiel mir all das nicht wirklich schwer? Seit Längerem schon bin ich davon überzeugt, dass ich von dem Wissen Tausender anderer Menschen profitieren durfte, die wahrscheinlich intensiver als ich gelernt hatten. Offenbar konnte ich relativ leicht das vorhandene Meer existierenden Wissens anzapfen. Warum? Weil ich stets von dem Gefühl geleitet wurde, das Richtige zu tun: Bestimmte Ölprodukte, die ich beispielsweise in meinem Unternehmen zum Verkauf anbiete, waren von Beginn an vorteilhaft für die Besitzer teurer Arbeitsmaschinen. Man hätte annehmen können, dass die Kunden sich darum reißen würden. Tatsächlich musste ich schnell feststellen, dass die Vorteile des einen die Nachteile des anderen sind. Mit unserer verschleißsenkenden und ölsparenden Technologie stand ich im Interessenkonflikt sowohl zu den großen Maschinen- als auch zu den Ölherstellern. Die einen wollten sich ihr Ersatzteil und Reparaturgeschäft nicht schmälern lassen, die anderen nutzten ihre Marktmacht, um eigene Geschäfte zu sichern, die Ölverkäufe. Mein Lieferprogramm stellte sich somit sehr bald als extrem beratungsintensiv und dabei keineswegs als leicht verkäuflich heraus.

Mich konnten diese Schwierigkeiten jedoch nicht aufhalten. Akribisch begannen wir, vornehmlich die Kundenvorteile auszuloten. Stets mit dem Blick auf das Wohlergehen meiner Geschäftspartner gelang es bald, mein Unternehmen, welches dann zu einer kleinen Unternehmensgruppe wurde, in überschaubaren Schritten immer weiter nach vorn zu bringen. Das wichtigste an einem Geschäft, das Verkaufen der Produkte (was andere Menschen in einer teils langen Ausbildung erlernen müssen), lernte ich nicht, indem mich strategische Wege interessierten, sondern ich bemühte mich, all das über meine Produkte herauszufinden, was dem Kunden Vorteile bieten konnte. Von diesen Nützlichkeiten war ich dann so überzeugt, dass ich in tiefer Gewissheit, das einzig Richtige zu tun, diese erklären konnte. Stets versuchte ich, mich in das Gegenüber zu versetzen beziehungsweise in seine Bedürfnisse. Konnte ich erkennen, dass ich an seiner Stelle unbedingt meine Produkte kaufen würde, weil es einfach vorteilhaft war, so gelang es mir auch, den Kunden davon zu überzeugen. Das führte im Weiteren dazu, dass ich stets so viel wie möglich über unsere Klienten und deren Unternehmen wissen und verstehen wollte. Dann erst nämlich konnte ich präzise sagen, wo unsere Produkte beim Einsatz die besten Vorteile bringen würden. Zuweilen redete ich den Kunden sogar die beabsichtigte Auftragserteilung ganz oder teilweise aus. Das tat ich immer dann, wenn ich bemerkte, dass das Gegenüber im Begriff war, sich zu irren, dass man unsere Werbung falsch verstand. In solchen Fällen arbeitete ich sofort daran, die Werbebotschaften verständlicher zu gestalten.

Erst nach einiger Zeit bemerkte ich, dass wir es sehr schwer hatten, für unsere Unternehmen geeignete Verkäufer zu finden, beziehungsweise, dass diese wenigsten passabel erfolgreich werden konnten. Der Grund erschloss sich mir nach und nach. Tatsächlich gingen unsere Verkäufer zu den Kunden mit dem Vorsatz, unsere Produkte dort zu verkaufen. Sie interessierten sich oft nur wenig für das Unternehmen. Nicht selten versuchten einige, mit aller Macht den Auftrag so hoch wie möglich zu schrauben, was manchmal so weit ging, dass ich Sorge hatte, das Vertrauen der Kunden könnte missbraucht werden, nur wegen der Gier nach Provision und Umsatz. Doch in aller Regel ging die Geschichte am Ende immer gleich aus: Dieser Typ Verkäufer war schon bald wieder weg, da dessen Art sich in unserem Unternehmen einfach nicht halten konnte. Nach dem Naturgesetz der Anziehung der Gleichart ein nur allzu selbstverständlicher Vorgang.

Für mich wurde immer deutlicher: Die Kunden schienen die negativen Gedanken des Verkäufers, das Verkaufenwollen um jeden Preis, zu spüren, sie gingen auf Distanz. Dafür hatte ich großes Verständnis, denn wem gefällt ein solch aufdringliches und nur auf seinen eigenen Vorteil bedachtes Gegenüber schon? In mehreren Schulungen versuchte ich, dem Verkaufspersonal die Macht der eigenen Gedanken zu erläutern, vor allem auch die Verantwortung des Menschen darüber. Eigentlich hätte ich mir die Mühe auch sparen können, denn die Leute waren nicht wirklich offen dafür. Einige hielten das Ganze gar für Hokuspokus.

Heute weiß ich, dass solche Typen schlicht charakterlose Nomaden sind. Solche Veranstaltungen fanden meist mit 15 bis 20 Personen statt. Noch während ich den Vortrag hielt, konnte ich relativ sicher sagen, wer im Raum negativ dachte. Es bestätigte sich danach in so gut wie allen Fällen. Die Lernbereiten jedoch wurden nach den Seminaren durchaus erfolgreicher. Diese Erfahrung führte dazu, dass wir schließlich die Verkaufsmannschaft verkleinerten. Das Unternehmen wuchs dennoch in gesunden Zahlen weiter.

Mittlerweile weise ich neue Verkäufer gleich beim Eintritt in unser Unternehmen etwa mit folgenden Worten ein: »*Verkaufen Sie unseren Kunden nur das und nur so viel, wie Sie es mit Ihrem Gewissen vereinbaren können. Das finden Sie heraus, indem Sie sich an die Stelle des Kunden denken und nur aus dessen Sicht zu entscheiden versuchen.*« Wer mit diesem Vorsatz an ein Geschäft herangeht, der beabsichtigt nicht, das Gegenüber zu übervorteilen. Er denkt offen und fair. Nach dem wichtigen Naturgesetz der Saat und Ernte kann diese gute Saat nur eine erfreuliche Ernte einbringen. Unsere Gedanken üben bei diesen Vorgängen eine immense Kraft und Macht aus. Es wäre gut, wenn die Menschen sich dies immer wieder vor Augen führen würden, denn so hätten wir schon längst weniger Kriminalität, Korruption und Betrug auf dieser Erde. *Wie man in den Wald hineinruft, so schallt es heraus.* Der Volksmund hat auch hier, wie in den allermeisten Fällen, seine volle Berechtigung.

Vielleicht schüttelt so manch einer beim Lesen dieser Zeilen an dieser Stelle den Kopf. Doch wir täuschen uns, wenn wir glauben, unsere Gedanken verstecken zu können. Das alte Volkslied mit dem beschwingten Titel *Die Gedanken sind frei* bekommt hier plötzlich eine ganz andere Bedeutung. Sie sind tatsächlich so frei, dass wir nicht einmal kontrollieren können, wen und in welchem Umfang sie andere Menschen erreichen, ja, vor allem wissen wir noch gar nicht, welchen Schaden sie hinterlassen können, nicht nur für den Empfänger, sondern vor allem auch für den Sender. Wir sind das, was wir denken.

Jeder Mensch, der böse Pläne hegt, diese aber nicht zur Ausführung bringt, ist sich meist keiner Schuld bewusst. Die juristischen, irdischen Gesetze geben ihm auch allen Grund dazu. Doch der Mensch der Jetztzeit hat sich, wie mehrfach schon erwähnt, von seinem inneren Leben verabschiedet, von seinem Gewissen als bestem Ratgeber. Dies ist gefährlich. Wie gefährlich, sehen wir ja an der Entwicklung dieser Welt, die derzeit in eine fatale Endrunde einläuft. Allein mit unseren schlechten Gedanken können wir an manchen realen Taten beteiligt sein, ja, sogar der Verursacher sein. Es entzieht sich unserer bewussten Kontrolle, wie weit und wohin unsere Gedanken gelangen können. Ebenso wissen wir nicht, mit wem, mit welchen womöglich unseligen Kräften sich unsere Gedanken vereinen. Auch ihre Endauswirkung werden wir in vielen Fällen nicht registrieren können, denn es kann sein, dass irgendwo am anderen Ende der Welt plötzlich eine Tat durch wildfremde Menschen zur Ausführung gelangt, die ihren Ursprung in unserem eigenen Denken nahm. Es sei wiederholt: Wir sind der Sender, ein Verstärker, doch zugleich auch der Empfänger. Dies sind die Schöpfungsgesetze, die seit Urzeiten gleichmäßig, sachlich immer eintreffend, funktionieren. Völlig unabhängig davon müssen dabei die irdischen Gesetze gewertet werden, die, was diese besonderen Umstände angeht, vornehmlich auf materialistischer Grundlage zustande kamen.

So ist es ja auch mit dem Austausch von Mensch zu Mensch. Mit einigen Leuten, die wir kennen, sind wir gedanklich mehr oder weniger stark verbunden. Räumliche Distanz spielt dabei keine Rolle. Ebenso gibt es auch keine zeitliche Beeinflussung. Das an sich ist schon fantastisch. Vielfach wird angenommen, dass die Lichtgeschwindigkeit das Maximum der Bewegung durch den Raum ist. Im Vergleich zu der Geschwindigkeit der Gedanken dürfte es sich hierbei jedoch um eine Art Schneckentempo handeln. Bekanntlich haben Zwillinge zuweilen eine sehr starke emotionale Verbindung. Unzählige Beispiele haben gezeigt, dass emotionale Erlebnisse solcher Menschen in Echtzeit von einer zur anderen Seite der Welt geteilt werden können. Oder wie oft denken wir an eine Person, die dann Sekunden später anruft? Ich selbst habe daran überhaupt keinen Zweifel: Gedanken von Menschen, die mir sehr nahe stehen, spüre ich manchmal intensiv. Insbesondere spüre ich die negativen Gedanken. Natürlich verdränge ich sehr viele solcher »empfangenen Sendungen«. Im Nachhinein weiß ich dann, dass diese Empfindung richtig war. Genau genommen kann ich mich an so gut wie keinen mir

gegenüber begangenen Betrug, an keine Täuschung und Enttäu-
schung durch mir nahestehende Personen erinnern, welche(r) mir
nicht zeitgleich als unsortierter Gedanke beziehungsweise als
Empfindung »zugetragen« wurde.

# Angst und Gier: des Menschen Achillesferse

Ein ehernes Lebensgesetz der Natur bestimmt stets und unzählige Male am Tag für uns deutlich sichtbar werdend unsere Existenz: Der oder das Stärkste setzt sich durch. Dieser Gedanke prägt unsere Welt. Schauen Sie sich einmal um: Kampf um die Vorherrschaft, wohin man blickt, im Kleinen wie im Großen, in wichtigen wie unwichtigen Dingen.

Es beginnt zum Beispiel mit der Rüstungsindustrie und endet bei der Müllbeseitigung. Alle wollen besser sein als der Wettbewerber. Wir haben unsere Welt zu einer Kampfarena werden lassen, wir kämpfen selbst, wir lassen kämpfen, zuweilen sind wir so auf das Ringen fixiert, dass alles Lebenswerte an uns vorbeizieht. So verlieren wir dennoch, obwohl wir scheinbar gewinnen: weil wir unterdessen uns selbst verloren haben. Immer mehr Menschen leben in der Illusion, zu leben. Dabei sind sie nur Teil eines Spiels in der Arena. Wie im Alten Rom: Brot und Spiele.

Nun ist es nicht schwer zu erahnen, welche Rolle den meisten von uns zugeteilt wurde. Die wenigsten Menschen sind wirklich spielentscheidend, aber ohne sie gäbe es nun einmal keine Spiele. Die Frage lautet: Warum ist es offenbar so leicht, diese zahllosen Mitläufermenschen zu manipulieren? Diese Frage stelle ich mir seit vielen Jahren.

Viele stellen in Abrede, dass sie manipuliert werden. Andere, vermutlich stellen sie die Mehrheit, glauben, dass das System so gut durchdacht ist, dass es unmöglich sein kann, sich daraus zu befreien. Beides ist falsch. Tatsächlich haben wir zwei natürliche

Eigenschaften, über welche wir gesteuert und manipuliert werden. Ich nenne sie der Menschheit Achillesferse. Die Rede ist von Gier und Angst. Beides sind integrale Bestandteile unserer Erziehung. Wer auch immer uns Menschen steuern und beherrschen will, muss nur den Zugang über diese beiden Kanäle finden. Besonders kompliziert ist das nämlich nicht.

Unsere Grenzen erfahren und akzeptieren wir in aller Regel über die Angst. Von Kindesbeinen an bestimmt die Angst unsere Erziehung; es bleibt so, meist ein Leben lang, von der Wiege bis zur Bahre. Der Furcht vor der berühmten heißen Herdplatte folgen schon bald weitere Einschüchterungsmöglichkeiten. Je nach Profil des Erziehungsberechtigten, je nach dessen Wesensart, dient die Angst als Druckmittel, um bestimmte Ziele beim Kind zu erreichen. Auch die Kirchen arbeiten mit dem Mittel der Angst, um ihre Schäfchen auf Kurs zu halten. Wehe, man schert aus, wehe dem, der die jahrhundertealten Dogmen infrage stellt!

Die beste Richtschnur, die der Menschheit je gegeben wurde, die Zehn Gebote, werden leider auch als Druckmittel benutzt nach dem Motto: »Wenn du das tust oder dies sagst, dann wird Gott dich bestrafen.« Wer kennt solche Drohungen nicht? In der Schule geht es dann weiter, nun nehmen die Lehrer die jungen Menschen an der Kandare. Zwar erheben sie heute nicht mehr das Lineal, um den Kindern auf die Finger oder das Hinterteil zu schlagen, doch die Angst der Kinder ist geblieben, die Angst des Versagens. Deswegen lernen sie heute in der Schule mehr für die Noten, weniger, um etwas zu lernen.

Die Angst ist zu unserem ständigen Begleiter geworden. Wir haben ebenso Angst, die Geschwindigkeit zu übertreten, wie auch davor, zu spät zur Arbeit zu kommen. Schnell lernen wir,

Angst um unsere Gesundheit zu haben, und werden gerade deswegen krank. Wegen unserer Angst füttern wir die Pharmakonzerne mit Milliarden Euro, sodass diese schon krankhaft groß geworden sind. Die Angst vor dem Versagen lässt uns zu Versagern werden, weil wir das Risiko scheuen und vieles gar nicht erst ausprobieren. Ab einem gewissen Alter bekommen wir Angst vor dem Tod – und verlieren so den Rest des Lebens.

Interessant ist: Mit der Angst taucht meist auch die Gier auf. Die Gier nach mehr, nach einem Leben, das besser ist als das der anderen, nach mehr Besitz und Macht. Die Gier danach, keine Angst zu haben. Die Gier nach mehr von allem, ohne jede Begrenzung. Gier und Angst sind Geschwister. Manchmal tauchen sie gemeinsam auf. Zuweilen geht aber auch die Angst voran, zum Beispiel die Existenzangst. Sie treibt uns an. Dann verlieren wir das Maß, den Überblick. Und bemerken nicht, wenn wir bereits längst in Sicherheit sind, unsere Existenz also gar nicht mehr gefährdet ist. Dann übernimmt die Gier das Ruder. Immer weiter, immer mehr, mehr als die anderen. Schließlich kommt die Angst zurück. Angst, alles zu verlieren, was man sich durch die Gier angeeignet hat. Diese jämmerliche Angst ist vernichtend.

Die Gier ist oft materiell motiviert, kann aber durchaus auch immateriell sein. Die Gier nach dem Materiellen muss hier nicht aufwendig erklärt werden. Sie ist gut bekannt, und viele glauben, dass diese Form der Gier die schlimmste ist. Dabei kann die Gier nach Materiellem eher gestillt werden als die Gier nach dem Immateriellen. Früher oder später erfährt auch der gierigste materielle Mensch, dass er genug Geld auf seinen Konten hat, dass er genug Häuser, Autos, Jachten, Flugzeuge, Schmuck und so weiter besitzt. Spätestens dann kann bei ihm ein Sinneswandel einsetzen. Dafür ist es bekanntlich nie zu spät. Wer aber gierig nach Geltung, Macht und Einfluss strebt, der wird so gut wie nie eine Obergrenze finden. Das Wirken solcher Menschen kann für die Mehrheit verheerend sein. Man kann sie auch anti-materielle Machtmenschen nennen. Sie sind gefährlich und gleichen einer Krankheit, gegen die es keine Therapie gibt.

Die Verlustangst eines Menschen ist ebenso stark wie die Existenzangst, sie wirkt sich nur verheerender aus, weil sie in der Regel lebenslang andauert und zahlreiche Probleme mit sich bringt. Hierfür wird der Grundstein meist in der Kindheit gelegt, indem der Säugling schon früh in fremde Hände gegeben wird und seine natürlichen Bedürfnisse, rund um die Uhr bei der Mama zu bleiben, missachtet werden. Dieses Bedürfnis aber ist Bestandteil eines Schöpfungsgesetzes, gegen welches die heutige »fortschrittliche« Menschheit massiv verstößt. Fast alle Depressions- und Burn-out-Klienten, die heute Hilfe in den zahllosen Psycho-Praxen suchen, weisen unsichere Bindungsstrukturen in der Kindheit auf. Die Faustregel lautet daher: *Mindestens die ersten drei Lebensjahre gehört der kleine Mensch eng an die Seite seiner Mutter.* Gleichgültig, was Politik und Wirtschaft fordern.

Angst und Gier hindern die Menschen daran, sich zu verstehen und in Frieden miteinander zu leben. Einflussreiche Menschen verursachen Furcht und Verwirrung, wenn sie die Wahrheit verbiegen oder die eigene Überzeugung als angebliches Wissen verbreiten. Das tut heutzutage die überwiegende Anzahl der Politiker und Konzernlenker. Medien multiplizieren solche Effekte, weil sie selbst in aller Regel gekauft wurden, hier schaltet sich noch ein Turbo ein: Durch die Gier nach Sensation und Anerken-

nung werden die Geschichten, die sie erzählen, immer unglaub-
licher. Durch das Schüren des Hasses an der einen Stelle wird an
einer anderen automatisch Angst erzeugt. Überall finden sich
zahlreiche Bestätigungen dafür, wie zwischen Gier und Angst
Hass und Neid gedeihen. Meistens ist seitens der Medien alles gut
geplant und organisiert. Sie schüren dort Unmut und Hass, wo
sie sich auf die Seite einer Partei schlagen, es ist das Gegenteil von
dem, was sie eigentlich tun sollten als unabhängige Journalisten.

Durch den Hass, den diese Leute zuhauf säen, kann wiederum
Angst entstehen, betrachten wir dazu nur einmal die aktuelle
Lage weltweit, die sich durch die Einschüchterungsaktionen des
Islamischen Staates noch dramatisch fortentwickeln konnte: Wie
paralysiert sitzen viele Leute heutzutage daheim, aus Furcht, eventuell in ein Selbstmordattentat eines der Terrorkommandos zu
geraten. Nicht selten entfachen sich dadurch Kriege. Käufliche
Handlanger der Macht sind die meisten Journalisten heute, die
systembedingt die Massen belügen und täuschen: Sie sind die
wahren Massenmörder.

Neben diesen unerfreulichen Entwicklungen sind außerdem
viele Tugenden verloren gegangen, die vor noch gar nicht allzu
langer Zeit zumindest ansatz- und stellenweise existierten. Dies
sind unter anderem Barmherzigkeit, Verantwortung, Nächstenliebe und der Wunsch nach Freiheit. Es gäbe noch eine Menge
weiterer Charakterstärken aufzuzählen, die wir in den modernen
Zeiten so schmerzlich vermissen müssen, doch scheinen mir die
genannten mit die wichtigsten zu sein.

Stellen wir uns nur einmal vor, wie segensreich es wäre, wenn
Bundeskanzler, Ministerpräsidenten oder Parlamentsabgeordnete
in der unverbrüchlichen Pflicht stünden, nur die Wahrheit zu

verbreiten. Oder all die vielen Medienvertreter, denen wir neben den zahlreichen Wortverdrehungen, Maulkörben und Diffamierungen unter anderem auch das derzeitige verheerende Gesinnungschaos zu verdanken haben. Stattdessen gehören das Verbreiten von glatten Lügen und/oder Halbwahrheiten zu den Standardwerkzeugen der heutigen Politik- und Mediendarsteller.

Die Gewohnheiten, ständig Lügen und Intrigen zu spinnen, um nach dem Teile-und-herrsche-Prinzip die Fäden stets in der Hand zu behalten, sind also nicht mit dem Alten Rom untergegangen, sie wurden als Tradition fortgeführt. Sollte die Menschheit ihre Verblendung nicht ablegen und sich zu wehren beginnen, so werden wir nach und nach erleben, dass alles Werthaltige den Fleißigen entrissen und den Reichen übereignet wird. Das System steht bereits kurz vor dem Kollaps, die wirklich Reichen werden am Ende nur die Geldhersteller sein. Das ist zwar heute schon so der Fall, doch am Ende könnten, wenn die Menschheit nicht achtgibt, ihnen auch noch die Seelen gehören.

Stellen Sie sich nur einmal vor, wie die gierigen Banken zusammenbrechen würden, wenn wir plötzlich nur die Dinge kauften, die wir wirklich benötigen. Kein zweites, drittes oder viertes Auto. Keine vier bis fünf Smartphones in weniger als zwei Jahren. Keine Kleider mehr, angesichts des übervollen Schranks. Keine Berge von Spielzeugen für unser Einzelkind, das sich dann doch lieber mit der Kartonverpackung beschäftigt.

Von allen Seiten wird das System Ihnen suggerieren, dass Sie dadurch der Allgemeinheit schaden – und somit auch sich selbst. Doch bleiben Sie entspannt: Es sind die schwachsinnigen Argumente der Politikdarsteller über fortwährende Notwendigkeiten nach Wachstum, die sie selbst nicht glauben können. Es wird, wenn die negative Entwicklung so weiterverläuft wie bisher, eines Tages notwendig sein, dass Sie einen zweiten und dritten Job annehmen müssen, um all die sinnlosen Güter auf Kredit zu kaufen. Hierdurch geraten Sie in eine Gefangenschaft, aus der Sie nicht mehr entweichen können, in ein Wechselspiel aus Angst und Gier. Dieses perverse Spiel funktioniert scheinbar unendlich und überall. Just in der Zeit, in der ich diese Zeilen schreibe, traf ich unerwartet einen langjährigen Geschäftspartner wieder. Im Gespräch über unsere beruflichen Themen kamen wir dazu, dass ein erheblicher Teil unserer Wirtschaft seine Auslastung durch einen sinnlosen, oft künstlich hervorgerufenen Bedarf erreicht. »Wir kämen nirgendwo hin, wenn jeder nur das kaufen würde, was er braucht«, sagte mein Gesprächspartner trocken. Nachdem ich ihn darauf hinwies, dass diese einseitige Überflussökonomie in den Kollaps führen müsse, erwiderte er erstaunlich ruhig: »Natürlich wird das alles eines Tages den Bach heruntergehen. Wir, die Menschheit, werden uns dadurch selbst vernichten. Ich hoffe nur, dass das nach mir kommt!« Mir lief ein kalter Schauer den Rücken hinunter. »Die wissen es doch«, dachte ich und spürte kurz eine beängstigende Machtlosigkeit.

Auch die sogenannte Elite, die Superreichen, verspürt innerhalb ihrer unermesslichen Gier immer deutlicher Angst. Viele ihrer Mitglieder können so zu gefährlichen Bestien mutieren. Die Gefahr ist real geworden. Um sie abzuwenden und das Böse zu besiegen, müssen wir nun die Gier, vor allem aber die Angst aus uns vertreiben.

Bei seriöser Betrachtung ist es nicht schwer zu erkennen, dass die Gier die Menschheit in den Abgrund schiebt. Und auch die Angst weist ihr den Weg in dieselbe Richtung. Dieser Prozess läuft seit dem 19. Jahrhundert. Gemeint ist die legalisierte Beraubung durch den Turbokapitalismus, die immer schneller laufende Verschiebung des Eigentums von fleißig nach reich. So entwickelt sich eine immer stärkere Gier bei den zahlenmäßig immer weniger werdenden Reichen. Das erzeugt Angst bei den vielen Beraubten und Benachteiligten. Wie bei zwei riesigen Tumoren wächst auf der einen Seite das bei immer weniger Personen konzentrierte Kapital, während auf der anderen Seite die explodierende Bevölkerungszahl der Besitzlosen steht. Bei weiterhin andauernder Vergrößerung dieser beiden Ungleichextreme muss es zwangsläufig dazu kommen, dass eine völlige Umorientierung der Menschheit, eine hochgefährliche Neuordnung, auch die Neue Weltordnung genannt, entsteht. Die Gierigen werden von der Angst befallen werden, während die Ängstlichen sich in die Gierigen zu verwandeln beginnen. Das ist der Punkt, von welchem aus es kaum noch ein Zurück gibt. Die atomare Kernspaltung der Menschheit sozusagen. Diese Reaktion kann niemand stoppen, sobald sie eingetreten ist. Und sie ist eingetreten! Die Erkrankung befindet sich bereits im fortgeschrittenen Stadium. Die Rückbildung der beiden Tumore ist kaum noch vorstellbar. Jeder trägt jetzt täglich zum Schicksal der gesamten Menschheit bei – welch eine Verantwortung!

Seit den IS-Terroranschlägen, die nun auch Europa regelmäßig heimsuchen, wächst die Angst der Menschen, und zwar in rasanter Geschwindigkeit. Die Gefahr des islamistischen Terrors ist so hoch wie niemals zuvor, sämtliche Sicherheitsbehörden sind mit Ermittlungen, dem Schutz der Bevölkerung, den doch niemand gewährleisten kann, ausgelastet. Öffentliche Gebäude, Atomkraftwerke, Publikumsveranstaltungen werden von bis an die Zähne bewaffneten Milizen bewacht. Die Sicherheit ist dahin, das trügerische Gefühl einer angeblichen Sicherheit erst recht. Viele Bürger sind in wachsender Sorge, alles ist unkalkulierbar geworden. Doch genau die Angst ist es, die zum ärgsten Feind werden kann, wenn wir nicht achtgeben. Die Gebilde, welche unsere Angst überhaupt erst formen, sind nämlich von ganz übler Art. Sie lagern über der Menschheit wie eine unsichtbare Macht, alles zerstörend, was Lebendigkeit und Bewegung bedeutet.

Es ist Zeit zu beweisen, dass wir die Botschaften von Jesus Christus verstanden haben. Er hat uns gelehrt, keine Angst zu haben und jede Gier abzulegen. Mitunter sind die heftigsten Fälscher seiner Botschaft jedoch gerade diejenigen, die sich zu seinem Namen bekennen, indes aber weiter gierig handeln und Angst säen. Wie blind sind wir geworden? Er hat uns das Gehen und Loslassen gelehrt, doch wir sind zu sesshaften Habgierigen geworden. Gerade diejenigen, die in seinem Namen hier auf Erden handeln, machen ihn unmöglich: Sie handeln gierig, sie säen Angst! Es sind auch die Kirchen, die mit ihren Dogmen, den gestutzten Wahrheiten, die sie sich gerade so zurechtbogen, wie es ihrer eigenen Gier zugutekam, und die alles, aber nicht Seinen Willen, verinnerlicht haben und verbreiten.

Nun müssen wir aus uns die Gier selbst vertreiben lernen, sollen auch die innewohnende Furcht besiegen. Das ist der erste und unumgängliche Schritt, um uns – die gesamte Menschheit – zu retten.

Nicht nur im Glauben allein, sondern in tiefem Vertrauen in den Höchsten, in seine Gesetze, welche die Schöpfung seit jeher zusammenhalten, im Aufblick und in der Lichtsehnsucht stehend, sollen wir ihn ehren; wir sollen und dürfen keine Angst haben! Wer Gott vertraut, und zwar richtig vertraut, der braucht keine Angst zu haben, er ist geschützt.

Jesus zeigte uns, dass niemand, der sich auf dem rechten Weg befindet, Angst haben muss, weder vor dem Leben noch vor dem Tod. Er wich, wie wir alle wissen, seinem eigenen irdischen Tod nicht aus. Er wollte uns zeigen, dass unser Bild von der Welt unvollständig ist, er wollte, dass wir endlich die Wahrheit erkennen, welche direkt von seinem Vater war. Doch nicht einmal seine Jünger waren in der Lage, Jesus immer zu folgen, weswegen Christus öfter sagte: »*Ich hätte euch noch viel zu sagen, doch ihr könnt es nicht fassen.*«

Die Tatsache, dass der Tod zum Leben gehört, dass das Leben für die Menschen nach dem irdischen Tod nicht etwa beendet ist, sondern in anderen Sphären fortgesetzt wird, brachte der Gottessohn ebenfalls in manchen Gleichnissen und Hinweisen zum Ausdruck. Die Bibel lehrt es noch immer, wer sie aufmerksam studiert, wird genügend Beispiele finden, die man im Jahre 553 n. Chr. offenbar übersehen hatte.

So heißt es in Lukas 1, 13:

»*Der Engel aber sagte zu ihm: Fürchte dich nicht, Zacharias! Dein Gebet ist erhört worden. Deine Frau Elisabeth wird dir einen Sohn gebären: Dem sollst du den Namen Johannes geben. Große Freude wird dich erfüllen, und auch viele andere werden sich über seine Geburt freuen. Denn er wird groß sein vor dem Herrn. Wein und andere berauschende Getränke wird er nicht trinken, und schon im Mutterleib wird er vom Heiligen Geist erfüllt sein. Viele Israeliten wird er zum Herrn, ihrem Gott, bekehren. Er wird mit dem Geist und mit der Kraft des Elija dem Herrn vorangehen, um das Herz der Väter wieder den Kindern zuzuwenden und die Ungehor-*

*samen zur Gerechtigkeit zu führen und so das Volk für den Herrn bereit zu machen.«*

Verschiedentlich wird in der Bibel darauf hingewiesen, dass Johannes der Täufer der wiedergekehrte Prophet Elija sei. So auch in der Prophezeiung des Maleachi (3:23): *»Bevor aber der Tag des Herrn kommt, der große und furchtbare Tag, seht, da sende Ich zu euch den Propheten Elija.«* Und im Matthäus-Evangelium finden wir drei Stellen auf diese Prophezeiung, die anderen Evangelien offenbaren weitere sieben Stellen.

Wie man den Bemerkungen der Jünger entnehmen kann, wurde unter den Juden also schon viel über die Rückkehr Elijas spekuliert. Als Jesus dann mit seinen Jüngern zusammenkam, fragten sie ihn: *»Warum sagen denn die Schriftgelehrten, Elija müsse zuerst kommen? Er gab zur Antwort: Ja, Elija kommt, und er wird alles wieder herstellen. Ich sage euch aber: Elija ist schon gekommen; doch sie haben ihn nicht erkannt, sondern mit ihm gemacht, was sie wollten. Ebenso wird auch der Menschensohn durch sie leiden müssen. Da verstanden die Jünger, dass er von Johannes dem Täufer sprach.«* (Matthäus 17:10–13)

*»Als sie gegangen waren, begann Jesus zu der Menge über Johannes zu reden; er sagte: ... Er ist der, von dem es in der Schrift heißt: Ich sende Meinen Boten vor dir her, er soll den Weg für dich bahnen ... Und wenn ihr es gelten lassen wollt: Ja, er ist Elija, der wiederkommen soll. Wer Ohren hat, der höre!«* (Matthäus 11:7, 10, 14–15)

Ja, diese und weitere Beweise für die Reinkarnation finden sich im Alten und Neuen Testament. Wer Augen hat, der schaue. Dass die Kirchen die Reinkarnationslehre, die sogenannte Prä-Existenz der Seele, aus den Büchern strichen, ist ein weiteres Beispiel dafür, dass man an höchster Stelle in Rom nicht daran interessiert war, dass der Mensch wahre Eigenverantwortung übernähme.

Die Reinkarnation ist eine Tatsache. Doch im heutigen christlichen Glauben existiert sie nicht mehr seit dem Jahre 553. Wie anders wohl wäre die Geschichte der zurückliegenden 1500 Jahre verlaufen, hätten die Menschen gewusst, dass sie selbst es sind, die sämtliche Ernten ihrer guten wie auch üblen Taten einfahren müssen, indem sie in einem kommenden Erdenleben jene Folgen als Karma aufgebürdet bekommen, die sie einst ins Leben riefen. Es ist der Mensch selbst, der sich für das Gute oder für das Schlechte entscheidet, manchmal dauert es bis zum nächsten Leben, wenn ihn die Wechselwirkung dann trifft, mitunter geschieht es auch noch in seinem jetzigen Erdenleben. Deswegen gibt es auch keine unschuldig geborenen Kinder, sondern es ereilt sie in manch unerwarteter Situation die einst selbst eingeleitete Wechselwirkung.

Diesseits und Jenseits sind eins. Es gibt keine Grenzen. Es gibt nur Übergänge, vor denen wir keine Angst zu haben brauchen. Denn die Wege sind uns nicht unbekannt, wir gingen sie doch schon etliche Male.

Auch die Unterscheidung zwischen dem Guten und dem Schlechten ist für uns verwirrte Menschen zunehmend schwer geworden. Der Blick ist uns verstellt, häufig können wir nicht mehr unterscheiden, wohin der Weg führt, zu welchem wir gerade die Entscheidung gaben. Einigkeit hingegen dürfte darüber zu finden sein, dass das Schlechte in der Hölle und das Gute im Paradies zu finden sind. Ich selbst bin in mehreren Ländern dieser Welt zu Hause. Mindestens zwei Orte, an denen ich zeitweise lebe, bezeichne ich als mein Paradies. In jeweils unmittelbarer

Nähe davon befinden sich Orte, die ich als Hölle einstufe. Das ist nicht ungewöhnlich. Eher normal. Himmel und Hölle liegen dicht beieinander, jeder Mensch entscheidet selbst seine Richtung. *An ihren Früchten sollt ihr sie erkennen*, heißt es beim Gottessohn. Exakt so, wie der Mensch denkt und handelt, sehen auch seine Früchte aus, die er ernten muss: schön oder hässlich, gesund oder verfault, sie kommen aus dem Paradies oder aus der Hölle.

Warum nur hat das Schlechte diese höllische Anziehungskraft auf die Menschen? Wagen Sie mit offenem Auge den Blick in so bezeichnete Clubs und Diskotheken, in denen reichlich Alkohol fließt, häufig Drogen verkauft und konsumiert werden. In meist künstlich-schwülem Flackerlicht, in ausladenden Wellen ohrenbetäubender, aggressiver Musik, in einem Gemisch von Zigarettenqualm und durch menschliche Ausschweifungen geschwängerte Luft schieben sich Menschenmassen über die Tanzflächen. Leicht bekleidete Frauenkörper, gierige Blicke beider Geschlechter »schmücken« die irre, abgedrehte Atmosphäre. Offenbar macht es vielen Menschen nichts aus, in tiefe Abgründe hinabzusteigen.

Nun stellen Sie sich eine Anhöhe vor, auf der Sie stehen, ein Plateau. Soweit das Auge reicht, schauen Sie auf herrliches Grün. Große, alte Bäume stehen in herrlicher Blüte, eine unbeschreibliche Farbenvielfalt findet sich in einem Meer bunt blühender Wiesenblumen wieder. Das Bellen eines Hundes klingt in der Ferne, das Summen der Bienen erfüllt die süße Luft, das Zwitschern der Vögel stimmt seine immer wiederkehrende, urewige Melodie an. Eine leichte, wohltuende Brise streichelt Ihre Haut. Sie spüren die Wärme der Sonne so intensiv, dass Sie die Heilkraft ihrer Strahlen geradezu erfühlen können, jede Zelle des Körpers saugt das nährende Fluidum auf. Sie atmen die klare Luft ein, mit jedem Ausatmen fühlen Sie, wie Ihre Lunge immer sauberer wird. Sie spüren den Moment der Ewigkeit, hören die Töne des Himmels, genießen das Blau des Firmaments, wo leichte, weiße Wölkchen friedlich ihrer Himmelswege ziehen. Glauben Sie jetzt, dass ein Mensch erst sterben muss, um ins Paradies zu kommen?

Fast ist es amüsant zu beobachten, wie wir Menschen immer weiter in das Weltall zu blicken suchen, um den Ursprung des Lebens zu finden. Wir wollen zwar wissen, woher wir kommen und wohin wir gehen, doch verirren wir uns bei der sachlichen Suche immer mehr. Könnten wir doch die innere Stimme hören, die gewiss den rechten Weg uns weisen könnte, würden wir ihr, also unserem eigenen Innern, nur mehr Beachtung schenken. Solange wir unsere Welt so begreifen, dass diese nur aus den für uns sichtbaren Weltenkörpern besteht, so lange werden wir im Kreis laufen. Eine Ameise, die auf der Oberfläche eines Balls unterwegs ist, wird auch glauben, dass die Balloberfläche eine unendliche ist. Wir irren, wenn wir einerseits zwar an die Unendlichkeit des Weltalls glauben, andererseits aber an der Endlichkeit unseres Lebens festhalten wollen.

Dabei ist es durchaus richtig, dass unser irdisches Dasein einer stofflichen Art entsprechend ist, die während der irdischen Lebensdauer mit allem verbunden ist, was wir hören, tasten, fühlen und sehen können. Wenn wir aber unseren Körper lediglich als Wohnung unseres Geistes begreifen, dann verstehen wir auch, dass nur unser Körper vergänglich ist. Niemand wird bestreiten, dass Energie und auch Materie niemals verschwinden können. Beides kann sich nur wandeln. Demgegenüber daran festzuhalten, dass der körperliche Tod auch den geistigen Tod bedeutet, ist einfach falsch. Geistige Kraft und Größe stehen über allem Körperlichen. Unseren Geist erleben wir in unserem Empfinden, wir hören ihn als mahnende, innere Stimme, als unser Gewissen, als unseren Wegweiser zum Guten hin.

Denken Sie darüber einmal nach und sehen Sie sich um. Vergessen Sie auch niemals, dass Sie Ihren Körper als Wohnung für die Erhaltung eines gesunden Geistes zur Verfügung gestellt bekamen, für eine lebenslange Nutzung. Wie Sie darin leben, bestimmen Sie selbst. Wenn Sie diese Wohnung gut pflegen, sie regelmäßig reinigen und lüften, so haben Sie mehr Freude darin und werden auch länger in ihr leben können. Durch jeden Missbrauch, durch jede mutwillige Zerstörung signalisieren Sie, dass Sie bald ausziehen wollen. Sie gehen auf diese Weise unwürdig mit dem Gottesgeschenk um. Wer wissen will, wie ein Mensch gelebt hat, erfährt dies am besten, indem er darauf achtet, wie dieser gestorben ist.

Würden wir den Verstand, also das Vorderhirn, und die Empfindung, das hintere Gehirn, in den richtigen Ausgleich zueinander bringen, indem wir die Empfindung wie einen Aufsichtsrat über den Verstand stellten, so hätten wir bedeutend weniger Probleme in dieser Welt. Denn ein gesunder Geist wird seinem Verstand niemals Kriege, Verbrechen oder vorsätzliche Katastrophen anordnen. Er wird sich vielmehr den wunderbaren Schöpfungsgesetzen anzupassen suchen, die alles gesunden lassen und die als unser Gewissen wie ein Funke ewig in uns glühen. Wir wissen immer, was richtig und falsch ist, wir müssen nur die innere Stimme zum Klingen bringen – und gehorchen. Selig sind die, die ihren Geist und ihren Verstand im Einklang haben. In der Regel sind das frei denkende, unabhängige Menschen, die in wahrer Demut Gottes Schöpfung erkennen und sich willig in diese einordnen.

Wer sich aus den Zwängen von Gier und Angst befreit, wird feststellen, dass er nicht mehr »systemkonform« ist. Fast alle Systeme, die unsere Zivilisation ausmachen, basieren mehr oder weniger auf Angst und werden mit Gier angetrieben. Dafür wird unermesslich gelogen und manipuliert. Sobald Sie aber weder Angst vor dem Fegefeuer, der Hölle, Krankheiten oder der Steuerfahndung haben, sind Sie frei. Sie haben dann wieder zu Ihrem gesunden Geist zurückgefunden, der in Ihnen als Wille Gottes geboren wurde, um Sie zu leiten.

# Verwirrung und Erleuchtung

Im vorausgegangenen Text wurde mehrfach erwähnt, dass es ein paar Erdenmitbewohner gibt, die sich besonders viel Mühe geben, ihren Wohlstand täglich mit hohen Summen zu mehren. Es sind nicht viele, doch ihre Macht und ihr Einfluss auf die Bewegungen der ganzen Welt sind gewaltig, sie steuern heute praktisch alles, und sie gehen zielorientiert vor. Längst bestehen ihre Ziele nicht mehr allein aus der Vermehrung von Macht und Geld, sondern noch ganz andere Gründe sind es, die diese Leute hauptsächlich steuern. Die okkulten Triebfedern erleichtern die globalen Zustände nicht gerade, denn Menschenschicksale spielen hierbei so gut wie keine Rolle mehr.

So sitzen diese »Mächtigen« am Kopfende des globalen Tisches dieses bereits völlig kaputten Weltsystems, auf welchem in erster Linie die Lügensaucen des internationalen Finanz- und Bankenwesens angerührt werden, ebenso die unverträglichen Mixturen aus Wirtschaft, Lobbyismus, globaler Gesellschaftspolitik. Auch das Gesundheitswesen, welches nun zu einem weltweiten Krankheitsgeschäft geworden ist, einschließlich der global vernetzten, korrupt gesteuerten Pharma- und Lebensmittelriesen, wird von diesem Tisch aus dirigiert. Allen voran, das versteht sich von selbst, finden sich hier ebenso die Schaltflächen der großen Medienhäuser dieser Erde.

Diese Global Players haben sich »die Erde untertan gemacht«, der Fakt ist ihnen nicht mehr abzusprechen. Sie stiften endlose Verwirrung, ihre verworrenen Ziele wollen sie offenbar bis zum Ende umsetzen. Manch einer bezeichnet diese Leute merkwürdigerweise als Erleuchtete, die, wenn es gerade erforderlich ist, sich sogar Papiergeld in rauen Mengen drucken können. Angeblich sollen sie uns, also den Rest der Welt, als »Ungewaschene« bezeichnen. Sei's drum, würden sie uns »die Verwirrten« nennen, dann träfe das wirklich auf die Mehrheit zu. Denn sie haben gewaltigen Anteil daran, dass heute die meisten Menschen völlig durcheinander sind, die meisten wissen nicht mehr, was sie glauben sollen angesichts der täglichen Flut von Propagandameldungen und der gewaltigen öffentlichen Charakterwäsche.

Durch meine Mutter erfuhr ich als Kind, dass Jesus der Sohn Gottes ist, aber seine leiblichen Eltern Josef und Maria gewesen sein sollen. Als ich eines Tages verstanden hatte, wie Kinder gezeugt werden, war ich verwirrt. »War Josef Gott?«, fragte ich zunächst mich selbst und irgendwann auch meine Mutter. Sie erklärte, dass Jesus, wie jedes andere Neugeborene auf der Erde, einen leiblichen Vater und eine leibliche Mutter haben musste. Auch der irdische Körper habe dieselben Funktionen gehabt wie der eines jeden anderen Menschen. Doch der Geist Jesu stamme aus der allerhöchsten Region des Himmels, dem Göttlichen, Jesus ist Gottes Sohn. Niemand sei mit diesem Geist vergleichbar.

Natürlich wollte ich danach wissen, ob der Geist, der in mir wohnt, nicht von meinem Vater oder von ihr, meiner Mutter, komme. Sie erklärte mir daraufhin, dass jeder Mensch einen eigenen Geist habe, den er schon mitbringe in die stoffliche Welt. Offenbar glich ich charakterlich stark ihrem Bruder, der im Krieg erschossen worden war, weshalb meine Mutter vermutete, dass sein Geist in mir wiedergekommen sei.

Einige Jahre später, als junger Mann in Deutschland, erfuhr ich dann etwas von »Unbefleckter Empfängnis«. Hiermit ist nach christlicher Auslegung gemeint, dass die leibliche Mutter Jesu, Maria, schwanger geworden sein soll, ohne jemals körperlichen Kontakt gehabt zu haben. Dies ist die Darstellung, die bis heute in vielen christlichen Gemeinden gelehrt wird, weil die großen Führungen der Kirchen dies so erläutern. Die Darstellung der »Jungfrau Maria« dürfte indes einer der größten Irrtümer der Religionsgeschichte sein. Bis heute frage ich mich, wer sich diese skurrile Darstellung wohl ausgedacht haben mag. Natürlich ist mir inzwischen längst klar, welche Stolpersteine da in die Bibel eingebaut wurden, wieder einmal ein Zeichen dafür, wie die Kirchenlehrer sich an der heiligen Wahrheit vergriffen, die durch Jesu Ankunft auf der Erde den Menschen einst unverstümmelt und klar dargebracht wurde. Verrückt, dass die Unbefleckte Empfängnis bis heute gelehrt wird und nur wenige Menschen nachzufragen scheinen, wie ein solcher Unsinn je hätte funktionieren können.

Warum sollte Gott für die Zeugung eines menschlichen Körpers, auch wenn der Geist Gottes, vor allem die Gottesliebe, in diesen Erdenleib eingezogen war, seine ewigen Gesetze aushebeln? Das wäre gar nicht möglich, da jeder Erdenkörper auf ganz bestimmten Grundlagen der Schöpfungsgesetze entsteht, die eben nicht einfach abänderbar sind. Mag diese Geschichte eventuell sogar in guter Absicht zurechtgebogen worden sein, möglicherweise, um den Mythos auszuschmücken und damit eine größere Anzahl von Menschen in den Glauben an Jesus zu bringen, so kann sie unmöglich stimmen. Gottes Schöpfung ist vollkommen, niemals würde der Schöpfer eine solche Verwirrung stiften und die Menschen verunsichern. In Gott finden wir die Wahrheit allein – und nicht die Verwirrung.

Ich staune übrigens darüber, was meine Mutter, ohne einen einzigen Tag Schulbildung, tief in ihrem Inneren wusste und wie fest sie diesem Wissen vertraute. Wie wichtig es ist doch, seinen gesunden Geist zu befreien von den vielen Manipulationsversuchen, die täglich von außen an uns herangetragen werden. Manchen Menschen ist es jedoch kaum noch möglich, Äpfel von Birnen zu unterscheiden, zu sehr vertrauen sie auf die materialistisch begründeten Lehren und Wissenschaften der heutigen Zeit. Alles schön und gut, und so manches davon ist in Grundzügen auch wahr, doch es fehlt immer wieder das Geistige, der geistige Aspekt, den jedes Vorkommnis, jede Entwicklung, jede Sache erst zu rechtem Wissen macht. Deswegen ist es wichtig, alles, was uns heute begegnet, zu prüfen, ganz sachlich. Wenn im Abgleich die Schöpfungsgesetze erfüllt werden, wenn man feststellen kann, dass eine bestimmte Angelegenheit sich im Rahmen dieser Gesetze bewegt und entwickelt, wenn man auch die Frage beantworten kann, ob der entsprechende Vorgang Gott wohlgefällig ist oder aber diesem entgegensteht, dann findet man in aller Regel sehr schnell die richtige Antwort. Dies ist meines Erachtens die wichtigste Aufgabe, die der Mensch in dieser immer schwieriger werdenden Zeit hat.

Die Lüge ist die Mutter aller Verwirrung. Das war so, bevor der Gottessohn zu uns kam, es blieb so, als er gekreuzigt wurde, und auch die Zeit danach, bis zum heutigen Tage, steht ganz im Zeichen der Unwahrheit. Ist das nicht tragisch? Fast könnte man meinen, dass Gott die Verbindung zu den Menschen unterbrach, als sie seinen Sohn, der, aus dem Göttlichen kommend, die Wahrheit brachte, die sie verschmähten, ans Kreuz nagelten, ihn einfach kaltblütig ermordeten. Oft muss ich darüber nachdenken angesichts der wachsenden kriegerischen Auseinandersetzungen auf der ganzen Erde, die nun auch das bislang weitgehend verschont gebliebene Europa erreicht haben und die Sicherheit des Kontinents zunehmend gefährden. Wir sind doch inzwischen von allen guten Geistern verlassen, es scheint, als ob nur noch die Bösen das Sagen haben.

Ganz selbstverständlich nehmen wir hin, dass Versprechen im Wahlkampf das eine, die Handlungen der Regierenden danach aber etwas ganz anderes sind. Kaum jemand regt sich darüber noch auf; wie Schlafschafe wandeln die Menschen dahin, unfähig offenbar, sich gegen diese zahllosen Unwahrheiten zu wehren, die ihr Leben beschweren und vergällen. Unglaublich! Ebenso lernen wir, dass kaum ein Politiker, der die Wahrheit spricht, Chancen hat, in höhere Ämter zu gelangen. Zu wenig diplomatisch, zu direkt, zu unbequem, eben einfach nicht politisch-korrekt. Wir wissen also, dass das politisch Korrekte nicht die Wahrheit birgt, demzufolge lassen wir uns von den besten Lügnern regieren. Das ist tragisch. Wir sind tragisch.

Und so ist es auch mit vielen Religionslehren: Sie stiften weit mehr Verwirrung, als sie je zur wahren Erleuchtung auch nur eines einzelnen Menschen beitragen könnten. Auch die Repräsentanten dieser Weltreligionen regen uns nur wenig dazu an, uns weiterentwickeln zu wollen in Richtung Himmel: Lug, Betrug, Skandale, das ist ihre Aufgabe, die sie zu verwalten haben. Sonntags faseln sie vom Gottesreich, in welches die Gläubigen einziehen werden. Sie verschweigen den oft mit offenem Mund staunenden Gläubigen, dass kein einziger Mensch je ins Gottesreich kommen wird. Der Schöpfer schenkte uns die Gnade, auf der Erde leben zu dürfen. Er schuf sie für zahlreiche Lebewesen, unter anderem eben auch für uns. Wer die irdische Hülle abstreift, kommt nicht in Gottes Reich, niemals wird das je ein Menschengeist schaffen. Vielleicht schaffen vereinzelte Menschengeister den Sprung in das sogenannte Paradies, aber dort ist dann auch Schluss. Höher geht es nicht mehr, da die Art des Menschengeistes für noch weiter oben liegende Sphären einfach nicht geschaffen wurde.

Das ist gut so. Man stelle sich einmal vor, was der Mensch in seinem Vernichtungswahn schon alles zerstörte. Das Reich Gottes würde selbst dann nicht beschädigt werden können, wenn alle unsere Welten eine totale Vernichtung erfahren würden. Gott ist weder auf die Kirchen noch auf die Menschen angewiesen, er braucht sie nicht! Aber die Kirchen brauchen Gott. Die Menschen erst recht. Denn nach seinem Willen erst wurden die Menschen geschaffen. Und wie jeder Baumeister seinem Bauwerk eine Gebrauchsanweisung mitliefert, so schenkte uns Gott die nötigen Verhaltensregeln, zum Beispiel die Zehn Gebote. Wer diese beachtet, der beachtet den Willen Gottes, welcher auch der Heilige Geist genannt wird. Wer sich widersetzt, verstößt gegen Gottes Willen. Wer sich durch seinen eigenen menschlichen freien Willen abwendet von Gott, der wird dies eines Tages bereuen. Ob er religiös ist oder nicht, spielt dabei keine Rolle.

Wir Menschen leben heute mehr in Verwirrung denn je zuvor. Wir wandten uns ab vom Gotteswillen. Auf tragische Weise folgen wir den falschen Prinzipien, müssen die unbequeme Wahrheit akzeptieren, dass wir Verwirrten inzwischen ein wesentlicher Teil der gesamten Verwirrung geworden sind. Durch unsere Akzeptanz des Falschen verleihen wir ihm die Berechtigung. Dadurch sind wir zu gefährlichen Mittätern geworden, auch wenn einige immer noch glauben, als Mitläufer unschuldig zu sein. Unwissenheit schützt vor Strafe nicht, Untätigkeit erst recht nicht. Doch selbst das nehmen wir als unabänderlich hin. Ein verhängnisvoller Fehler.

Eigentlich ist alles ganz einfach: Gott erschuf diese Welt, er erschuf neben den Tieren und Pflanzen, sozusagen als der Schöpfung Krone, den Menschen. Dieser hätte sich nur einordnen müssen in die Naturgesetze, dann wäre alles gut gewesen. Doch er hat sich verführen lassen vom gefallenen Erzengel, der Luzifer heißt. Luzifer ist der Einflüsterer, der den Menschen ständig im Fokus hat: Er packt ihn bei seiner Eitelkeit, bei seiner Bequemlichkeit. Viele haben längst die Kraft verloren, sich gegen die leise Stimme der Verführung zu wehren. Süchte aller Arten grassieren, aus denen die Menschen sich kaum zu befreien verstehen: Alkohol, Zigaretten, Drogen, Kauf-, Ess- und Sexsucht und so vieles mehr lagern über der Erde. Aber auch Eigensucht, mangelnde Selbstlosigkeit, fehlendes Verantwortungsgefühl und, ganz vorne, vergessene Nächstenliebe. So sieht unsere Welt aus. Es ist erstaunlich, dass der Schöpfer nicht schon mit einem Paukenschlag alles vernichtet hat. Doch immer noch leuchtet das Licht für einen jeden, den die Lichtsehnsucht weiter vorantreibt, wenn er nur auf dem Weg bleibt.

Viel können wir Menschen über den Stern von Bethlehem nachlesen, doch was verstehen wir wirklich davon? Vieles ist in mehr oder weniger hübsche Geschichten gefasst worden, die uns heute vor allem dazu anregen, ordentlich einzukaufen, wenn es wieder heißt: Der Konsumzwang lädt zu Weihnachten ein. Die wahre Geschichte des Jesus-Kindes lernt man allenfalls in der Kindheit, doch schnell vergessen ist bald alles, was hoch und heilig ist. Manchmal, wenn das Fest naht und man eigene Kinder beschenkt, die mit glänzenden Augen der Weihnachtsgeschichte lauschen, dann geht ein Schauer durch Körper und Geist – und die Sehnsucht pocht leise an, die Sehnsucht nach oben, zum Licht, zur Freiheit. Doch rasch sind diese wertvollen Momente verflogen und schon bald wieder vergessen.

So wurde mit der Zeit aus der wunderschönen und der für uns Menschengeister so wichtigen Wahrheit eine Legende, die durch das Weglassen oder Hinzudichten einiger Details konsumfreundlich wurde und im Umlauf ist. Unglaube und Zweifel, an denen wir selbst schuld sind, machen uns blind und hindern uns, aus der Verwirrung herauszufinden. Ohne echten Glauben werden wir aber niemals einen Ausweg aus der Dunkelheit finden können. Glaube hat nichts mit Kirchen, Moscheen, Tempeln und sonstigen Religionsorten zu tun, die sich zuweilen sogar »Heilige Stätten« nennen. Religion und Glaube sind zweierlei. Es ist nicht verwerflich, einer Religionsgemeinschaft anzugehören. Gläubig kann man trotzdem sein, sicher aber ist man es nicht allein aus diesem Grunde. Es ist allein die innere Haltung eines jeden Menschen, die er vor Gott einnimmt. Niemand wird Gott als den Schöpfer anerkennen können und in Demut vor ihm niedersinken, der sich nicht die Mühe machte, IHN zu finden. Er stellt die Sinnfragen: Woher komme ich? Wohin gehe ich? Welche Aufgaben muss ich hier erfüllen? Welche Spur hinterlasse ich? Dies ist der erste Weg zur Lichtsehnsucht.

Warum sind manche Menschen von dieser Sehnsucht ganz tief erfasst? Und weshalb geht es den meisten anderen Menschen dagegen völlig anders in ihrer Stumpfheit? Ganz einfach: Es ist nicht eine Frage dieses einen Erdenlebens allein, sondern ein jeder

Mensch hatte schon einige Gelegenheiten, hier im irdischen Stoff sich zu entwickeln, sich vorzubereiten auf das eigentlich Wesentliche im Leben. Das, was er in anderen Leben schon leistete, oft unter großen Kraftanstrengungen, das prägt ihn, prägt seine Seele: Als Eindrücke auf der Seele zeigen sich die Schwierigkeiten, die Enttäuschungen des Lebens, das Scheitern, die Schmerzen und die Trauer. Deswegen kann man diejenigen Menschen, die viel erdulden und erleiden müssen, was das Schicksal ihnen so bietet, nicht nur bemitleiden: Denn sie dürfen prägende Erlebnisse mit ins Jenseits nehmen und die Beeindruckungen als seelischen Erfahrungsschatz nicht nur im Jenseits nutzen, sondern ebenso bei der nächsten Inkarnation hier auf Erden. Auf der Grundlage derartiger, tief greifender Eindrücke kann erst die Demut entstehen, die erforderlich ist für das Gotterkennen.

»Also bist du es doch«, sagte Josef, der als Vater an der Seite des Gottessohnes weilte, im Angesicht des nahenden Todes. Erst dann, in diesem kurzen Moment des Übergangs, erkannte er, wer Jesus wirklich war. Auch er verbarg erschüttert seine Augen damals, als der Stern von Bethlehem aufleuchtete, zu jener Zeit, als Jesus geboren wurde. Josef war ein gläubiger Mensch.

In der qualvollen Zeit am Kreuz, als das irdische Leben langsam in Jesus zu erlöschen begann, vermochte offenbar keiner der Anwesenden, der Schaulustigen, Ängstlichen, Traurigen, Selbstherrlichen und der vielen Verwirrten, das göttliche Licht über Jesus wahrzunehmen. Dieser erkannte, wie weit diese Seelen von der Erleuchtung entfernt waren. Vielleicht verwendete sich der Gottessohn für die tief gesunkene Menschheit, als er nach oben die Bitte sendete: *Vater, vergib ihnen, denn sie wissen nicht, was sie tun.* Wer weiß, was sonst schon damals geschehen wäre?

Langsam aber sicher dürfte heute sogar den Ungläubigen zu Bewusstsein kommen, dass wir in der Endzeit leben, in der Zeit des Jüngsten Gerichtes, wie es bei den alten Propheten heißt und wie es auch in der Johannes-Offenbarung geschrieben steht. Unsere »Abschlussprüfung« steht demzufolge kurz bevor. Wann genau, wissen wir nicht. Wir werden aber zu belegen haben, was wir, die Menschen, in den vergangenen 2000 Jahren gelernt haben. Viele Menschen haben nichts gelernt, sie werden nicht nur offenbaren müssen, dass sie selbst schlecht geblieben sind, sondern viele in das Schlechtsein mitgenommen haben. Unsere Erde ist nun an die Grenzen gestoßen, das Schlechte, Dunkle, Böse überwiegt, es macht die Erde schwerer, als es der Fall sein dürfte, unsere Erde ist gesunken.

Wie steht es geschrieben in den alten Schriften? *Gottes Zorn wird über die Menschheit kommen.* Der Zeitpunkt naht, an dem alles Schlechte, von Menschen Geschaffene hinweggefegt werden wird. So wird es auch den Dunklen, Bösen ergehen, die jetzt schon unvorstellbar viel Macht, Eigentum und Einfluss aufgetürmt haben, die das Goldene Kalb des Materialismus laut umtanzen und den Zugang zum Höchsten verschütteten. Alles wird untergehen, und das ist wirklich tröstlich. Wo sind heute Troja, das Ägyptische Reich, das Alte Rom, die Inka, Maya und viele Kulturen mehr? Nur ihre Kunstwerke haben überlebt, weil diese dem Geist entsprungen sind und nicht vom Verstand gefälscht wurden. In der Kunst erkennen wir die Sprache des Geistes, der Empfindungen. Während das Geistige überlebt, zerfällt das Materielle.

Die Vorboten sind nun da. Für alle, die diese Zeichen immer noch ignorieren wollen, wird das Ende plötzlich und unerwartet kommen. Sie waren geistig zu träge, um mit wachem Auge die verheerenden Entwicklungen zu beobachten. Niemand soll glauben, dass Hab und Gut gerettet werden können, wenn es so weit ist. Und danach? Nun, schenken wir den Prophezeiungen des Johannes Glauben, dann wird danach das Böse fort sein, und nur das Gute, das Lichte und Schöne kann sich auf Erden noch halten. Mit dieser neuen Friedenszeit können auch nur noch jene Menschen auf Erden weilen, denen die Naturgesetze nicht einerlei sind, sondern die ihnen auch vorher schon als feste Richtschnur dienten. Wohl dem, der sich rechtzeitig darum kümmerte.

Zum Bau der neuen, auf dem Geist basierenden Welt werden nur gesunde Geister gebraucht, so wie gute Steine für den Bau eines stabilen Hauses benötigt werden. Was dafür nicht geeignet ist, wird zermahlen, heißt es.

Dass Jesus unser Retter ist, darf von niemandem angezweifelt werden. Die, die es damals taten, haben vieles unternommen, das dazu führte, dass heute noch so viele Menschen erhebliche Zweifel haben. Sie haben die lichte Verbindung verloren. Man erkennt sie leicht an ihrer Überheblichkeit, an ihrem Spott, häufig auch an ihren angesammelten Gütern, die stets weiter vermehrt werden sollen. Ihre Antriebskraft ist die Gier – nach Geld, nach Einfluss, nach der vollendeten Macht.

Gottes Sohn ist mit seinen immer stärker werdenden Gedanken unter uns. Er ist der Heilige Geist, der nun immer mehr Menschen erreicht und sie erfüllt. Er berührt jedoch nur die Menschen, die es geschafft haben, ihren gesunden Geist zu bewahren. Die deutlich wahrnehmbare Existenz göttlichen Lichtes, welches auch der Sohn Gottes Zeit seines Menschenlebens mit sich trug und vieles in Form von lichtvollen Botschaften hinterließ, lässt die Nähe göttlichen Geistes erneut vermuten. Diesen Ruf hören jene Menschen, die vorbereitet sind.

Ist es Zufall, dass gerade in den vergangenen Jahren immer mehr Menschen aus den Zwängen des Systems aussteigen? Viele offenbaren sich, einige schreiben Enthüllungsbücher, andere sterben kurz nach ihrer Loslösung aus dem System. Wie auch immer, diese Vorgänge nehmen an Zahl zu. Wie in einem Vulkan, so brodelt es tief unter der Oberfläche. Nicht auszuschließen ist, dass auch in diesem Fall ein Ausbruch kurz bevorsteht. Vieles spricht dafür. Wohl dem, den die Ereignisse vorbereitet finden. Die Zeit ist bald da.

Doch wann?, fragen viele immer wieder. Die mysteriöse Botschaft, die meine Mutter überbrachte, indem sie von »zweitausendund…« sprach, trieb meine Gedanken weit zurück in jene Zeit, als Jesus am Kreuz starb. Mich überkamen die Bilder, wie Tropfen für Tropfen sein Blut auf den heißen Sand unter dem Kreuz fiel. Mit nachlassender physischer Kraft senkte sich das Haupt des gekreuzigten Christus. Schweiß brannte in seinen immer müder werdenden Augen. Sollte für jeden Tropfen seines Blutes, jenes Stoffes, in dem vermutlich die Seele wohnt, ein Jahr vergehen, bis das Jüngste Gericht die verwirrte Menschheit erreicht? Im menschlichen Körper sind circa 2000 Tropfen Blut enthalten. Ich gebe zu, dass es für diese These keine hieb- und stichfesten Beweise gibt. Zudem wissen wir kleinen Menschengeister unendlich wenig über die wahren Vorgänge der Schöpfung, seit diese besteht, von Ewigkeit zu Ewigkeit.

# Erkennen, handeln, gehen

Stellen Sie sich vor, man würde Sie in einer stockfinsteren Nacht aussetzen, Sie hätten keine Ahnung, wo Sie sich befinden. Es ist absolut dunkel, Sie sehen nichts! Was würden Sie tun, um zu überleben? Genau, Sie würden hoffentlich alle Ihre übrigen Sinne einsetzen. Da Sie nichts sehen, müssen Sie hören, riechen, tasten, vor allem aber denken und kombinieren. Nichts zu tun ist mit Abstand das, was am wenigsten erfolgversprechend ist. Die beste Überlebensstrategie dagegen ist: Erkennen, wo Sie sind, losgehen, sobald Sie einen Weg erkannt haben und so gut handeln, wie es überhaupt möglich ist, sodass Ihre Lage sich bessern kann.

Sie sollten sich niemals einer misslichen Situation kampflos ergeben, zum Beispiel stehen bleiben im Vertrauen darauf, dass zum Beispiel ein Fahrzeug kommen wird, welches Sie aufnimmt. Wie können Sie darauf vertrauen, dass das nächste Fortbewegungsmittel – sofern es überhaupt kommt – für Sie gut ist? Vielleicht stehen Sie sogar zwischen Eisenbahnschienen, und das nächste Fahrzeug, das kommt, bedeutet an dieser Stelle Ihren sicheren Tod.

Der Schöpfer hat Ihnen nicht die Sinne gegeben, damit Sie sie nicht benutzen. Und die Füße schenkte er Ihnen, damit Sie darauf stehen oder damit loslaufen können. Die Ohren, damit Sie hören. Die Hände, damit Sie greifen. Den Verstand, damit Sie damit die Kraft des Geistes erkennen. So ist es richtig. Doch bei vielen sieht die Lage genau gegenteilig aus: Sie stehen nicht richtig, sie taumeln, wenn sie laufen sollen, sie schauen und hören nie genau hin, wenn es ums Ganze geht. Bei allem ist genau das

Gegenteil der Fall. Wachen Sie auf, Sie stehen zwischen den Schienen!

Wir Menschen sind zu einer bedauernswerten Spezies mutiert: Nahezu alle lichten Anlagen ließen wir verkümmern, die innere Stimme ebenso, sie verklingt ungehört im Tosen der lauten Werbebotschaften des Materialismus, welchen Luzifer uns lockend anbot: Wir griffen eilig zu. Wir sind eine Herde ohne richtigen Hirten geworden. Geblendet von Materialismus, geleitet nur noch durch sinnliche Aktivitäten, die mit dem sinnvollen Leben nichts zu tun haben, erkennen wir weder den Abgrund, auf den wir zusteuern, noch die zwangsläufige Endlichkeit alles Materiellen. Was unser Gehirn produziert, nennen wir fälschlicherweise Geisteskraft. Unser erlerntes Wissen ist jedoch nur ein Produkt. Mit unserem Verstand haben wir unseren Geist versklavt, was letztlich auch unser Gehirn hat verkümmern lassen. Bereitwillig lassen wir uns von den größten Blendern beeinflussen und lenken. Wir verehren und folgen somit geistigen Krüppeln. Diese haben uns in die Dunkelheit geführt.

Wenn jemand redegewandt, belesen ist und wenn er uns das Erlernte rhetorisch gekonnt zu vermitteln versteht, so behaupten wir gern, dass diese Person geistreich sei. Dabei sind Geistesreichtum und das Erlernte zweierlei. Wir lassen uns auch gern von Titeln, dem sozialem Status und der Stellung einer Person blenden. Wer geblendet ist, sieht aber nichts. Aus Geblendeten werden im Laufe der Zeit Blinde. Unser Leben lang wird uns von allen Seiten gesagt, auf wen wir hören sollen. Zunächst sind es unsere Eltern, danach die Lehrer, dann Priester, später Gesetzesmacher und politische Führer. So gut wie nie hören wir die Botschaft, die unsere geistige Stimme, das eigene Gewissen oder das eigene Gefühl senden. Parlamentsabgeordnete, die eigentlich nur ihrem eigenen Gewissen gehorchen sollten, werden zur Oberflächlichkeit und zum Fraktionszwang abgerichtet. Wenn sie widersprechen, selbst denken und eigene Entscheidungen treffen, werden sie schnell als Abweichler und Querulanten bezeichnet. Wenn wir unseren Führern nicht folgen und öffentlich unseren Unmut über ihr Handeln bekunden, werden wir als »das Pack« dargestellt. Dabei ist die Wortwahl schon richtig, nur sollten die, die es aussprechen, es mit dem Blick in den Spiegel tun.

Durch Gottes Willen trägt jeder Mensch seine geistige Kraft in sich. Ganz sicher nicht deswegen, damit wir blind anderen folgen. Dafür hätte sich der Schöpfer für uns auch etwas Simpleres einfallen lassen können. Bienenvölker und Ameisenkolonien wären gute Modelle gewesen. Doch nein, wir bekamen den Geist und den Verstand. Und unseren eigenen, freien Willen. Jeder kann zu jeder Zeit seinen freien Willen nur noch zum Guten hin einsetzen. Wenn er nur will! Dieses Gottesgeschenk, welches keiner anderen Kreatur als nur dem Menschen gegeben wurde, birgt allerdings eine große Gefahr: Wer die unerbittliche Verantwortung nicht erkennt, die damit verbunden ist, auf den wird sein falsches Tun zurückfallen. Wir erhielten unseren freien Willen, um freie, unabhängige Entscheidungen treffen zu können. Der Schöpfer hat nicht vorgesehen, dass wir irgendeiner Ideologie, einem Dogma, einer politischen Partei oder irgendwelchen Machthabern folgen müssen.

Wenn wir unserem gesunden Geist folgen, unabhängig von dem, was andere Leute tun, heißt das noch lange nicht, dass wir Menschen dadurch eine führungslose Masse werden müssen. Tatsächlich brauchen wir Führer, die vorangehen. Doch sollten diese das Richtige wollen, nicht etwas, was nur ihnen zur irdischen Befriedigung verschiedener Bedürfnisse dient. Sondern sie sollten im demütigen Aufblick und mit reinem Wollen die Gesetze Gottes erkennen und einhalten. Dann tun sie das Richtige. Wir sollen diesen Führern aus geistiger Überzeugung folgen – und nicht etwa aus systematischen Gründen und Vorgaben. Doch genau das geschieht derzeit noch mehrheitlich.

Unsere Führer von morgen werden Menschen sein, welche nicht um die Führerschaft kämpfen werden. Sie werden niemanden zwingen, ihnen zu folgen. Sie werden ihren Weg gehen und sich über jeden freuen, der aus freien Stücken und mit ungebrochener Überzeugung mitgeht. Sie werden nicht nach den Mehrheiten streben, weil sie wissen, dass die Mehrheit nicht zu retten ist. Mit den vermutlich wenigen, die ihnen folgen werden, werden diese Menschen aus der Schwere und der Dunkelheit in Richtung Leichtigkeit des Lichtes gehen. Ganz anders, als es unsere Führer von heute tun, für die die irdische Macht über allem steht, selbst über dem Wohl der Menschen. Diese werden untergehen. Diejenigen, die die Menschen danach führen werden, werden dies ohne Angst – und nur der Wahrheit und Gerechtigkeit verpflichtet – tun.

Unsere Jetztzeit stellt uns vor viele Probleme: Eines, welches viele Menschen bewegt, ist die sogenannte Flüchtlingskrise, die in diesem Buch mehrfach zur Sprache kam. Auch die Angst vor dem Terror beherrscht jetzt viele Menschen. Dies alles sind Zeichen der Zeit. Der Endzeit. Wir müssen nun lernen, mit dieser Zeitqualität richtig umzugehen, es ist die Herausforderung der Stunde! Angst ist dabei der schlechteste Begleiter, wie ich bereits ausführlich in einem vorangegangenen Kapitel schrieb. Auch wie wir diese Angst fortschicken und ersetzen können durch Zuversicht und Vertrauen, schilderte ich hier schon.

Wichtig ist es jetzt, nichts mehr, was uns geboten wird, ungeprüft hinzunehmen. Regsamkeit wird verlangt, geistige Beweglichkeit, gesundes Hinterfragen, ohne Angst vor falschen Reaktionen. Wir müssen dem Dunklen, dem Falschen, den Lügen, dem System beherzt entgegentreten, ohne Furcht! Auch Parzival überwand alle Schwierigkeiten, die sich ihm entgegenstellten, weil er in festem Vertrauen und Wissen um Gottes urewige Macht und dessen unerschöpfliche Kraft wusste. Wir müssen uns lösen aus der Masse, die immer noch träge dahinsiecht.

Nur wenige sind es bislang, die diesen Weg einschlagen. Es sind die Mutigen, die Unbequemen, die Querdenker. Doch das bedeutet nicht, dass nicht auch wir dies nicht tun können. Es sind die, die das Böse erkennen, die es unterscheiden können von dem Richtigen, egal, wie man ihnen die Geschichte verkauft. Sie folgen ihrer geistigen Stimme, ihrer Empfindung. Warum tun nicht auch wir dies? Nur die, die sich rechtzeitig aus der Masse lösen, werden sich in Sicherheit bringen können und überleben.

Ich begegnete solchen Menschen in allen Ländern, in denen ich war, auf allen Kontinenten, in allen Religionen. Diese Menschen haben sich nach dem Suchen und dem darauffolgenden Erkennen auf den Weg gemacht, sie sind losgegangen in die richtige Richtung. Sie taten dies voller Überzeugung, ohne zu zögern, sobald sie das Rechte erkannt hatten. Nicht wenige veränderten daraufhin ihre Lebensweise, sie begannen, ihre eigenen Entscheidungen zu hinterfragen, ihre Art des Lebens, ihre Ernährung. Sie stellten die Sinnfrage: Wer bin ich? Woher komme ich? Wohin werde ich gehen? Wie sieht die Spur aus, die ich hinterlasse, einst, wenn ich hier vom Erdenplan abtreten muss? Habe ich Menschen geholfen, sie gefördert und erfreut? Oder habe ich sie behindert, geärgert und blockiert? Habe ich mehr genommen, als ich gegeben habe?

Jeder dieser frei gewordenen Geister folgte seiner Intuition, seiner inneren, der geistigen Stimme. Ist dieser Weg wirklich so schwer zu finden? Viele haben doch schon die ersten Schritte getan. Aus Verzagtheit, aus Kleinmut zögerten sie dann, weiterzugehen, weil sie den bangen Gedanken hegten: Was würden die anderen Leute dazu sagen?

Hoffen Sie nicht, handeln Sie! Lösen Sie sich aus der Masse der Mitläufer! Werden Sie nicht länger zum Mittäter. Sie müssen nicht das Unheil der ganzen Welt verhindern. Verhindern Sie Ihr eigenes. Retten Sie sich und Ihre Welt, und Sie haben die Welt gerettet. Vertrauen Sie auf die Schöpfungsgesetze. Naturgesetze sind Schöpfungsgesetze. Mathematik ist so unbestechlich wie die Schwerkraft. Als ich mich entschlossen hatte, diese Schrift zu verfassen, sagte ich, dass es mir genügt, wenn ich nur zwei Menschen rette und diese zwei, wie alle weiteren danach, jeweils immer zwei weitere retten. Rechnen Sie nach, das genügt völlig.

Der Tag des Jüngsten Gerichts, dessen bin ich mir sicher, kommt ganz gewiss. Lange kann es nicht mehr dauern, schauen Sie sich doch nur selbst auf der Welt um. Bislang haben wir Menschen den Schöpfer geärgert, haben ihn übel provoziert, haben Seiner gar gespottet. Es ist ein Wunder, dass wir bislang noch relativ unbeschadet davonkamen. Doch nun steht die Endzeit auch vor unserer Tür, die Ereignisse von Flucht, Krieg, Terror und Katastrophen nehmen ihren raschen Lauf. Bislang waren es die anderen Kontinente, die betroffen waren: Nun sind eben wir dran. Viel Zeit bleibt uns nicht mehr für die Besinnung. So heben wir doch endlich den Fuß und gehen los in die richtige Richtung!

Vielleicht erhalten wir noch weitere Warnungen, doch bin ich der Ansicht, dass es derer schon genügend gibt. Warum also noch warten? Apokalyptische Gefahren können uns jederzeit treffen, aus der Tiefe der Erde, aus dem Weltall oder in Form der für uns unsichtbaren Viren, auch Flutwellen und Feuerstürme brechen dann einfach los, wenn die Elemente in Rage geraten und die Entscheidung dafür zuvor im Himmel getroffen wurde. Nichts und niemand wird uns vor diesen urmächtigen Kräften dann noch schützen können.

Doch wer sich innerlich gewandelt hat, wer in Demut seinen Schöpfer erkannt hat, wer auch ohne Angst ist, stattdessen tiefes Vertrauen in die schützende Hand Gottes ihn erfüllt, was soll ihm geschehen? Sind die Vorboten nicht schon deutlich sichtbar, die man auch die apokalyptischen Reiter nennt? In der Bibel heißt es: *Wer sich von Gott losgesagt hat, ist auf der Flucht, auch wenn niemand ihn verfolgt; wer aber Gott gehorcht, fühlt sich sicher wie ein Löwe.*

Wenden wir uns noch einmal den Zehn Geboten zu. Nachweislich sind diese nicht nur so gut wie allen Religionen zugewandt, sondern beinahe alle Gesetzeswerke der etwa 200 Länder dieser Erde beruhen im Grundsatz auf den eindringlichen Warnungen: Du sollst nicht stehlen! Du sollst nicht töten! Du sollst nicht falsch Zeugnis reden wider deinen Nächsten usw. Ihre Gültigkeit ist unumstößlich, wenn die Menschengesellschaften in dieser Schöpfung in Frieden miteinander leben wollen. Diese einfachen Lebensregeln sind allgemein und auch allgemeingültig anwendbar. Ist es nicht verwunderlich, dass die meisten Machthaber, deren Vasallen dennoch kaum einen Bezug auf die Zehn Gebote nehmen? Nein, verwunderlich ist es nicht. Es ist bezeichnend für unsere Jetztzeit. Unter Beachtung der Zehn Gebote könnten viele »Geschäftsmodelle« gar nicht praktiziert werden. Das auf dem Unheil gedeihende Big Business müsste komplett abgeschafft werden. Alles muss neu werden, einfach alles! Das System, die Welt, die Menschen. Neu heißt, endlich die wahren Gesetze zu erkennen, die uns nur jener geben konnte, der uns auch erschuf: Gott. Nur er kennt das ganze System und weiß, wie es richtig funktioniert. Wie klein ist doch der Mensch!

Worauf warten Sie jetzt noch? Worauf warten wir? Es ist unmöglich, im Schlechten das Gute zu tun. Im Guten kann das Schlechte leicht erkannt und beseitigt werden. Die biblischen Geschichten über die Arche Noah, auch über Sodom und Gomorrha, enthalten klare Botschaften für uns. Alles Träge, Zweifelnde, Leichtsinnige, Ungläubige, Arrogante und vor allem Selbstherrliche ist zum Sterben verurteilt. Nur Glaube, Demut und Fleiß bedeuten Rettung. Und die Nächstenliebe. Denken Sie nach, und bald werden Sie erkennen, wie sinnlos es ist, an Mehrheiten und ihre Repräsentanten zu glauben. Mithilfe der Mehrheit wurde schon Jesus gekreuzigt.

Ich weiß nicht, ob es für die meisten von uns nicht schon zu spät ist. Ich weiß aber, wenn wir warten, wird es sicher zu spät sein. Also tun Sie es jetzt! Ergreifen Sie das Seil, welches Sie zu Ihrer wahren Verantwortung führt, um hier auf Erden endlich den richtigen Weg zu finden.

Die Zehn Gebote dienen als Richtschnur. Wer sich mit ihnen beschäftigt in dem ernsthaften Wollen, sie stets einzuhalten, der wagt den ersten Schritt. Doch viel zu lange hat er schon gewartet, weswegen die ersten Schritte nicht immer leicht sein werden. Geduld, Ausdauer und wahres Ringen, das Gute zu erreichen, sind vonnöten. Lassen Sie sich nicht einschüchtern, bleiben Sie auf dem Weg! Immer, zu jeder Stunde, auch wenn es schwerfällt.

Es liegt mir fern, Ihnen »gute Ratschläge« zu erteilen. Dennoch möchte ich Ihnen einige Hinweise mit auf den neuen Weg geben, die wichtig sein könnten:

- Seien Sie rücksichtsvoll! Gegenüber Ihren Mitmenschen, gegenüber den Tieren, gegenüber der herrlichen Natur. Tun Sie nichts gegen andere, was auch Sie nicht selbst erfahren möchten.
- Missionieren Sie nicht! Nur wer Fragen stellt, wer Interesse zeigt an dem neuen Weg, soll Antworten erhalten. Deshalb tragen Sie niemandem Ihre Veränderungspläne hinterher. Auch Sie wollen nicht missioniert werden, sondern selbst frei entscheiden, was Sie tun. Sie haben sich selbst dazu entschieden, dieses Buch zu lesen. Die Tatsache, dass Sie es noch nicht zur Seite gelegt haben, zeigt, dass Sie interessiert sind an den Veränderungen.
- Achten Sie auf Ihre Gesundheit. Sorgen Sie für genügend Bewegung, ernähren Sie sich gesund. Meiden Sie Fertiggerichte, kochen Sie frisches Gemüse mit frischen Zutaten.
- Ziehen Sie aufs Land! Raus aus den Großstädten, die nicht nur Ihnen die gute Energie rauben und Sie auf beengtem Raum einschließen, sondern wo auch viel feinstoffliches Gestrüpp Ihr Leben erschwert. Noch ignorieren wir, was sich vor unseren Augen abspielt, als ob wir blind wären. Millionen von Obdachlosen, Menschen, die in Slums leben und sich von den Resten der Müllkippe ernähren, sind

fast zur Normalität geworden. Die scheinbar Wohlhabenden genießen die vorgegaukelten Annehmlichkeiten der Städte und bemerken nicht, dass sie gleichermaßen gefährdet sind, wie ihre oft nur wenige Hundert Meter entfernten Nachbarn in den Slums. All das nimmt unser geistiges Auge in der Großstadt täglich aufs Neue auf. Deswegen: Die Stadtflucht ist die einzige Chance, dem dort konzentrierten Schmutz physisch wie psychisch zu entkommen. Der Blick in die von Überfluss überladenen Schaufenster und Neonreklamen wird Sie dagegen immer tiefer in die selbst gewählte Gefangenschaft ziehen. Die Mauern, welche zu überwinden sind, um nach draußen zu kommen, werden Ihnen immer höher erscheinen.

— Gehen Sie, so oft es möglich ist, in die Natur hinaus! Atmen Sie tief durch, lauschen Sie dem Plätschern des sprudelnden Wassers, dem lieblichen Gesang der Vögel, dem liebevollen Rauschen des Windes. Umarmen Sie die Welt, spüren Sie Ihre Liebe gegenüber der schönen Erde, danken Sie Gott für die Schönheit und die Gnade. Nur mit diesem Blick in die lebendige Natur werden Sie wieder zu Ihrem Geist zurückfinden können, nur die Schönheit, die der Schöpfer uns schenkt, lässt uns genesen.

— Sorgen Sie für ausreichend Schlaf und Ruhe. Das ist wichtiger, als Sie denken. Nur in der Ruhe gelingt es uns, zu uns selbst zu finden, unser Inneres wahrzunehmen, die Stimme zu hören, die uns so viel zu sagen hätte, die wir jedoch über viele Jahre hinweg missachteten, abtöteten in dem Rausch der vom Materialismus beherrschten fünf Sinne.

- Tun Sie alles, um zu verhindern, dass Ihr Leben digitalisiert wird. Milliarden von Menschen verlieren sich bereits in der virtuellen Welt. Diese ist aber eine »Nicht-Wirklichkeit«, darin ist Gott vor allem entbehrlich. Wer vor einem Bildschirm sitzt und anderswo Menschen tötet, fühlt keine Schuld. Das ist verheerend. Etliche von uns sind bereits betroffen, jederzeit können auch viele andere Menschen in Mitleidenschaft gezogen werden.

- Begegnen Sie jeder Weiterentwicklung von künstlicher Intelligenz mit äußerster Vorsicht. Kaum jemand erkennt die Gefahr, in der wir uns bereits befinden. Einige wenige Cyber-Kapitalisten haben sich schon zu den heimlichen Herrschern der Welt, vor unser aller Augen und auch durch unsere Hilfe, entwickelt. Sie sind Inhaber und Herrscher von aktuell einem Zettabyte Daten – das ist eine 1 mit 21 Nullen oder anderthalb Mal so viel, wie es Sandkörner auf der Welt gibt. Während sich die Menge der Sandkörner nicht erhöht, wächst die Datenmenge ungebremst weiter und wird sich voraussichtlich in fünf Jahren vervierzigfachen! Durch das Anzapfen dieser riesigen Datenmenge können irgendwann Maschinen entstehen, die sich selbstständig weiterentwickeln. Nicht ausgeschlossen ist, dass solche technischen Monster irgendwann uns Menschen für entbehrlich halten. Die Gefährlichkeit der künstlichen Intelligenz besteht darin, dass Entwicklungen in Gang gesetzt werden, welche in der Schöpfung nicht vorgesehen sind. Die Gefahr ist groß, dass die »Nicht-Wirklichkeit« eines Tages die Wirklichkeit ersetzt.

– Gehen Sie nicht mehr zum Wählen. Damit unterstützen Sie nur das falsche System. Zeigen Sie den Politikern, dass Sie kein Interesse mehr an deren Diensten haben. Nur so kann das falsche System ins Leere laufen. Geben Sie Ihre Stimme nicht ab, sondern behalten Sie diese, um sie, wenn es angebracht ist, zu erheben, zu widersprechen. Lassen Sie sich nicht mehr zum trägen Wahlvieh zählen, welches die derzeit Herrschenden hin- und herschieben können, wie sie gerade lustig sind.

– Lassen Sie keine Lügen und Unwahrheiten zu. Widersprechen Sie, ruhig und sachlich – aber erst dann, wenn Sie die Umstände genau geprüft haben. Wenn Sie Lügengeschichten in den Medien sehen oder lesen, so setzen Sie ein Protestschreiben auf und schicken Sie dieses an die zuständige Redaktion. Machen Sie den dortigen Leuten klar, dass Sie keine Unwahrheiten dulden. Glauben Sie mir, dies wird Wirkung zeigen. Die Journalisten sind nämlich schrecklich eitel; wenn sie ständig Kritik einstecken müssen, werden sie sich bemühen, besser zu arbeiten. Sie zwingen diese Leute damit irgendwann zum Widerspruch gegenüber ihren Vorgesetzten.

– Schreiben Sie auch den politischen Vertretern, die einen Eid geschworen haben. Fordern Sie Ehrlichkeit und Wahrheit. Fordern Sie, dass die sogenannten Volksvertreter sich nicht von fremden Kräften gängeln lassen, sondern Verantwortung übernehmen. Sie haben ein Anrecht darauf, dass niemand in Ihrem Namen (Wir sind das Volk!) Gesetze erlässt und Handlungen vollzieht, welche den Zehn Geboten widersprechen.

- Erwarten Sie keine Wunder, wenn Sie all diese Schritte tun, keinen Aufstand, auch keine Revolution. Es werden keine Kamerateams vor Ihrer Tür campieren. Sie werden nicht zum Superstar werden. Sie werden aber ein Gefühl der Leichtigkeit spüren. Es ist der angenehme Hauch der Gerechtigkeit, den Sie erfahren werden. Sie werden erahnen, was gemeint ist mit dem Spruch: *»Auch der längste Weg beginnt mit dem ersten Schritt.«* Sie werden sich fühlen wie jemand, der sich auf einer Reise ohne Wegweiser befand, und der nun endlich richtig abgebogen ist. Danach wissen Sie, dass Sie ankommen werden, mag es auch lange dauern. Aber der richtige Weg führt Sie zum Ziel. Bleiben Sie auf dem Weg.
- Tun Sie auf diesem neuen Lebensweg niemals den letzten Schritt. Jeder Schritt, den Sie tun, ist immer nur der erste Schritt des weiteren Weges, der vor Ihnen liegt. Versuchen Sie, Ihren persönlichen Weg zu finden, der Sie nach oben führt, dies ist mein sehnlichster Wunsch. Und setzen Sie den Weg unbeirrt fort, egal, was geschieht. Gehen Sie immer weiter, auch wenn es zuweilen schwer ist! Nur wer sich selbst überwindet, wird endlich frei! Und Freiheit ist das, was wir Menschenseelen heute am allernötigsten brauchen.

Wir wurden erschaffen, um unsere Welt zu gestalten. Dafür bekamen wir unseren Geist und den Verstand. Gestalten bedeutet aber, alles im Sinne der Schöpfung zu erhalten. Wir Menschen haben in Bezug auf diese Aufgabe bis zum heutigen Tage versagt.

Wer heute einen Baum pflanzt und morgen stirbt, lebt länger, weil ein Teil von ihm auch in diesem Baum weiterleben wird. Zu viele leben aber zwischenzeitlich nach dem umgekehrten Prinzip. Wir vernichten die lebende und erschaffen stattdessen die leblose Materie. Unsere Städte wachsen in den Himmel, die Wälder dagegen holzen wir ab. Nun konzentrieren sich viele Forscher und Wissenschaftler darauf, neue materielle Welten im Kosmos zu finden. Wozu? Vielleicht nur, um auch diese zu zerstören?

Deswegen gehen Sie los. Und gehen Sie weiter. Lehnen Sie auf Ihrem Weg jeden und alles ab, der/das im Widerspruch zu den Zehn Geboten steht, denn er/es steht für das falsche Prinzip. Diese Verhaltensweise ist keine einmalige Angelegenheit, es sind nicht nur ein oder zwei Schritte vonnöten, sondern dies ist ein fortwährender Vorgang. Denken Sie an den großen Griechen Aristoteles, der allein das Ziel vor Augen hatte, wahres Glück zu erreichen, indem er nur das Gute wollte.

Es ist kein Aufruf zum Kampf, keine Revolution, vonnöten: Lehnen Sie das falsche Prinzip einfach ab. Wenden Sie sich von allem Schlechten ab. Im Kampf stärken Sie automatisch den Gegner, selbst wenn Sie ihn (vorübergehend) besiegen sollten. Er wird wiederkommen, gegen Sie kämpfen und Sie besiegen. Wenn Sie kämpfen, bauen Sie Druck auf, doch jeder Druck erzeugt Gegendruck, der sich addieren muss. Die effektivste Bekämpfung eines jeden Druckes ist es, ihn entweichen zu lassen. Weichen Sie aus. Lehnen Sie diejenigen Personen und Strukturen ab, die das Schlechte wollen. Nur so wird das Schlechte ins Nichts entweichen. Dorthin, wo es keinen Schaden mehr anrichten kann.

Die Botschaften der Zehn Gebote sind Ihre Richtschnur. Gehen Sie in Ihrem Leben an dieser Schnur entlang – und Sie werden sich nicht verirren. Diese unsichtbare Schnur führt Sie durch die Welten, durch das Diesseits und das Jenseits, in Richtung Licht, hin zum ewigen Leben. Bleiben Sie nicht stehen, niemals! Alles in der Schöpfung, im riesigen Universum, ist Bewegung. Bleiben Sie immer in Bewegung, sowohl körperlich als auch geistig.

Gehen Sie in Wahrheit und bleiben Sie gerecht. Vermeiden Sie jegliche Gefühle wie Hass, Neid oder Gier. Sie sind nicht vereinbar mit den Zehn Geboten. Beobachten Sie sich und Ihr Verhalten ständig, üben Sie Kontrolle über Ihre Gedanken aus. Jeder negative Gedanke, der sich gegen andere Menschen richtet, kommt auf Sie selbst zurück. Schützen Sie sich und Ihr Karma, indem Sie fair und gerecht bleiben. Sie werden so ein Übel nach dem anderen auf dieser Welt besiegen, ohne es bekämpfen zu müssen.

Zahlreiche Menschen geben vor, Suchende zu sein. Sie suchen meist nach der Wahrheit, und doch wundern sie sich, dass sie diese so schwer finden. Dabei übersehen sie, dass sie zuallererst die Wahrheit in sich selbst finden müssen. Nur wer die Wahrheit in sich selbst trägt, kann erfolgreich die große Wahrheit erkennen. Die Wahrheit kann eben nicht gefunden, sondern nur *empfunden* werden. Es ist die innere Stimme, die uns hierbei hilft, wenn wir sie nur erklingen lassen wollen. Das Dunkel zu erkennen und auszuschließen aus dem Leben, das ist die Aufforderung zum Handeln und zum Gehen. Geben Sie niemals auf, die Wahrheit zu suchen, bleiben Sie immer auf dem Weg, bis Sie das Licht der Wahrheit leuchten sehen am Horizont.

# Der Anfang am Ende

Liebe Leser,

Sie sind fast am Ende dieses Buches angekommen. Es sind nur noch wenige Zeilen, die Sie vom Anfang trennen. Es wird der Anfang von so einigem sein, jedoch ganz sicher auch der Anfang des Restes Ihres Lebens. Der Anfang steht immer am Ende von etwas: der Tag am Ende der Nacht. Der Frieden am Ende des Krieges. Das Einatmen am Ende des Ausatmens. Die Entspannung des Herzens am Ende jedes Herzschlags. Und auch der körperliche Tod am Ende des irdischen Lebens. In diesem Leben sterben wir, um in eine andere Welt geboren zu werden. Doch bedenken Sie, für alles gilt auch umgekehrt dasselbe, es ist zwangsläufig: Die Nacht kommt nach dem Tag. Der Krieg am Ende des Friedens. Das Ausatmen nach jedem Einatmen. Der Herzschlag nach der Entspannung. Nur beim Leben und dem Tod tun wir uns schwer. Das Leben am Ende des Todes? Ja, genau so ist es: Wenn wir das Licht dieser Welt erblicken, haben wir lediglich aufgehört, das Licht der anderen Welt zu sehen.

Unsere Vorstellungen vom Ende und Anfang sind kreisförmiger Natur, wie alles, was wir erfahren können, angefangen beim Atom mit seinem Atomkern im Zentrum und der ihn umgebenden Elektronenhülle. Die Erde dreht sich. Der Mond kreist um die Erde. Beide umkreisen die Sonne. So entstehen Tag und Nacht, Sommer und Winter. Alles ist kreisförmig. Wir befinden uns in der Zeit des Ringschlusses, der einstige Anfang wird im Rad des Lebens nun seinen Abschluss finden. Nur Gottes Macht und sein Wille sind unendlich. Unsere Vorstellungen von Raum und Zeit sind nicht die seinen. Alles wurde von ihm geschaffen. Unser Tag ist für ihn weniger als ein Wimpernschlag, 1000 Jahre sind weniger als ein Tag.

Gedanken sind ein Teil der gesamten geistigen Kraft. Sie folgen keinem Kreis, keiner Krümmung, und zur Berechnung ihrer Geschwindigkeit bedarf es keiner Relativitätstheorie. Sie sind eben nicht Teil der Materie, sie bestimmen über die Materie.

Es waren einst die sträflichen Eingriffe der Kirchenfürsten, welche die Gotteslehre verdrehten, verbogen, welche die Menschheit schließlich vom wahren Schöpfungswissen abschnitten. Viele Menschen haben heute Furcht vor der Erkenntnis: Nach dem irdischen Tod geht es in anderen Ebenen für uns Menschengeister weiter. Dabei übersehen diese Leute, dass Sie nichts damit verlieren, im Gegenteil: Es kommt viel Gutes, Versöhnliches, Tröstliches, Hoffnungsvolles hinzu. Unerwartete Chancen nach einem vertanen Leben vielleicht, Möglichkeiten der Vergebung und Versöhnung aus dem Jenseits heraus: Das Feld der Möglichkeiten für uns Menschen ist schier unendlich. Nichts ist je zu Ende, wenn der Mensch irdisch abscheidet, im Gegenteil, dann geht ein neuer Abschnitt los in den Ebenen der jenseitigen Welt. Bis zu jenem Tage, an dem es für unseren Geist wieder Zeit wird, erneut in den irdischen Stoff einzutauchen, um in einem neuen Erdenkleid eine weitere Wanderung zu beginnen, hoffentlich dann mit nur einem Ziel: So schnell wie möglich gut zu werden, anderen Menschen zu helfen, um vor allem endlich das Licht der Wahrheit zu finden.

Fragen Sie sich noch, ob der Sohn Gottes unter uns ist? Er ist da, sein Heiliger Geist wirkt in und unter uns, wenn wir uns ihm nur öffnen. Seine Botschaften sind so lebendig wie ehedem. Und sie offenbaren sich immer stärker, immer nachdrücklicher, trotz der nicht zu bändigenden Flut von Fälschungen und Gotteslästereien auf dieser geschundenen Erde. Es ist unsere Naivität und Arroganz, dass wir den Sohn Gottes in der gleichen Gestalt wie einst erwarten. Doch es ist gleichgültig, was die Menschen glauben, so wie es für Gott immer gleichgültig gewesen ist, was Menschen je glaubten, denn ER IST.

Gleichwohl, der Sohn des Höchsten ist da. Er ist überall. Er liebt und vertritt allein die Schöpfungsgesetze seines Vaters, niemand und nichts wird ihn davon abbringen, uns endlich die Wahrheit zu bringen. Diesmal für immer.

Schauen wir uns nur um: Nun stehen wir Menschen im Gericht. Man wird jetzt zahlreiche Beispiele finden, wie an den materiellen Gütern, an sogenannten Reichtümern, krampfhaft festgehalten wird. Um diesen Zustand zu erhalten, wird viel gelogen, oft betrogen, enteignet, es werden Kriege geführt, massenhaft werden Menschen verfolgt und getötet. Es sind die falschen Reichtümer, die hier verteidigt werden. Es ist Endzeit. Nicht die ganze Welt wird untergehen, aber alles, was falsch ist. Und das ist derzeit fast alles.

Alles muss neu werden. An erster Stelle der Mensch selbst, jeder Einzelne. Wer diese Herausforderung annimmt, wer geraden Schrittes seinen Weg geht und diesen nie mehr verlässt, immer das Gute als Ziel habend, der braucht nichts zu befürchten.

Die Zeit ist da! Gehen wir endlich los!

Nun sind Sie am Ende dieser Schrift angekommen und stehen somit am Anfang des Weges in Ihre Zukunft. Ich wünsche Ihnen alles Gute. Gute Reise – und leben Sie wohl!

ZUR PERSON DES AUTORS:
Milorad Krstić ist als mittelständischer Unternehmer in verschiedenen Wirtschaftsbereichen tätig. Ob in Ex-Jugoslawien, wo er in ärmlichen Verhältnissen aufwuchs, oder in Deutschland, wo er als Einwanderer 1986 sein erstes Unternehmen gründete – stets musste er gegen Widerstände und Vorurteile ankämpfen. Der dreifache Vater und anerkannte Fachmann im Bereich von Langzeit-Bio-Schmierstoffen bricht auch komplizierte Sachverhalte auf eine verständliche Ebene herunter. Sein Leben und seine berufliche Laufbahn kennzeichnet vor allem eine bodenständige Hartnäckigkeit. Er ist in seinem Umfeld bekannt für seine einfachen Lösungsvorschläge. Sein Blick ist stets in die Zukunft gerichtet. Selbst wenn er uns die düsteren Ereignisse aus der Vergangenheit zeigt, bleibt er immer doch gegenwartsorientiert, mit zielgenauem Blick in jene Richtung, wo wir eine bessere Welt finden können. Sein erstes Buch *Verkaufte Demokratie – Weg frei in die Sklaverei?* erschien 2014. Mit *Menschheit im Umbruch – Perspektive durch Intuition* legt er sein zweites Werk vor. Das Schreiben ist für den Vollblutunternehmer, der seinen Beruf liebt, eine neue Berufung.